Corinna Koch & Michaela Rückl (edd.)

Au carrefour de langues et de cultures
Mehrsprachigkeit und Mehrkulturalität im Französischunterricht

Französischdidaktik im Dialog (FDD)

Herausgegeben von Michael Frings, Jens F. Heiderich und Corinna Koch

ISSN 2191-8155

1   Michael Frings & Frank Schöpp (edd.)
      Varietäten im Französischunterricht
      I. Französische Fachdidaktiktagung (Gutenberg-Gymnasium, Mainz)
      ISBN 978-3-8382-0224-2

2   Michael Frings & Jens F. Heiderich (edd.)
      Ökonomische Bildung im Französischunterricht
      II. Französische Fachdidaktiktagung (Gutenberg-Gymnasium, Mainz)
      ISBN 978-3-8382-0244-0

3   Christophe Losfeld & Eva Leitzke-Ungerer (edd.)
      Hundert Jahre danach ... La Grande Guerre
      Konzepte und Vorschläge für den Französischunterricht
      und den bilingualen Geschichtsunterricht
      ISBN 978-3-8382-0795-7

4   Michael Frings, Sabine E. Paffenholz & Klaus Sundermann (edd.)
      Vernetzter Sprachunterricht
      Die Schulfremdsprachen Englisch, Französisch, Griechisch, Italienisch, Latein,
      Russisch und Spanisch im Dialog
      Akten einer Fortbildungsreihe des Bildungsministeriums und des Pädagogischen
      Landesinstituts Rheinland-Pfalz
      ISBN 978-3-8382-0850-3

5   Rudolf Hildebrandt
      Plus belle la vie – Standardstrukturen im gesprochenen Französisch
      Vademecum für ein effizientes Üben
      ISBN 978-3-8382-1170-1

6   Inez De Florio-Hansen
      Fachdidaktik Französisch – Lehren und Lernen im digitalen Zeitalter
      ISBN 978-3-8382-1290-6

7   Corinna Koch & Michaela Rückl (edd.)
      Au carrefour de langues et de cultures
      Mehrsprachigkeit und Mehrkulturalität im Französischunterricht
      ISBN 978-3-8382-1494-8

Corinna Koch & Michaela Rückl (edd.)

AU CARREFOUR DE LANGUES
ET DE CULTURES
Mehrsprachigkeit und Mehrkulturalität im
Französischunterricht

Bibliografische Information der Deutschen Nationalbibliothek
Die Deutsche Nationalbibliothek verzeichnet diese Publikation in der Deutschen Nationalbibliografie; detaillierte bibliografische Daten sind im Internet über http://dnb.d-nb.de abrufbar.

Bibliographic information published by the Deutsche Nationalbibliothek
Die Deutsche Nationalbibliothek lists this publication in the Deutsche Nationalbibliografie; detailed bibliographic data are available in the Internet at http://dnb.d-nb.de.

ISBN-13: 978-3-8382-1494-8
© *ibidem*-Verlag, Stuttgart 2022
Alle Rechte vorbehalten

Das Werk einschließlich aller seiner Teile ist urheberrechtlich geschützt. Jede Verwertung außerhalb der engen Grenzen des Urheberrechtsgesetzes ist ohne Zustimmung des Verlages unzulässig und strafbar. Dies gilt insbesondere für Vervielfältigungen, Übersetzungen, Mikroverfilmungen und elektronische Speicherformen sowie die Einspeicherung und Verarbeitung in elektronischen Systemen.

All rights reserved. No part of this publication may be reproduced, stored in or introduced into a retrieval system, or transmitted, in any form, or by any means (electronical, mechanical, photocopying, recording or otherwise) without the prior written permission of the publisher. Any person who does any unauthorized act in relation to this publication may be liable to criminal prosecution and civil claims for damages.

Printed in the EU

Inhaltsverzeichnis

CORINNA KOCH (Münster) & MICHAELA RÜCKL (Salzburg)
Au carrefour de langues et de cultures: Mehrsprachigkeit und
Mehrkulturalität im Französischunterricht – Thematische Einführung 7

Lehrkonzepte und Lehr-/Lernmaterialien 15
RADOSŁAW KUCHARCZYK (Varsovie)
Repenser l'altérité en classe de français. Vers la didactique relationnelle
en classe de FLE pour le public polonophone 17
STEFFI MORKÖTTER (Rostock) & CHRISTIANE NEVELING (Leipzig)
Mehrsprachigkeit und Mehrkulturalität in aktuellen Englisch- und
Französischlehrwerken – Anregungen für sprachenübergreifende
Aktivitäten 43

Sprachproduktion 65
CHRISTIAN OLLIVIER (La Réunion)
Vers une compétence de communication panromane et une
intercompréhension libérée 67
MIRJAM EGLI CUENAT (Brugg)
Schreiben in drei Sprachen am Übergang zwischen Primarstufe und
Sekundarstufe I: Impulse aus der Erwerbsforschung für die
Lehrpersonenbildung sowie die Gestaltung sprachenübergreifender
Lehr-/Lernformate und Curricula 83

Lehrkräftebildung 107
MARINE TOTOZANI (Saint-Etienne)
Les approches plurielles en formation initiale des enseignants de FLE
en France : quelle(s) perception(s) ? 109

GIUSEPPE MANNO (Brugg-Windisch)
Überzeugungen von Lehrpersonen über die Mehrsprachigkeitsdidaktik
in der Schweizer Volksschule: eine Zwischenbilanz im Rahmen der
Umsetzung der Fremdsprachenreform 127

SVENJA HABERLAND (Münster)
Mehrsprachigkeitsdidaktische Bausteine in der ersten Ausbildungsphase
zukünftiger Französischlehrkräfte – Einblicke in Konzeption und
empirische Erprobung 147

LAURA SCHRÖTER (Göttingen)
Forschendes Lernen und Förderung von Mehrsprachigkeit im Rahmen
einer *simulation globale* im Lehramtsstudium Französisch 175

CHRISTIAN KOCH (Siegen)
Zur Entwicklung von Sprachbeschreibungen für den herkunfts-
sprachensiblen Französischunterricht 191

MICHEL CANDELIER (Le Mans)
Postface : Penser l'éducation plurilingue et interculturelle en termes
de continuités : L'apport des *Approches plurielles* et du *Cadre de
référence pour les approches plurielles des langues et des cultures* 211

Verzeichnis der Autorinnen und Autoren 229

Au carrefour de langues et de cultures: Mehrsprachigkeit und Mehrkulturalität im Französischunterricht
Thematische Einführung

Globalisierung, Migration, Neue Medien und schnellere Transportmöglichkeiten sind nur einige der Gründe, die aktuelle Gesellschaften immer mehr durchmischen und sowohl gesellschaftliche als auch individuelle Mehrsprachigkeit seit geraumer Zeit zu europäischen Schlüsselmerkmalen werden lassen (vgl. Europäische Kommission 2006). Dies führt auch im sprachlich-kulturellen Bereich zu einer zunehmenden Heterogenität, bei der das Eigene und das Fremde zu hybriden und individuellen Konstrukten verschmelzen und Nationalgrenzen nur noch bedingt als bedeutsame Trennlinien wahrgenommen werden.

Auch Französischlernende leben heute in einer mehrsprachig und mehrkulturell geprägten Umgebung und tragen diese Merkmale in sich. Um ihre „mehrsprachige und plurikulturelle Kompetenz" im Fremdsprachenunterricht fördern zu können (Europarat 2001, 163), muss die komplexe Wirklichkeit aktueller Kommunikationsformen durch Aktivitäten und Strategien abgebildet werden, die sich am lebensweltlichen Sprachgebrauch der Schülerinnen und Schüler orientieren. Interaktives Sprachhandeln in einer sprachlich und kulturell vielfältigen Welt wird damit ebenso zum Ziel des neo-kommunikativen Französischunterrichts, in dem Lernende in ihrer Individualität wahrgenommen werden (vgl. Breidbach 2019, 168 für den Fremdsprachenunterricht im Allgemeinen), wie die Erweiterung von kulturbasierter Spracherfahrung (vgl. Europarat 2001, 17). Das Leitbild des *intercultural speaker* (vgl. Freitag-Hild 2017, 147) unterstreicht die Relevanz sprachlich-kultureller Heterogenität und dadurch ausgelöster Entscheidungs- und Handlungsprozesse für eine sprachlich wie kulturell kompetente Bewältigung von Begegnungssituationen.

Diese Anforderungen verdeutlichen insgesamt, dass einzelsprachliche Ansätze zu kurz greifen, wenn es darum geht, sprachliche und kulturelle Kompetenzen synergetisch zu vernetzen (vgl. Meißner 2000 und Rückl 2016). Mehrsprachigkeit gilt daher schon seit geraumer Zeit „als Voraussetzung und Ziel von Fremdsprachenunterricht" (Hu 2004, 69), was eine sprachenübergreifende Unterrichtsgestaltung erfordert, die bestehende Mehrsprachigkeit als Ressource für den weiteren Sprachenerwerb valorisiert (vgl. u. a. bereits Meißner & Reinfried 1998). Lehrpläne, die europaweit auf den *Gemeinsamen Europäischen Referenzrahmen für Sprachen* (GeR) rekurrieren, orientieren sich mittlerweile an dessen grundsätzlich holistischer Konzeption mehrsprachiger Repertoires (vgl. Europarat 2001). Dennoch bleibt der Unterricht weiterhin an Einzelsprachen ausgerichtet, wodurch „Vielsprachigkeit", verstanden als parallele Beherrschung mehrerer Sprachen, stärker gefördert wird als Mehrsprachigkeit (vgl. Allgäuer-Hackl & Jessner 2013, 111 und Kramsch 2018, 22). Im aktuellen Begleitband zum GeR (vgl. Europarat 2020) wurden daher mit Bezug auf den *Referenzrahmen für Plurale Ansätze zu Sprachen und Kulturen* (vgl. Candelier et al. 2012), der sich bisher kaum auf die Lehrplangestaltung ausgewirkt hat, entsprechende Deskriptoren ergänzt und präzisiert. Die erweiterten Skalen verdeutlichen die zentrale Rolle plurikultureller Kommunikation und beziehen sich auch auf Verfahren zu ihrer Erreichung, wie gemeinsame Konstruktion von Bedeutung, logisches Denken und Anknüpfen an Vorwissen durch Aufbau auf individuellen plurikulturellen und plurilingualen Ressourcen.

Die Mehrsprachigkeitsdidaktik, verstanden als Transversaldidaktik zur Weiterentwicklung des kommunikativen Ansatzes (vgl. Neuner 2009, 14) bietet Konzepte zur Vertiefung und Ausweitung der in aktuellen Lehrplänen geforderten Kompetenz-, Handlungs- und Lernerorientierung auf der Basis von Erkenntnissen der Mehrsprachigkeitsforschung und eng verwandter Disziplinen. Im Sinne eines fächer- und sprachenübergreifenden Lernens vernetzt und ergänzt sie die Didaktiken der einzelnen Fremdsprachen, ohne sie zu ersetzen (vgl. Meißner 2000). Die lernökonomische Ausrichtung, die auf Verstehen und Aktivierung von Vorwissen abhebt, schafft dabei eine Verbindung zur Tertiärsprachendidaktik (vgl. Meißner & Tesch 2010), die das Lehren und Lernen von „Folgefremdsprachen nach der ersten Fremdsprache" fokussiert (Neuner 2009, 15). Entsprechend der höheren kognitiven Fähigkeiten der meist älteren Schüler/innen werden die Entfaltung von Sprachbewusstheit und Sprachlernbewusstheit ebenso forciert wie der Einbezug von Transferquellen aus bekannten Sprachen (vgl. Müller-Lancé 2006, 465).

Dazu kommt eine starke Inhaltsorientierung durch altersgemäße Texte, die sich thematisch an der Lebenswelt der Lernenden orientieren.

Für den Unterricht von Französisch als zweite oder dritte Fremdsprache ist dies besonders bedeutsam: Die Lernenden können im Fall der zweiten Fremdsprache auf Kenntnisse und Erfahrungen aus dem Englischunterricht zurückgreifen, wenn sie Französisch als dritte Fremdsprache lernen, meist auch auf eine vorgelernte lebende romanische Sprache oder Latein (vgl. u. a. Rückl 2016 und Melo-Pfeifer & Reimann 2018 sowie Drackert 2019). Durch mehrsprachigkeitsdidaktische Verfahren können Synergieeffekte und Transfermöglichkeiten genutzt werden, um Ressourcen der Lernenden zu valorisieren, zusammenzuführen und weiterzuentwickeln. Ihre Implementierung in die Unterrichtspraxis erfordert jedoch konkrete Maßnahmen. Lehrwerke an europäischen und nationalen Bildungszielen für Mehrsprachigkeit und Mehrkulturalität auszurichten (vgl. Meißner & Tesch & Vázquez 2011 und Rückl 2018), scheint dabei ebenso wichtig zu sein wie angehende Lehrkräfte mit der Thematik vertraut zu machen. Dazu braucht es nicht nur fundiertes Wissen zu sprachlichen Lernprozessen und sprachenvernetzenden Verfahren, sondern auch Lerngelegenheiten, um Mehrsprachigkeitskompetenz aufzubauen und eigene Einstellungen zu reflektieren (vgl. Kramsch & Zhang 2018).

Die im Rahmen des Frankoromanistentages 2020 abgehaltene fachdidaktische Sektion, zu der zahlreiche einschlägig ausgewiesene Kolleginnen und Kollegen aus verschiedenen Ländern beigetragen haben, war daher dem Thema „*Au carrefour de langues et de cultures:* Mehrsprachigkeit und Mehrkulturalität im Französischunterricht" gewidmet. Der vorliegende Sammelband präsentiert die Ergebnisse der Pandemie-bedingt online durchgeführten Sektionsarbeit und gliedert sich in drei thematische Schwerpunkte, die für Theorie und Praxis eines ressourcenorientierten Französischunterrichts gleichermaßen relevant sind: Es geht einerseits um Lehrkonzepte und Lehr-/Lernmaterialien, die die Integration mehrsprachigkeitsdidaktischer Ansätze in die Unterrichtsrealität fördern, andererseits wird Sprachproduktion in den Fokus gerückt, ein Bereich, der im Kontext von Mehrsprachigkeit bislang deutlich weniger Aufmerksamkeit erhalten hat als Sprachrezeption. Ein wichtiger dritter Bereich ist schließlich die Lehrkräftebildung, in der Mehrsprachigkeit nach wie vor zu wenig verankert ist.

Die Beiträge zu Lehrkonzepten und Lehr-/Lernmaterialien befassen sich mit motivationalen Aspekten mehrsprachigkeitsorientierter Ansätze und Möglichkeiten, wechselseitige Anknüpfungspunkte in Französisch- und Englischlehrwerken für sprachenübergreifende Kooperationen zu nutzen.

Konkret geht Radosław Kucharczyk (Universität Warschau) in seinem Beitrag der Frage nach, wie polnische Lernende in ihrer Individualität abgeholt werden und gleichzeitig ein vielfältiges Bild der Zielsprachen und -kulturen erhalten können, wenn beides räumlich weit voneinander entfernt ist. Sein Lösungsvorschlag, mehrsprachigkeitsdidaktische Prinzipien im Rahmen einer *didactique relationnelle* im Französischunterricht umzusetzen, legt den Fokus auf motivationale Aspekte im Kontext sprachlicher und kultureller Alterität und gibt dabei Einblick in polnische Schulcurricula, in denen sich Französisch als Unterrichtsfach zwar etabliert hat, aber an Terrain zu verlieren scheint.

Steffi Morkötter (Universität Rostock) und Christiane Neveling (Universität Leipzig) zeigen Transferpotentiale und Synergien in aktuellen deutschen Lehrwerken für die Fächer Englisch und Französisch auf, die als Ausgangspunkt für realitätsnahe sprachenübergreifende Lernaufgaben dienen können. Ausgehend von den *Brücken*, für schweizerische Lehrpersonen erstellte Handreichungen zur Förderung von Mehrsprachigkeit und Mehrkulturalität, wird ein kooperativer Ansatz in den Bereichen der kommunikativen, kulturellen und strategischen Kompetenzen vorgeschlagen, um Schülerinnen und Schüler kontinuierlich zu ermutigen, an ihre individuellen Vorkenntnisse und Lernerfahrungen aus der ersten Fremdsprache Englisch anzuknüpfen und diese für das Französischlernen zu nutzen.

Im Themenschwerpunkt zur Sprachproduktion werden sowohl neue Entwicklungen im Kontext der Interkomprehensionsforschung hinterfragt als auch Einblicke in empirische Unterrichtsforschung geboten.

Christian Ollivier (Universität La Réunion) zeigt in seinem Beitrag, dass Interkomprehension – im Sinne einer „Inter*produktion*" – eine interaktive Kommunikationsform sein kann, die weit mehr als rezeptive Teilkompetenzen und strategisches Verstehen fördert und fordert. Die Weiterentwicklung interkomprehensiver Verfahren wird sowohl auf definitorischer als auch auf praktischer Ebene skizziert und bietet kurze Einblicke in europäische Projekte zur romanischen Sprachenfamilie und den Versuch, transversale Kompetenzen durch ein Deskriptorensystem greifbar zu machen, das im Rahmen des Projekts *Eval-IC* entwickelt wurde.

Im zweiten Beitrag gelingt es Mirjam Egli Cuenat (Pädagogische Hochschule – Fachhochschule Nordwestschweiz) evidenzbasiert darzulegen, wie Mehrsprachenerwerbsforschung im Bereich der schriftlichen Produktion für die Schule fruchtbar gemacht werden kann. Die dreisprachigen Datenauszüge zu schriftlichen Raumbeschreibungen am Übergang von der Primarstufe zur Sekundarstufe I im Schweizer Schulsystem weisen auf sprachenübergreifend wirksame Synergien speziell für Französisch hin, die zwar lernerspezifisch geprägt sind, aber durch transferdidaktische Interventionen und ressourcenorientiertes Lernen gefördert werden können.

Der umfangreichste thematische Schwerpunkt versammelt fünf Beiträge zur Lehrkräftebildung. Dabei wird der Stellenwert pluraler Ansätze aus der Sicht angehender Lehrpersonen ebenso hinterfragt wie ihre Überzeugungen in Bezug auf Sprachen und Kulturen. Wie mehrsprachigkeitsdidaktische Kompetenzen von Lehramtsstudierenden gefördert werden können, wird auf unterschiedliche Weise erörtert. Die Vorschläge reichen von modularen Konzepten zu bestehenden Studienstrukturen über ein hochschuldidaktisches Projekt zum Forschenden Lernen bis zu Überlegungen, sprachstrukturelle Kenntnisse zu Herkunftssprachen im Rahmen der fachlinguistischen Ausbildung zu vermitteln.

Einleitend diskutiert Marine Totozani (Universität Saint-Etienne) anhand einer an ihrer Universität durchgeführten Fragebogenstudie den Stellenwert pluraler Ansätze zu Sprachen und Kulturen aus der Sicht angehender Lehrpersonen. Aufgrund der Ergebnisse schlägt sie konkrete curriculare Anpassungen in der Lehrkräftebildung vor, die eine Stärkung mehrsprachigkeitsdidaktischer Kompetenzen erfordern, um Lehramtsstudierende besser auf eine neue, von „Superdiversität" geprägte, Unterrichtsrealität vorbereiten zu können.

Giuseppe Manno (Pädagogische Hochschule – Fachhochschule Nordwestschweiz) befasst sich im Anschluss mit Lehrpersonen, die bereits im Schuldienst stehen, und lenkt den Blick auf ihre Überzeugungen in Bezug auf Mehrsprachigkeitsdidaktik. Anhand dreier aktueller Studien zieht er eine evidenzbasierte Zwischenbilanz zur Umsetzung der Fremdsprachenreform an Schweizer Volksschulen, die aufschlussreiche Rückschlüsse auf den Einsatz mehrsprachigkeitsdidaktischer Elemente im Unterricht erlaubt.

Der Beitrag von Svenja Haberland (Universität Münster) wendet sich der ersten Phase des Lehramtsstudiums zu und stellt auf der Basis einer „terminologischen Standortbestimmung" einen modularen Konzeptvorschlag zur Förderung mehrsprachigkeitsdidaktischer Kompetenzen vor, der eine systematisch-integrative Förderung innerhalb der bestehenden Studienstrukturen vorsieht. Ihr interdisziplinärer Ansatz elizitiert dabei thematisch kategorisierte Lernziele inhaltsanalytisch aus erziehungswissenschaftlichen und fremdsprachendidaktischen Modellen.

Laura-Joanna Schröter (Universität Göttingen) stellt die Globalsimulation und Forschendes Lernen als methodisch-didaktische Ansätze zur Förderung von Mehrsprachigkeit und Mehrkulturalität in der Masterphase des Lehramtsstudiums vor. Im Rahmen eines Forschungspraktikums, das Teil der „Qualitätsoffensive Lehrerbildung" an ihrer Universität ist, konzipieren, erproben und evaluieren Studierende dabei eine konkrete *simulation globale* mit Französischklassen in einem Lehr-Lern-Labor und dokumentieren die Durchführung. Selbstständige Mitgestaltung und kreatives Sprachhandeln im Kontext von Mehrsprachigkeit sind dabei zentral.

Zum Abschluss des Themenschwerpunkts legt Christian Koch (Universität Siegen) ausgehend von linguistischen Grundüberlegungen den Fokus auf die Vielfalt von Herkunftssprachen, die für den Französischunterricht relevant sind, und zeigt, wie diese im Rahmen der fachlinguistischen Ausbildung zu einer sprachstrukturellen Sensibilisierung angehender Französischlehrkräfte beitragen können. Unterrichtspraktisches Ziel ist es, Vernetzungspotenziale zu nutzen, um die Motivation zum Französischlernen zu steigern.

Gemeinsam ist allen kurz resümierten Beiträgen der Fokus auf Herausforderungen, die sich aus der aktuellen Fachdiskussion zum gesteuerten Erwerb von Französisch im Kontext von herkunftssprachlicher und schulischer Mehrsprachigkeit ableiten lassen. Im Sinne der Reihe *Französischdidaktik im Dialog* werden Lösungsvorschläge für eine nachhaltige Valorisierung und Förderung von Mehrsprachigkeit im Unterricht und in der Lehrkräftebildung vorgestellt, die auf theoretisch und empirisch fundierten Grundlagen aufbauen.

Den Reihenherausgeberinnen und -herausgebern sowie den Autorinnen und Autoren, die im Nachspann kurz vorgestellt werden, möchten wir an dieser Stelle ganz herzlich für die produktive Zusammenarbeit danken. Dem Deutschen Frankoromanistenverband gilt unser besonderer Dank für die finanzielle Unterstützung dieses Bandes.

Corinna Koch & Michaela Rückl
Münster und Salzburg, im Juli 2021

Literaturverzeichnis

ALLGÄUER-HACKL, Elisabeth & JESSNER, Ulrike. 2013. „Mehrsprachigkeitsunterricht aus mehrsprachiger Sicht. Zur Förderung des metalinguistischen Bewusstseins", in: Vetter, Eva. ed. *Professionalisierung für sprachliche Vielfalt. Perspektiven für eine neue Lehrerbildung.* Baltmannsweiler: Schneider Hohengehren, 111–147.

BREIDBACH, Stephan. 2019. „Kommunikativer Fremdsprachenunterricht und Mehrsprachigkeit", in: Fäcke, Christiane & Meißner, Franz-Joseph. edd. *Handbuch Mehrsprachigkeits- und Mehrkulturalitätsdidaktik.*, Tübingen: Narr Francke Attempto Verlag, 166–173.

CANDELIER, Michel & CAMILLERI-GRIMA, Antoinette & CASTELLOTTI, Véronique & DE PIETRO, Jean-François & LÖRINCZ, Ildikó & MEIßNER, Franz-Joseph & SCHRÖDER-SURA, Anna & NOGUEROL, Artur. 2012. *Ein Referenzrahmen für Plurale Ansätze zu Sprachen und Kulturen. Un Cadre de Référence pour les Approches Plurielles des Langues et des Cultures.* Straßburg: Europarat.

DRACKERT, Anastasia. 2019. „Der Erwerb spät erlernter Fremdsprachen. Russisch", in: Fäcke, Christiane & Meißner, Franz-Joseph. edd. *Handbuch Mehrsprachigkeits- und Mehrkulturalitätsdidaktik.* Tübingen: Narr Francke Attempto Verlag, 439–442.

EUROPÄISCHE KOMMISSION. 2006. *Die Europäer und ihre Sprachen, Eurobarometer Umfrage.* https://docplayer.org/17572714-Die-europaeer-und-ihre-sprachen.html, Zugriff: 20.04.2021.

EUROPARAT. 2001. *Gemeinsamer Europäischer Referenzrahmen für Sprachen: lernen, lehren, beurteilen.* Berlin et al.: Langenscheidt.

EUROPARAT. 2020. *Gemeinsamer Europäischer Referenzrahmen für Sprachen: lernen, lehren, beurteilen. Begleitband mit neuen Deskriptoren.* Stuttgart: Klett.

FREITAG-HILD, Britta. 2017. „Interkulturelle kommunikative Kompetenz", in: Surkamp, Carola. ed. *Metzler Lexikon Fremdsprachendidaktik. Ansätze – Methoden – Grundbegriffe.* Stuttgart: Metzler, 147–149.

HU, Adelheid. 2004. „Mehrsprachigkeit als Voraussetzung und Ziel von Fremdsprachenunterricht. Einige didaktische Implikationen", in: Bausch, Karl-Richard & Königs, Frank G. & Krumm, Hans-Jürgen. edd. *Mehrsprachigkeit im Fokus. Arbeitspapiere der 24. Frühjahrskonferenz zur Erforschung des Fremdsprachenunterrichts.* Tübingen: Narr, 69–76.

KRAMSCH, Claire. 2018. „Is there still a place for culture in multilingual FL education?", in: *Language Education and Multilingualism* 1, 16–33.

KRAMSCH, Claire & ZHANG, Lihua. 2018. *The Multilingual Instructor*. Oxford, UK: Oxford University Press.

MEIßNER, Franz-Joseph. 2000. „Aufgabenfelder der Didaktik der romanischen Sprachen: Zwischen Französischunterricht und sprachenteiliger Gesellschaft. Fremdsprachen Lehren und Lernen", in: *Fremdsprachen Lehren und Lernen* 29, 37–53.

MEIßNER, Franz-Joseph & REINFRIED, Marcus. edd. 1998. *Mehrsprachigkeitsdidaktik: Konzepte, Analysen, Lehrerfahrungen mit romanischen Fremdsprachen*. Tübingen: Narr.

MEIßNER, Franz-Joseph & TESCH, Bernd. edd. 2010. *Spanisch kompetenzorientiert unterrichten*. Seelze: Klett Kallmeyer.

MEIßNER, Franz-Joseph & TESCH, Bernd & VÁZQUEZ, Graciela. 2011. „Interkomprehension und Kompetenzförderung mit Blick auf die Konstruktion von Lehrwerken", in: Meißner, Franz-Joseph & Krämer, Ulrich. edd. *Spanischunterricht gestalten. Wege zu Mehrsprachigkeit und Mehrkulturalität*. Seelze: Klett Kallmeyer, 81–122.

MELO-PFEIFER, Silvia & REIMANN, Daniel. edd. *Plurale Ansätze im Fremdsprachenunterricht in Deutschland*. Tübingen: Narr, 321–339.

MÜLLER-LANCÉ, Johannes. 2006. *Der Wortschatz romanischer Sprachen im Tertiärsprachenerwerb: Lernerstrategien am Beispiel des Spanischen, Italienischen und Katalanischen*. Tübingen: Stauffenburg.

NEUNER, Gerhard. 2009. „Zu den Grundlagen und Prinzipien der Mehrsprachigkeitsdidaktik und des Tertiärsprachenlernens", in *Babylonia* 4, 14–17.

RÜCKL, Michaela. ed. 2016. *Sprachen & Kulturen: vermitteln und vernetzen. Beiträge zu Mehrsprachigkeit und Inter-/Transkulturalität im Unterricht, in Lehrwerken und in der Lehrer/innen/bildung*. Münster & New York: Waxmann.

RÜCKL, Michaela. 2018. „Die Rolle von Lehrwerken für die Umsetzung eines Gesamtsprachencurriculums. Konzeption und Implementierung der Lehrwerkreihe Romanische Sprachen interlingual lernen im Kontext der neuen Lehrplanvorgaben für die österreichische Sekundarstufe II", in: *Zeitschrift für Fremdsprachenforschung* 29/2, 169–191.

LEHRKONZEPTE

UND

LEHR-/LERNMATERIALIEN

Repenser l'altérité en classe de français. Vers la didactique relationnelle en classe de FLE pour le public polonophone
Radosław Kucharczyk (Varsovie)

1. Vers une nouvelle conception de l'enseignement/apprentissage des langues : la compétence plurilingue

L'objectif du présent article est de présenter les principes de la didactique relationnelle et la possibilité de mettre ceux-ci en œuvre dans le cadre de l'enseignement/apprentissage formel des langues. Nous commencerons nos réflexions en présentant la définition de la compétence plurilingue qui – d'après nous – balise la didactique relationnelle. Ensuite, nous discuterons la question de l'altérité en la situant dans le contexte des langues et des cultures. Puis, nous nous pencherons sur les principes de la didactique relationnelle pour analyser dans la suite des manuels de FLE destinés aux élèves polonophones. Dans nos réflexions, nous nous référerons surtout aux travaux de Véronique Castellotti qui est précurseur de la didactique relationnelle et qui a ouvert, d'après nous, la voie pour les recherches sur ce sujet. L'objectif de notre analyse est d'examiner à quel point les principes relationnels sont présents dans les leçons zéro qui – à nos yeux – ont un grand impact sur l'attitude des élèves envers la langue cible. Notre analyse est loin d'être exhaustive, car nous ne nous référons qu'à des manuels choisis dont nous n'examinons que des unités qui ouvrent les méthodes. Cependant, il nous semble qu'elle donne déjà des pistes pour voir comment l'apprenant est encouragé à établir une relation personnelle avec la « nouvelle » langue. Est-il encouragé à réfléchir sur les motifs qui l'ont poussé à apprendre la langue de même que sur ses façons d'apprendre des langues ? Son répertoire langagier que même que son bagage culturel sont-ils pris en compte lors de la première rencontre avec la langue cible ? À quel point les activités liées au lexique, à la grammaire et à la culture/civilisation renforcent-elles cette attitude positive envers la langue cible qui est la clé de voute de la didactique relationnelle ?

Placer la compétence plurilingue au cœur des démarches didactiques entreprises en classe de langue a profondément modifié les travaux menés au sein de la didactique des langues étrangères. En effet, mettre l'accent sur la compétence plurilingue[1] – définie précisément par les concepteurs du *Cadre européen commun de références pour les langues* (désormais CECRL) (Conseil de l'Europe 2001) et opérationnalisée ensuite par différents chercheurs travaillant dans des contextes variés (cf. par exemple Kucharczyk 2018) – permet de percevoir le processus d'enseignement/apprentissage des langues comme une expérience individuelle de chaque apprenant qui – pour acquérir une nouvelle langue – mobilise toutes les ressources de son répertoire langagier qui est loin d'être homogène. Ladite compétence est une, ce qui veut dire qu'elle englobe toute l'expérience langagière que l'individu a accumulée lors de sa formation, ses voyages, ses contacts avec les autres, etc. De plus, l'utilisateur de la langue puise dans les composantes de sa compétence plurilingue pour les activer en fonction des besoins imposés par la situation de communication. Force est quand même de constater que les ressources formant la compétence plurilingue (leur nombre et leur constellation) changent suite à la confrontation de l'individu avec de nouvelles expériences, ce qui veut dire que la compétence en question est évolutive. Comme le remarquent Moore et Castellotti (2008, 60),

> la compétence plurilingue peut alors se définir de manière plus précise comme la capacité à mettre en œuvre, en situation et dans l'action, un répertoire constitué de ressources plurielles et diversifiées qui permet de se reconnaître et de s'affirmer en tant qu'acteur social plurilingue, apte à gérer le potentiel, le déséquilibre et l'évolutif en fonction de ses interprétations locales de la situation et de ses intentions, symboliques ou non.

Il faut tout de même constater que ce caractère fonctionnel de la compétence plurilingue ne se manifeste pas seulement lors de la communication mais aussi lors de l'apprentissage de nouvelles langues. En effet, les apprenants plurilingues possèdent une conscience linguistique et communicationnelle développée, ce qui a un impact sur leurs compétences au niveau « méta » : ils sont capables de réfléchir sur la façon dont ils apprennent une langue et dont ils communiquent (cf. Robert & Rosen 2010, 58). Ou, en d'autres termes, les individus ayant une compétence plurilingue développée savent mieux distinguer – dans le fonctionnement des langues et de la communication – ce qui est général de ce

---

[1] « On désignera par compétence plurilingue [...], la compétence à communiquer langagièrement [...] d'un acteur social qui possède, à des degrés divers, la maîtrise de plusieurs langues [...]. On considérera qu'il n'y a pas là [sic !] superposition ou juxtaposition de compétences distinctes, mais bien l'existence d'une compétence complexe, voire composite, dans laquelle l'utilisateur peut puiser » (Conseil de l'Europe 2001, 129).

qui est particulier. Ainsi, ils développent leur savoir-apprendre, notamment le savoir-apprendre relatif aux langues dont l'apprentissage se voit du coup accéléré. Il faut aussi souligner que grâce à la compétence plurilingue développée, les apprenants savent mieux confronter des préjugés culturels et linguistiques, ce qui veut dire qu'ils savent mieux gérer l'altérité (aussi bien culturelle que linguistique) qui est un élément indissociable du processus d'enseignement/apprentissage des langues et qui bloque souvent les élèves dès le début de l'apprentissage. Ce point de vue est repris par les concepteurs du *Cadre de référence pour les approches plurielles des langues et des cultures* (désormais CARAP) (Candelier et al. 2012) qui donne, entre autres, des pistes pour l'enseignement/ apprentissage des langues qui met en œuvre plusieurs variétés linguistiques et culturelles à la fois et qui accorde aussi une place importante à la question d'altérité dans le contexte de la didactique des langues étrangères. En effet, ledit référentiel non seulement propose quatre approches qui visent directement le développement de la compétence plurilingue et interculturelle[2], mais répertorie aussi des savoirs, savoir-faire et savoir-être qui forment des ressources qui permettent aux apprenants d'expérimenter avec des langues afin de développer la compétence plurilingue et interculturelle. Il va aussi de soi que le CARAP accorde une place importante à la notion d'altérité qui – comme nous allons le montrer plus tard – est une notion cruciale pour la didactique relationnelle. En effet, pour que l'apprenant puisse « bricoler » avec les langues faisant partie de son répertoire langagier en recourant à ses ressources, il doit être préparé à confronter l'autre que ce soit une langue ou une culture. Nous reviendrons à cette question dans la suite du présent article.

2. L'altérité en tant qu'élément inséparable du processus didactique

Mettre l'accent sur la notion de compétence plurilingue en classe de langue nous mène vers la question suivante : à quel point les apprenants en langues sont-ils capables d'affronter le caractère altéritaire de la langue et de la culture qu'ils sont en train d'appréhender ? Pour répondre à cette question, nous nous penche-

---

[2] Les approches suivantes sont distinguées : approche interculturelle, la didactique intégrée des langues, la compréhension entre les langues parentes et l'éveil aux langues.

rons d'abord sur la définition du vocable qu'est la langue, puis sur celle de l'altérité en les plaçant dans le contexte didactique.

2.1 Définir la langue

Comme le remarque, à juste titre, Castellotti (2017, 37), considérer la langue en tant que système renvoie à une conception dite « technolinguistique ». Ladite conception réduit la langue à un code dont le prototype est la langue standard. En effet, définie dans cette perspective, la langue est perçue en tant qu'ensemble stable et homogène qui fonctionne hors d'un contexte et qui ne subit pas d'évolution dans le temps[3]. En d'autres termes, il est question d'un modèle théorique englobant toutes les régularités et les règles de fonctionnement du système linguistique donné :

> La langue est alors conçue comme un système abstrait de signes dont on peut étudier, de façon séparée ou concomitante suivant les théories, l'évolution, les aspects phonétiques et phonologiques, la morphologie, le lexique, la syntaxe, la sémantique (Cuq 2003, 147).

Dans cette perspective, le système linguistique est défini en tant qu'outil de communication : il est question d'activer des savoir et savoir-faire langagiers pour réaliser des besoins communicatifs imposés par la situation de communication donnée. La langue est alors utilisée pour des raisons strictement fonctionnelles, voire instrumentales, et la « stabilité et l'homogénéité supposées sont censées garantir la compréhension, grâce à une forme de ‹ transparence › du sens » (Castellotti 2017, 37). C'est sur cette optique que la didactique des langues étrangères s'est appuyée pendant longtemps (et continue à le faire d'après nos observations) : la progression planifiée par les concepteurs des manuels se base sur le progrès grammatical et/ou lexical qui est ‹ au service › du développement de la compétence communicative.

Néanmoins, nous ne pouvons pas non plus oublier que la langue peut être définie par rapport à l'aspect social qui la caractérise, ce qui revoie aux recherches dans le domaine de la sociolinguistique ou, en d'autres termes,

> l'étude des caractéristiques des variétés linguistiques, des caractéristiques de leurs fonctions et des caractéristiques de leurs locuteurs, en considérant que ces trois facteurs

---

3 LSDH = langues stabilisées-décontextualisées-déshistoricisées-homogénéisées.

agissent sans cesse l'un sur l'autre, changent et se modifient mutuellement au sein d'une même communauté linguistique (Cuq 2003, 147).

Cette perspective, dite ‹ ontolinguistique ›, nous permet de considérer la langue en tant qu'expérience selon laquelle les langues sont construites pour que les individus puissent manifester leur existence perçue en tant que relations à l'autre (cf. Castellotti 2017, 37). Nous arrivons ainsi au parallélisme de la « langue-culture » qui unit l'aspect strictement linguistique et culturel du vocable « la langue », ayant pour dénominateur commun « la communication ». En effet, même si c'est un truisme de le dire, il n'est pas possible de communiquer sans pouvoir recourir à des références culturelles partagées, qu'elles relèvent de la culture savante ou de la culture anthropologique (cf. Cuq 2003, 136). Par voie de conséquence, les langues apparaissent comme des ensembles instables et hétérogènes, ancrés dans le contexte et dans l'histoire partagée par les personnes entrant dans la situation de communication (cf. Castellotti 2017, 37). Quant à la fonction de la langue qui est ancrée dans le social, elle devient un outil qui rend le message significatif pour les interlocuteurs car son sens est établi avec « des enjeux politiques, éthiques, humains » (ibid.), engendrés par l'échange donné. Cette perspective, mise en relief notamment par l'approche communicative dans la seconde moitié du 20e siècle, continue à baliser les chemins pour les démarches didactiques centrées sur le développement de la compétence communicative et interculturelle à laquelle on a déjà consacré beaucoup de place dans les recherches en didactique des langues étrangères. En gros, il s'agit de

> l'échange entre les différentes cultures, l'articulation, les connexions, les enrichissements mutuels. Loin d'être un appauvrissement, comme les conservateurs l'affirmaient, le contact effectif de cultures différentes constitue un apport où chacun trouve un supplément à sa propre culture (Cuq 2003, 136–137),

ce qui se fait grâce à et par le biais de la langue socialement ancrée.

Outre les deux conceptions mentionnées ci-dessous, à savoir la langue en tant que code et la langue en tant qu'outil social, apparaît encore une troisième voie qui donne les apports théoriques pour la didactique relationnelle, constituant le point central du présent article. Inspirée par la phénoménologie et l'herméneutique, la didactique relationnelle (ou de l'appropriation) définit la langue à l'aide de la perception et de l'interprétation qui lui sont liées. En effet, le sens ne se construit pas dans les signes mais plutôt entre eux (cf. Castellotti 2017, 43). Autrement dit, en apprenant une langue (ou plutôt, comme le dit Castellotti dans ses travaux, en se l'appropriant), l'individu s'appuie sur les dimensions langagières dites ‹ antéprédicatives › qui consistent à confronter le sens qui lui est propre à celui qui est partagé par l'autre. Il n'est pas seulement question des dimensions strictement langagières de la langue en question, mais aussi de ses références culturelles et/ou sociales qui sont en constante évolution, suite aux relations avec d'autres utilisateurs de la langue donnée. Ainsi, la langue devient une affaire personnelle, fortement individualisée, qui dépend de l'expérience aussi bien langagière que culturelle de l'individu qui fonctionne dans un contexte donné. Percevoir la langue en tant qu'expérience intériorisée de l'individu, résultant de ses relations avec la langue (et, par voie de conséquence, ses utilisateurs), conditionnées avant tout par la façon dont l'individu la perçoit, met en arrière-plan la conception technique de l'apprentissage où la langue est traitée en tant que code qu'il faut maîtriser pour pouvoir la pratiquer à des visées communicatives. En effet, c'est le processus d'appropriation qui se met alors en place. Comme le remarque, à juste titre, Castellotti (2017, 45),

> dans la perspective choisie ici, il s'agit d'entrer dans *une relation* avec des autres, dans une rencontre qui *engage* chacun avec toute sa personne, et pas seulement dans la perspective d'un ‹ faire ensemble › ponctuel ou circonstanciel, comme l'envisagent les approches dites actionnelles. Le processus d'appropriation est alors pleinement considéré comme une transformation, en confrontation avec l'histoire et l'altérité des personnes, des situations, des ‹ langues ›,

ce qui demande – de la part des apprenants – d'adopter une posture réflexive lors de la rencontre avec l'autre, que ce soit la langue ou la culture. Il résulte de ce qui précède que l'activation des ressources langagières et culturelles telles qui sont définies par les concepteurs du CARAP lors de la construction du nouveau savoir et savoir-faire langagier semblent être condition *sine qua non* pour le processus d'appropriation langagière à laquelle nous reviendrons plus tard.

2.2   Définir l'altérité

Nous arrivons ainsi à la clé de voûte de nos réflexions sur la mise en place de la didactique relationnelle en classe de langue, à savoir à la question d'altérité. Or, ce vocable a longtemps nourri différents travaux de recherches dans le domaine du processus d'enseignement/apprentissage des langues, il est aussi souvent évoqué dans le CARAP (Candelier et al. 2012) qui opérationnalise la notion de compétence plurilingue dans le contexte de la classe de langue. Défini en tant que caractère de ce qui est autre, l'altérité est, dans la majorité des cas, associée à la culture cible et/ou la langue qui la véhicule, présentes en classe de langue, qui joue un rôle important surtout dans le développement de la compétence interculturelle. Déjà dans les premières pages du CECRL, nous pouvons lire qu'

> un objectif essentiel de l'enseignement des langues est de favoriser le développement harmonieux de la personnalité de l'apprenant et de son identité en réponse à l'expérience enrichissante de l'altérité en matière de langue et de culture (Conseil de l'Europe 2001, 9).

Il est intéressant de souligner que c'est justement l'altérité qui est un des facteurs influant sur la construction de l'identité de l'usager de la langue. En effet, les concepteurs du CECRL (Conseil de l'Europe 2001, 106) partent du principe qu'un des objectifs du processus d'enseignement/apprentissage des langues est d'« aider les apprenants à construire leur identité langagière et culturelle en y intégrant une expérience diversifiée de l'altérité ». De plus, c'est la capacité à gérer ce qui est ‹ autre › qui permet aux apprenants de mieux progresser dans les apprentissages. Néanmoins, la question qui se pose ici est celle de savoir ce que l'altérité veut dire, notamment dans la perspective adoptée par la didactique relationnelle. Or, l'‹ autre › n'est pas uniquement réservé à un être humain : il peut concerner non seulement un individu, un groupe ou une culture mais aussi des savoir et/ou savoir-faire à acquérir (cf. Coste & Cavalli 2015, 19). Ce qui est important, c'est le fait que l'altérité est fortement individualisée, car elle est conditionnée par la perspective altéritaire adoptée par l'individu. Comme le remarquent Coste et Cavalli (ibid.), l'altérité voit le jour dans des représentations différentes pour chacun de nous :

> C'est dans mes représentations, dans l'interaction et l'action que je rencontre des formes pour moi diverses de l'altérité : altérité interpersonnelle, altérité interculturelle, altérité interlinguistique, altérité interdisciplinaire ou interprofessionnelle.

Ces représentations dépendent de l'expérience de l'individu, conditionnée par ses échanges avec les autres qui consistent à mettre en relation ce qu'il sait/ connaît déjà et ce qu'il est en train de découvrir. En d'autres termes, c'est l'individu qui décide de sa propre perspective altéritaire, car ce qui n'est pas connu pour lui, ne l'est pas forcément pour une autre personne. Ainsi, l'altérité peut être choisie (donc volontaire), inattendue ou contrainte (cf. Coste et Cavalli 2015, 19). De plus, elle peut être aussi essentialisante (l'‹ étrangeté › de l'autre est perçue en tant qu'ensemble homogène) ou bien relativisante (différents degrés d'étrangeté). Enfin, l'altérité peut également être définie en fonction du rapport de place qui est mis en œuvre lors de la rencontre avec l'autre : on parle alors de « l'altérité paritaire », « égalitaire » ou d'une « altérité basée sur la relation dominant/dominé ». Force est aussi de constater que l'altérité peut donner lieu à des réactions diverses : intérêt, curiosité, engagement, hostilité, indifférence, voir rejet. Rappelons aussi que la nécessité de confronter l'autre est également mise en relief par le volume complémentaire du CECRL (Conseil de l'Europe 2018), entre autres, dans la description des activités de médiation dont l'un des objectifs est d'apprendre aux élèves d'établir un espace de communication pluriculturel qui se caractérise par une ambiance positive où les individus représentant différentes langues et cultures se sentent à l'aise. Les apprenants sont alors amenés à développer « la capacité à traiter « l'altérité », afin d'identifier des ressemblances et des différences permettant de s'appuyer sur des caractéristiques culturelles connues ou inconnues, etc. dans le but de permettre la communication et la coopération » (ebd., 128).

Bref, l'altérité est un élément indissociable du processus d'enseignement/apprentissage des langues pendant lequel l'apprenant est censé acquérir de nouveaux savoir et savoir-faire langagiers (systèmes linguistiques et compétences langagières) et pendant lequel il est confronté à d'autres systèmes de valeurs que le sien. Ainsi, une fois cette altérité mal appréhendée, l'apprenant peut se sentir bloqué ce qui aurait des effets néfastes sur la suite de ses apprentissages. Pour cette raison, afin de le préparer à la rencontre avec l'‹ autre › suivant les principes de la didactique relationnelle auxquelles nous reviendrons dans la suite du présent article, il nous semble important de prendre en considération aussi bien le contexte dans lequel se déroule l'enseignement/apprentissage et dans lequel l'apprenant fonctionne que ses représentations concernant la langue et la culture cibles.

3. Vers la didactique relationnelle

Afin de discuter la question de l'altérité, qui nourrit nos réflexions sur la didactique relationnelle, il nous semble juste de nous pencher sur deux notions cruciales pour nos analyses, que nous présenterons dans la suite du présent article, à savoir la notion de contexte d'apprentissage et celle de représentations des élèves.

3.1 Contexte d'apprentissage

Le processus d'enseignement/apprentissage des langues ne se déroule jamais dans le vide, mais – au contraire – il est toujours ancré dans un contexte dont les facteurs déterminent de façon significative son déroulement. Du point de vue de nos réflexions sur la gestion de l'altérité en classe de langue, il nous semble pertinent de nous référer au modèle dit socio-éducatif proposé par Gardner (2001, 6–7) selon lequel quatre groupes de composantes ayant un impact sur le processus d'enseignement/apprentissage des langues sont distingués, à savoir :

- **les influences externes** (ang. *External Influences*) qui englobent soit le déroulement du processus d'enseignement/apprentissage (les variables sociales et personnelles comme par exemple le milieu social, culturel ou familial), soit les « motivateurs » c'est-à-dire les enseignants et les stratégies qu'ils mettent en œuvre ;
- **les différences individuelles** (ang. *Individual Differences*) ou, en d'autres termes, l'intelligence, les aptitudes linguistiques, mais aussi l'attitude envers la langue cible qui a un impact significatif sur la motivation de l'apprenant envers la langue cible ;
- **les contextes d'acquisition langagière** (ang. *Language Acquisition Contexts*) : on distingue le contexte formel (par exemple en classe, lors du parcours scolaire obligatoire) ou informel (tout autre contexte que celui de la salle de classe) ;
- **les effets d'apprentissage** (ang. *Outcomes*) qui peuvent être regroupés en deux catégories : on distingue d'un côté les effets strictement linguistiques (les savoir et savoir-faire concernant soit les (sous)systèmes linguistiques, soit des compétences langagières) ; de l'autre, les effets extralinguistiques (par exemple, l'anxiété langagière, les attitudes envers la langue cible et les

groupes sociaux qui l'utilisent, la volonté d'utiliser la langue cible dans l'avenir, etc.)

Dans chacune des catégories mentionnées ci-dessous, nous pouvons retrouver des références plus ou moins explicites à des théories motivationnelles qui restent dans une relation étroite avec le déroulement du processus d'enseignement/ apprentissage des langues (cf. Kucharczyk 2016, 202). Même si la littérature didactique abonde en travaux portant sur le rôle de la motivation dans l'enseignement/apprentissage des langues, il nous semble important de nous référer au modèle de la motivation dit intégratif, proposé par Fenouillet (2011), car non seulement il synthétise les résultats de différentes recherches relatives au rôle de la motivation dans l'apprentissage des langues, mais aussi il accentue le caractère individuel de la motivation, ce qui est conforme aux principes de la didactique relationnelle auxquels nous nous référons dans le présent article. Selon Fenouillet (2011, 141), c'est la motivation qui conditionne les actions entreprises par l'individu ; elle dépend aussi bien de facteurs externes qu'internes. Elle permet d'expliquer non seulement les motifs de l'individu pour entreprendre une action (y compris apprendre une langue) et son engagement dans l'action mais aussi le niveau d'intensité de ses actions et ses comportements qui accompagnent son effort cognitif. Ainsi définie, la motivation est un phénomène non seulement fortement individualisé mais aussi évolutif (comme l'est la compétence plurilingue), car elle dépend des émotions vécues par l'apprenant qui, de leur côté, sont conditionnées par le contexte dans lequel il fonctionne. Pour cette raison, en classe de langue qui est balisée par les principes de la didactique relationnelle, il est nécessaire de se pencher sur les questions suivantes afin de rendre le processus d'enseignement/apprentissage plus individualisé (cf. Kucharczyk 2016, 202–204) :

- **le statut de la langue cible dans le pays où se déroule le processus d'enseignement/apprentissage** : la question qu'il faudrait se poser est celle de savoir si elle y est une langue officielle, régionale, minoritaire ou si elle est tout simplement une langue étrangère inscrite dans le curriculum national. Si c'est le dernier cas, il faudrait prendre en considération s'il s'agit d'une matière scolaire obligatoire ou facultative, ou encore si c'est la première ou la

deuxième langue étrangère, ce qui se reflète dans le nombre d'heures de cours prévu par le curriculum.
- **la distance typologique entre la langue cible et les langues faisant partie du répertoire langagier de l'apprenant** : la distance typologique est définie en tant que degré de parenté génétique des langues (cf. Chłopek 2011, 155). Plus les langues sont proches entre elles, plus nous pouvons observer d'influences interlinguistiques, ce qui accélère les apprentissages des langues, à condition que l'apprenant sache puiser efficacement et consciemment de la synergie des langues faisant partie de son répertoire langagier, car les influences peuvent être non seulement positives mais aussi négatives, ce qui pourrait bloquer l'apprentissage. Sont alors distinguées les langues : apparentées (appartenant à la même famille de langues), voisines (géographiquement éloignées, mais liées par une histoire commune) ou éloignées (qui ne sont ni apparentées ni voisines) (cf. Caddéo & Jamet 2013, 51–52). Cette typologie des langues par rapport au degré de leur parenté devrait conditionner les démarches didactiques à entreprendre en classe de langue.
- **l'attitude de l'élève envers la langue et la culture cibles** : celle-ci influent aussi d'une façon significative sur l'efficacité du processus d'enseignement/ apprentissage (cf. Kucharczyk 2016, 203). Force est de constater que les attitudes des élèves résultent de leurs expériences individuelles et des images de la langue et culture cibles qui leur sont transmises par leur environnement immédiat et lointain (amis, famille, média). Autrement dit, les attitudes des apprenants sont dans une relation directe avec leurs représentations sociales relatives à la langue et la culture cibles. Nous reviendrons à cette question dans la suite du présent article.
- **la distance psychotypologique entre la langue cible et les langues faisant partie du répertoire langagier de l'apprenant** : la distance psychotypologique est définie en tant que décalage entre le degré de parenté génétique objective d'une langue et sa perception subjective faite par l'apprenant (cf. Chłopek 2011, 155). Autrement dit, c'est l'apprenant lui-même qui évalue à quel point la langue cible ressemble (et en même temps diffère) aux langues qui font partie de son répertoire langagier. Cette évaluation résulte de l'expérience langagière de l'élève et ne doit pas forcément se référer aux traits géné-

tiques caractéristiques pour la langue donnée qui, par leur nature, sont objectifs. On peut admettre que c'est justement la distance typologique qui joue un rôle important dans la relation qui s'impose entre l'apprenant et la langue qu'il est en train de s'approprier. Nous reviendrons à cette question dans la suite de l'article.

- **l'organisation formelle du processus d'enseignement/apprentissage** : il est avant tout question des décisions politiques prises au niveau local, national ou international qui régulent le processus (cf. Kucharczyk 2016, 203). En effet, ces décisions concernant le nombre de langues présentes dans les curricula, le nombre d'heures de cours et la disposition dans le programme d'enseignement.

3.2 Représentations des apprenants

Comme nous l'avons déjà constaté, le contexte dans lequel se déroule le processus d'enseignement/apprentissage reste dans une relation relativement étroite avec les représentations des élèves, relatives à la langue et la culture cibles. La notion de représentation sociale est présente dans les travaux concernant le processus d'enseignement/apprentissage des langues depuis un certain temps et concerne différents domaines de la recherche : le développement de la compétence interculturelle, la construction identitaire de l'apprenant, le choix de la langue en tant qu'objet d'apprentissage, les stratégies mises en œuvre par l'apprenant ou encore son sentiment d'efficacité personnelle (cf. Zarate 1993 ; Dabène 1997 ; Castellotti & Moore 2002 ; Castellotti 2017 ; Defays 2018). Pour cette raison, lesdites représentations sont liées à la conscience des apprenants, qui peut être (Dabène 1991, cité par Véronique 2001, 28)

- langagière (usages autonymiques du langage) ;
- linguistique (comparaison et distinction des codes linguistiques) ;
- normative (connaissance des normes) ;
- ethnolinguistique (relation entre la langue et l'identité) ;
- sociolinguistique (relation entre la langue et la société).

Il s'ensuit alors que les représentations sociales se caractérisent par leur aspect cognitif, social, mais avant tout partagé, aspects qui permettent de (re)construire et d'expliquer la réalité. C'est pourquoi elles constituent « une forme de connaissance, socialement élaborée et partagée, ayant une visée pratique et concourant à la construction d'une réalité commune à un ensemble social » (Jodelet 2003, 45). En d'autres termes, les représentations sociales peuvent être définies comme un système qui rend possible l'interprétation du monde qui entoure l'individu, car elles permettent de donner du sens à tous les objets constituant cette réalité (cf. Kucharczyk & Szymankiewicz 2020a, 175–177). Force est tout de même de constater que c'est un système fort complexe car il est imprégné non seulement d'éléments cognitifs, idéologiques, normatifs ou affectifs mais aussi d'opinions et de valeurs qui sont propres aux groupes sociaux dans lesquels l'individu fonctionne. Dans le cadre de la didactique des langues étrangères, les représentations sociales sont définies comme « les images et les conceptions que les acteurs sociaux se font d'une langue, de ce que sont ses normes, ses caractéristiques, son statut au regard d'autres langues » (Moore 2001, 9). Nous pouvons donc constater que les représentations se situent quelque part entre les attitudes et les stéréotypes. Tandis que les premières sont fortement individualisées, les seconds ont un caractère collectif, car ils constituent « une forme spécifique de verbalisation des attitudes, caractérisée par l'accord des membres de l'endogroupe autour de certains traits saillants, adoptés comme valides et discriminants » (Tajfel 1981, cité par Moore 2001, 14). Ainsi, les représentations sociales ne stimulent pas les actions entreprises par les individus, car ce sont des états socialement distribués et négociés (cf. Véronique 2001, 27). Par contre, elles les déterminent significativement. Nous pouvons donc admettre que la relation qui s'impose entre la langue cible et l'apprenant lui-même est façonnée par le contexte dans lequel il fonctionne et dans lequel se déroule le processus d'enseignement/apprentissage qui, de sa part, se base – au moins partiellement – sur des représentations relatives à la langue de la culture cible.

3.3 Principes de la didactique relationnelle

Nous revenons enfin au noyau dur de nos réflexions, à savoir la didactique relationnelle (ou de l'appropriation). Si la langue est perçue en tant qu'expérience individuelle qui dépend du contexte dans lequel fonctionne l'apprenant et qui est façonnée par ses représentations, il semble naturel de considérer le processus d'enseignement/apprentissage comme un cheminement vers l'appropriation de la langue et de la culture cible. Or, l'appropriation « contribue à la transformation des êtres humains à travers, précisément, une mobilisation réflexive de leur expérience, en l'occurrence des dimensions linguistico-culturelles » (Castellotti 2015, 4). Si l'apprentissage se caractérise par des objectifs bien rigides, définis au préalable, l'appropriation se réalise dans la transformation de l'individu face aux autres : que ce soit une langue, ses variations, une culture et d'autres individus. Pour cette raison, dans le cas de l'apprentissage, l'accent est plutôt mis sur son résultat final, alors que pour l'appropriation, c'est le processus qui compte, car ses résultats sont « partiels, situés, contingents, instables » (ibid.). Ainsi, s'approprier une langue n'est pas une compétence à acquérir mais une expérience résultant de la synergie entre la diversité et l'altérité auxquelles l'apprenant est confronté (cf. Castellotti 2017, 268). Pour ce faire, l'apprenant devrait avoir le plus d'occasions possibles d'expérimenter avec la langue cible en puisant dans ses expériences antérieures (linguistiques, culturelles ou autres) pour les mobiliser réflexivement dans de nouvelles situations (avant tout langagières, mais pas uniquement). Bref, il devrait être amené à puiser dans ses ressources englobant le savoir, le savoir-faire et le savoir-être qui conditionnent – comme le disent les concepteurs du CARAP (Candelier et al. 2012) le développement de la compétence plurilingue et interculturelle. L'appropriation se caractérise alors par une forte hétérogénéité de parcours, de projets, car chaque apprenant à des expériences et des attentes différentes. Pour cette raison, nous avons affaire à la priorité donnée à la compréhension plutôt qu'à la production car c'est cette première qui balise le chemin vers une appropriation réussie. Néanmoins, situer le comprendre au cœur du processus d'appropriation nécessite la capacité à prendre le risque pour réorienter son orientation : comprendre n'est pas prévisible et échappe au contrôle. En d'autres termes, il est nécessaire de « prendre le risque d'un travail ‹ sans filet › » (ibid., 281). Il s'ensuit alors que la didactique relationnelle – qui place au cœur de ses réflexions la notion d'appropriation – n'est pas une nouvelle approche didactique, car elle ne propose que des orientations et pistes vers lesquelles l'apprenant peut être poussé (cf. ibid., 267). En effet, la question qui devrait se poser n'est pas celle du « comment » mais celle du « pourquoi », ce qui suppose l'élaboration d'un projet individuel ancré dans l'histoire et l'expérience de l'apprenant. Ce projet devrait s'appuyer sur la confrontation de l'apprenant avec d'autres – leurs langues, leurs cultures, leurs expériences du monde qui ne sont pas directement accessibles (cf. Castellotti 2015, 14). Pour que l'appropriation puisse se mettre en place, il faudrait encourager les apprenants à construire un projet (individuel ou collectif) et non pas le leur imposer : c'est ainsi qu'ils pourraient adopter une posture appropriative lors de la découverte d'une nouvelle langue. Il résulte de ce qui précède que la didactique relationnelle met l'accent sur le caractère fortement individualisé du processus d'enseignement/apprentissage des langues. Ce dernier, appelé plutôt le processus d'appropriation, sous-entend une relation entre l'apprenant et la langue qui s'établit différemment en fonction de l'expérience linguistique et culturelle de l'apprenant. D'où un nouveau rôle de l'enseignant de langue qui devrait pousser ses apprenants à la découverte individuelle de la « nouvelle » langue tout en puisant dans leurs expériences antérieures qui sont pour eux une sorte d'échafaudage pour l'appropriation de nouveaux savoirs et savoir-faire linguistiques. Cette découverte fortement individualisée permet à l'apprenant de dresser un projet d'appropriation linguistique ce qui aura sans nul doute l'impact sur la motivation envers l'apprentissage de la langue cible. Il nous paraît que c'est un aspect important à prendre en considération surtout dans le cas de pays où la diversité linguistique et culturelle est relativement bas, comme la Pologne à laquelle nous consacrons la suite du présent article.

4. Situation du français en Pologne

Comme dans la suite du texte nous essaierons de répondre à la question de savoir à quel point les principes de la didactique relationnelle peuvent être mis en place lors du processus d'enseignement/apprentissage du FLE dédié au public polonophone, il nous semble pertinent de présenter la place de la langue française en Pologne. Jusqu'à la Seconde Guerre mondiale, la langue française était présente auprès des élites intellectuelles du pays, car c'était un « élément qui leur servait aussi bien en tant qu'instrument professionnel que comme signe de prestige social » (Ziółkowski 2004, 59). Puis, sa fonction et sa popularité ont diminué suite à l'introduction obligatoire du russe dans les systèmes éducatifs. Force est quand même de constater qu'aux alentours des années 70 du XXe

siècle, la langue et la culture françaises ont regagné de l'intérêt auprès des Polonais suite surtout à la diffusion de chansons, films et livres français dans les médias polonais :

> Les cercles intellectuels de Varsovie et d'autres villes discutaient à propos des idées de Jean-Paul Sartre et des romans de Françoise Sagan. Les Polonais chantaient – et quelques-uns apprenaient même par cœur – les chansons d'Édith Piaf, Charles Aznavour, Gilbert Bécaud ou Salvatore Adamo. Plusieurs expressions et locutions françaises, absorbées par le polonais, continuaient à être utilisés, et – dans une conscience générale – Louis XIV et Alexandre Dumas étaient mieux connus qu'une Élisabeth Tudor ou qu'une Jane Austen (ibid.).

Puis, après la chute de l'époque communiste, le français s'est effacé sur le terrain polonais en cédant la place à la langue anglaise perçue comme un outil majeur de la communication internationale. À l'heure actuelle, le français est devenu la deuxième langue étrangère choisie par les apprenants polonophones, notamment dans les écoles secondaires, ce que montrent les chiffres regroupés dans le tableau qui suit :

	anglais	français	allemand	russe	autres
total des élèves	4.338.039	103.778	1.540.301	164.024	145.958
école primaire	2.559.481	11.761	339.381	20.098	27.941
collège	682.554	23.268	488.070	44.745	30.928
lycée	470.966	50.989	269.583	47.386	75.118

Tableau 1 : Les langues apprises par les élèves polonophones
(cf. *Oświata i wychowanie w roku szkolnym* 2017/2018)

Même si les élèves choisissant d'apprendre le français ne sont pas nombreux, leurs attitudes envers la langue française et la culture francophone au sens large du terme se montrent plutôt positives (cf. Kucharczyk & Szymankiewicz 2020b, 86–87 ; Pudo 2016, 261–262 ; Ziółkowski 2004, 3). En effet, les apprenant trouvent la langue française belle (notamment au niveau de sa sonorité) et l'associent – dans la majorité des cas – à des phénomènes culturels tels que les beaux-arts, la littérature, le cinéma ou la chanson. Ce qui est aussi important, c'est que les apprenants soumis à l'enquête trouvent le français utile ; pas seulement dans les échanges quotidiens, mais aussi dans la vie professionnelle, notamment celle liée au domaine de la diplomatie. Il faut tout de même constater que, suite au contexte dans lequel ils fonctionnent, les apprenants polonophones sont rarement exposés à la langue française : la Pologne est un pays où la variété linguistique et culturelle est relativement basse et où le contact avec les langues étrangères se fait avant tout à l'école. À cela s'ajoute encore le fait que les apprenants polonais perçoivent le français comme une langue difficile, notamment par rapport à sa grammaire et sa prononciation qui leur semblent compliquées. D'où la nécessité de bien gérer le processus d'enseignement/apprentissage en classe de FLE afin de bien orienter la motivation des élèves qui – suite à l'image plutôt positive du français – est relativement élevée au début de l'apprentissage. Il nous semble que travailler selon les principes de la didactique relationnelle peut influencer positivement la motivation des apprenants notamment au début de l'apprentissage où les premiers liens avec la langue cible se nouent.

5. Analyse de manuels de FLE pour le public polonophone

Dans la partie suivante, nous voudrions soumettre à une analyse des manuels pour le public polonophone afin d'examiner la place qui y est accordée aux principes de la didactique relationnelle, mentionnés brièvement ci-dessus. Nous avons décidé d'analyser les premières unités (dites « unités/leçons zéro »), car nous partons du principe que la première rencontre avec la langue et la culture cibles déterminent d'une façon significative l'attitude de l'apprenant envers la langue et son apprentissage. En effet, lors de la leçon zéro, les apprenants devraient « prendre conscience des relations entre les langues, développer une appétence pour les langues, faire émerger et conscientiser les représentations [...], faire prendre conscience du caractère relatif des stéréotypes » (www.patoisvda.org). Pour procéder à notre analyse, nous avons distingué quatre objectifs qui, à nos yeux, devraient se référer aux principes en question, accompagnés de questions détaillées :

1. les objectifs strictement relationnels
   a. À quel point les auteurs du manuel encouragent-ils les apprenants à réfléchir sur leurs motifs pour entreprendre l'apprentissage du FLE ?
   b. À quel point les auteurs du manuel encouragent-ils les apprenants à réfléchir sur leur façon d'apprendre une langue ?
   c. À quel point les apprenants sont-ils encouragés à recourir à leur expérience antérieure relative aux apprentissages langagiers ?

d. À quel point les auteurs du manuel encouragent-ils les apprenants en FLE à recourir à leur répertoire langagier lors de l'apprentissage du FLE ?

e. À quel point les auteurs du manuel encouragent-ils les apprenants en FLE à recourir à leur expérience culturelle lors de l'apprentissage du FLE ?

2. les objectifs lexicaux

a. Quels sont les champs lexicaux abordés par les concepteurs du manuel ?

b. Sont-ils susceptibles d'éveiller la curiosité des apprenants ?

c. À quel point les mots présentés peuvent-ils être transparents pour le public polonophone ?

3. les objectifs grammaticaux

a. Quels sont les sujets grammaticaux présentés par les concepteurs du manuel ?

b. À quel point les sujets grammaticaux présentés peuvent-ils être transparents pour le public polonophone ?

4. les objectifs culturels

a. Comment est présentée la culture des pays francophones ? Le contenu ne se limite-t-il qu'à la France ou concerne-t-il d'autres pays francophones ?

b. Quels sont les sujets culturels abordés ?

c. À quel point les apprenants sont-ils encouragés à chercher des passerelles entre leur expérience culturelle et la culture cible ?

Nous avons choisi quatre manuels approuvés par le ministère de l'Éducation nationale polonaise (condition *sine qua non* pour que l'enseignant puisse utiliser le manuel dans un établissement public), à savoir *C'est parti ! 1* (Piotorwska-Skrzypek 2019), *Défi 1* (Chahi et al. 2018), *Exploits 1* (Boutegege 2019) et *Texto 1* (Lopes & Le Bougnec 2019). Tous les manuels sont dédiés au public de jeunes adultes qui commencent l'apprentissage du FLE au niveau secondaire. De plus, tous les manuels soumis à l'analyse sont relativement récents, ce qui nous permet de supposer que des références à la didactique relationnelle doivent y être intégrées.

5.1 Les objectifs strictement relationnels

Pour examiner si les objectifs strictement relationnels peuvent être réalisés suite au travail avec les manuels soumis à l'analyse, nous avons élaboré quatre indices qui opérationnalisent les principes de la didactique relationnelle, à savoir la réflexion sur les motifs de l'apprentissage du FLE, la réflexion sur le savoir-apprendre (notamment sur la possibilité de recourir à ses expériences antérieures relatives à l'apprentissage des langues), l'exploitation de son répertoire langagier lors de l'apprentissage du FLE pour le rendre plus familier à l'apprenant et le recours à son expérience culturelle pour rendre la culture française et francophone plus familière. Pour déterminer avec quelle intensité les indices suivants sont présents dans les premières leçons soumises à l'analyse, nous avons recouru aux marqueurs d'intensité suivants :

+ : présence   +/- : présence partielle   - : absence.

	C'est parti ! 1	*Défi 1*	*Exploits 1*	*Texto 1*
faire réfléchir sur les motifs de l'apprentissage du FLE	-	-	-	-
faire réfléchir sur la façon d'apprendre le FLE (y compris le recours à ses expériences antérieures)	-	-	-	-
encourager à utiliser son répertoire langagier lors de l'apprentissage du FLE	+/-	-	+/-	+/-
encourager à recourir à son expérience culturelle lors de l'apprentissage du FLE	+/-	-	-	+/-

Tableau 2 : L'analyse des manuels : objectifs relationnels

Les résultats de l'analyse présentés dans le tableau ci-dessous montrent que les éléments soutenant le processus d'appropriation langagière sont quasi absents dans les unités zéro des manuels choisis. Les auteurs des manuels ne prévoient pas d'activités qui permettent aux apprenants de réfléchir aux raisons pour lesquelles ils se sont décidés à apprendre le français.

Les apprenants ne sont point encouragés à réfléchir sur leur façon d'apprendre des langues, comme s'ils n'avaient aucune expérience en tant qu'apprenants en langue. Or, une telle réflexion consciente permettrait tout de même aux élèves de transférer leur savoir-apprendre lors du processus d'apprentissage du français, ce qui l'impacterait positivement.

Quant au recours au répertoire langagier lors de l'apprentissage du FLE, les concepteurs des méthodes analysées ne se limitent qu'aux mots transparents dont la signification peut être devinée grâce à la connaissance d'autres langues (notamment l'anglais). Et pourtant, on pourrait aller plus loin en proposant des activités plus complexes qui permettraient aux élèves de mieux exploiter la connaissance d'autres langues, ce qui donnerait lieu à une relation plus ‹ intime › et moins étrangère avec le français.

Nous constatons le même état de lieu pour l'aspect culturel. En effet, les apprenants sont traités comme des individus dépourvus de connaissances culturelles qui pourraient constituer une sorte d'ancrage lors de l'apprentissage du FLE. Seulement dans la méthode *C'est parti ! 1*, nous trouvons une seule question (formulée en polonais) pour savoir si les élèves connaissent des pays où le français est parlé ce qui pourrait – à nos yeux – constituer un premier pas vers l'établissement d'une relation plus personnelle avec la langue française et la culture francophone. Les auteurs du manuel *Texto* vont un peu plus loin en présentant aux apprenants des noms de célébrités du monde entier (par exemple Barack Obama ou Agatha Christie) prononcés « à la française », ce qui devrait, à priori, constituer une passerelle entre la réalité que les apprenants connaissent et la réalité présentée par le biais de la langue française ce qui pourrait impacter positivement leur motivation.

5.2 Les objectifs lexicaux

Le contenu lexical abordé dans l'unité zéro des manuels analysés est présenté dans le tableau qui suit.

C'est parti ! 1	*Défi 1*	*Exploits 1*	*Texto 1*
• alphabet • mots transparents	• formules de politesse • salutations, prendre congé • jours de la semaine • mois de l'année • saisons de l'année	• jours de la semaine • saisons et mois de l'année • fournitures scolaires • objets de la classe • alphabet • nombres 0–31	• objets de la classe • objets personnels • nombres 0–1 milliard • jours de la semaine • mois de l'année

Tableau 3 : L'analyse des manuels : objectifs lexicaux

Il résulte de ce qui précède que les champs lexicaux présentés dans les premières pages des livres analysés, en dehors de mots transparents, sont loin d'être conformes aux principes de la didactique relationnelle. Les jours de la semaine et les saisons de l'année ne ressemblent point à leurs homologues polonais ou anglais (et rappelons ici que presque tous les élèves polonophones apprennent l'anglais en tant que première langue étrangère). Pareil pour les noms des objets de la classe et de la fourniture scolaire. Sans parler des nombres dont la graphie (venant du latin) et la composition qui constituent un obstacle pour les élèves polonophones, obstacle qui pourrait les bloquer dans la suite de l'apprentissage. Seuls les mois de l'année ressemblent aux mots anglais, ce qui pourrait contribuer à utiliser les ressources de son répertoire langagier lors de l'apprentissage du FLE. En plus de la forme des mots présentés dans les unités zéro, la question qui se pose est celle de savoir si les champs thématiques qui y sont présentés sont intéressants pour les apprenants débutants (Parler des objets en classe ? Compter en français ? Ou encore analyser un agenda en utilisant les noms des jours et des mois appris en classe ?). La réponse semble évidente. Néanmoins, dans la méthode *Défi*, nous pouvons retrouver une activité relationnelle : à la fin de l'unité, les élèves choisissent des mots (autant qu'ils le veulent) qu'ils voudraient retenir pour des raisons individuelles. Ainsi, la discussion sur la relation avec le français que les apprenants sont en train d'établir peut se mettre en place.

5.3 Les objectifs grammaticaux

Le tableau ci-dessous montre quelles sont les questions grammaticales abordées lors des premières rencontres des apprenants avec le français.

C'est parti ! 1	*Défi 1*	*Exploits 1*	*Texto 1*
• pas de contenu grammatical dans le sens strict des mots, mais beaucoup de contenu phonétique (règles de prononciation, relation phonie-graphie, …)	• verbe *s'appeler* • pronoms sujets • pronoms toniques	• question *qu'est-ce que c'est* • article défini, article indéfini	• pas de contenu grammatical

Tableau 4 : L'analyse des manuels : objectifs grammaticaux

Même si le contenu grammatical est relativement limité (dans deux méthodes, il n'existe même pas), il reste difficile pour les apprenants polonophones et est loin d'être transparents pour eux. Les règles phonétiques compliquées, la conjugaison du verbe « s'appeler » qui présente des irrégularités et les articles qui n'existent pas en polonais et qui ne sont pas directement transférables de l'anglais. De nouveau, nous avons affaire à des éléments qui peuvent potentiellement éloigner l'apprenant de la langue cible, le décourager et le démotiver dans ses apprentissages, d'autant plus que le stéréotype selon lequel la grammaire française est compliquée se voit confirmé.

5.4 Les objectifs culturels

Les aspects culturels présentés dans les méthodes choisies sont les suivants :

C'est parti ! 1	*Défi 1*	*Exploits 1*	*Texto 1*
• régions de France métropolitaine + la France d'outre-mer • symboles de villes françaises • toutes les pages sont accompagnées d'images et de photos de Paris	• pays francophonie (géographie, cuisine, monuments)	• personnages célèbres (haute culture et culture populaire)	• fêtes françaises et internationales • francophonie (géographie + quiz) • écrivains de la langue française

Tableau 5 : L'analyse des manuels : objectifs culturels

En analysant le contenu dit ‹ culturel › présent dans les manuels soumis à l'analyse, nous pouvons constater qu'il est relativement riche : les auteurs des manuels ne se limitent pas à la présentation de la culture française, on découvre aussi celle d'autres pays francophones, ce qui ouvre encore plus les élèves à l'altérité car la langue et la culture sont présentées dans leur variété (différents pays, culture élevée, culture populaire). Des éléments typiques de la culture française et francophone (cartes, personnes célèbres) y sont présentés, mais aussi des aspects moins connus comme par exemple les symboles des villes françaises. On y introduit également la notion d'« écrivains de la langue française », ce qui pourrait pousser encore plus les élèves vers le monde francophone. Il est aussi intéressant de constater que dans le manuel *Défi*, il existe des activités qui encouragent les apprenants à nouer une relation un peu plus fine avec le français : après avoir découvert des spécialités, des monuments et des artistes français et francophones, les élèves doivent réfléchir au plat qu'ils voudraient goûter ou à l'endroit qu'ils aimeraient visiter.

6. Conclusion

Après avoir analysé le contenu des leçons zéro dans les manuels choisis, nous pouvons constater que les activités s'inscrivant dans les principes de la didactique relationnelle n'y sont pas majoritairement présentes, ce qui n'est pas étonnant vu que c'est une conception didactique relativement récente. De plus, en classe de langue, le manuel n'est qu'un échafaudage autour duquel l'enseignant devrait construire ses cours. C'est à lui donc d'élaborer des activités qui devraient permettre aux apprenants de construire leur projet d'apprentissage du FLE individuel.

Il résulte de ce qui précède que travailler selon les principes de la didactique relationnelle permet d'aborder (et par voie de conséquence de gérer) différemment l'altérité en classe de langue. En effet, aussi bien la langue que la culture cibles deviennent une expérience fortement individuelle de chaque apprenant, qu'il acquiert progressivement en puisant fortement dans ses expériences antérieures qui sont significativement conditionnées par le contexte dans lequel il fonctionne.

Bibliographie

BOUTEGEGE, Régine et al. 2019. *Exploits 1. Podręcznik do nauki języka francuskiego dla liceum i technikum*. Warszawa : PWN

CADDEO, Sandrine & JAMET, Marie-Christine. 2013. *L'intercompréhension : une autre approche pour l'enseignement des langues*. Paris : Hachette FLE.

CANDELIER, Michel & CAMILLERI-GRIMA, Antoinette & CASTELLOTTI, Véronique & DE PIETRO, Jean-François & LÖRINCZ, Ildikó & MEISSNER, Franz-Joseph & NOGUEROL, Artur & SCHRÖDER-SURA, Anna & MOLINIE, Muriel. 2012. *Le CARAP: Un Cadre de référence pour les approches plurielles des langues et des cultures – Compétences et ressources*. Strasbourg: Conseil de l'Europe. https://www.ecml.at/Portals/1/documents/ECML-resources/CARAP-FR.pdf?ver=2018-03-20-120658-740, consultation : 11.06.2021.

CASTELLOTTI, Véronique. 2015. « Diversité(s), histoire(s), compréhension ... Vers des perspectives relationnelles et alterdidactiques pour l'appropriation des langues », dans : *Recherches en didactique des langues et des cultures* 12/1, 1–25.

CASTELLOTTI, Véronique. 2017. *Pour une didactique de l'appropriation. Diversité, compréhension, relation*. Paris : Les Éditions Didier.

CASTELLOTTI, Véronique & MOORE, Danièle. 2002. *Représentations sociales des langues et enseignements*. Strasbourg : Conseil de l'Europe.

CHAHI, Fatiha et al. 2018. *Défi 1. Kurs języka francuskiego dla 4-letnich liceów i 5-letnich techników*. Poznań : Klett Polska.

CHŁOPEK, Zofia. 2011. *Nabywanie języków trzecich i kolejnych oraz wielojęzyczność. Aspekty psycholingwistyczne (i inne)*. Wrocław : Wydawnictwo Uniwersytetu Wrocławskiego.

CONSEIL DE L'EUROPE. 2001. *Cadre européen commun de référence pour les langues : apprendre, enseigner, évaluer.* Strasbourg : Conseil de l'Europe.
CONSEIL DE L'EUROPE. 2018. *Cadre européen commun de référence pour les langues : apprendre, enseigner, évaluer. Volume complémentaire avec de nouveaux descripteurs.* Strasbourg : Conseil de l'Europe.
CONSEIL DE L'EUROPE. 2012. *Un cadre de références pour les approches plurielles des langues et des cultures.* Strasbourg : Conseil de l'Europe.
COSTE, Daniel & CAVALLI, Marisa. 2015. *Éducation, mobilité, altérité. Les fonctions de médiation de l'école.* Strasbourg : Conseil de l'Europe.
CUQ, Jean-Pierre. dir. 2003. *Dictionnaire de didactique du français langue étrangère et seconde.* Paris : Clé International.
DABENE, Louise. 1997. « L'image des langues et leur apprentissage », dans : Matthey, Marinette. éd. *Les langues et leurs images.* Neuchâtel : IRDP, 19–13.
DEFAYS, Jean-Marc. 2018. *Enseigner le français – langue étrangère et seconde. Approche humaniste de la didactique des langues et des cultures.* Bruxelles : Mardaga.
FENOUILLET, Fabien. 2011. « Les multiples facettes de la motivation », dans : Toupiol, Gérard. éd. *Mémoires, langages et apprentissage.* Paris : Éditions RETZ, 133–144.
GARDNER, Robert C. 2001. « Language Learning Motivation : The Student, the Teacher, and the Researcher », dans : *Texas papers in foreign language education* 6/1, 1–18.
JODELET, Josiane. 2003. « Représentations sociales : un domaine en expansion », dans : Jodelet, Josiane. éd. *Représentations sociales.* Paris : Presses Universitaires de France, 45–78.
KUCHARCZYK, Radosław. 2016. « Kontekst nauczania języków obcych w Polsce – glottodydaktyczne implikacje dla drugich języków obcych », dans : *Linguodidactica* XX, 195–212.
KUCHARCZYK, Radosław. 2018. *Nauczanie języków obcych a dydaktyka wielojęzyczności (na przykładzie francuskiego jako drugiego języka obcego).* Lublin : Werset.
KUCHARCZYK, Radosław & SZYMANKIEWICZ, Krystyna. 2020a. « Les représentations de la langue française chez des élèves polonophones. Quel impact sur le choix de la langue étrangère à l'école ? », dans : *Neofilolog* 55/2, 173–194.
KUCHARCZYK, Radosław & SZYMANKIEWICZ, Krystyna. 2020b. « Uwarunkowania wyboru nauki języka francuskiego przez polskich licealistów », dans : *Acta Neophilologica* XXII/1, 73–89.
LOPES, Marie-José & LE BOUGNEC, Jean-Thierry. 2019. *Texto 1. Podręcznik dla szkół ponadpodstawowych.* Vanves : Hachette.
MOORE, Danièle. 2001. « Les représentations des langues et de leur apprentissage : itinéraires théoriques et trajets méthodologiques », dans : Moore, Danièle. éd. *Les représentations des langues et de leur apprentissage. Références, modèles, données et méthodes.* Paris : Didier, 7–22.
MOORE, Danièle & CASTELLOTTI, Véronique. 2008. « La notion de la compétence plurilingue et pluriculturelle : perspectives de la recherche francophone », dans : Moore, Danièle & Castellotti, Véronique. édd. *La compétence plurilingue : regards francophones.* Bern et al. : Peter Lang, 11–24.
Oświata i wychowanie w roku szkolnym 2017/2018. 2018. Warszawa – Gdańsk : Główny Urząd Statystyczny.

PIOTORWSKA-SKRZYPEK, Małgorzata et al. 2019. *C'est parti ! Méthode de français.* Kraków : Draco.

PUDO, Dorota. 2016. « Représentations du français et d'autres langues étrangères chez les étudiants de philologie romane », dans : *Romanica Cracoviensia* 16, 249–269.

ROBERT, Jean-Pierre & ROSEN, Évelyne. 2010. *Dictionnaire pratique du CECR.* Paris : Éditions Ophrys.

VERONIQUE, Daniel. 2001. « Note sur les représentations dans les activités sociales et les représentations métalinguistiques dans l'appropriation d'une langue étrangère », dans : Moore, Danièle. éd. *Les représentations des langues et de leur apprentissage. Références, modèles, données et méthodes.* Paris : Didier, 23–30.

ZARATE, Geneviève. 1993. *Représentations de l'étranger et didactique des langues.* Paris : Didier.

ZIOLKOWSKI, Marek. 2004. « La Francophonie en Pologne », dans : *Hermès* 40, 59–61.

Mehrsprachigkeit und Mehrkulturalität in aktuellen Englisch- und Französischlehrwerken – Anregungen für sprachenübergreifende Aktivitäten

Steffi Morkötter (Rostock) & Christiane Neveling (Leipzig)

1. Einleitung

Derzeit verwendete Englisch- und Französischlehrwerke folgen didaktischen Prinzipien wie der Kompetenzorientierung und Differenzierung und zeichnen sich meist durch realitätsnahe Lernaufgaben (*tasks*, *tâches*), eine Förderung individueller Lernwege und vielfältige Zusatzmaterialien aus. Trotz dieses Angebots sowie zahlreicher in allen Sprachenfächern meist parallel verlaufender Weiterentwicklungen sind die Lehrwerke in der Regel einzelzielsprachlich ausgerichtet und nicht oder nur sehr eingeschränkt aufeinander abgestimmt. Schülerinnen und Schüler könnten den Eindruck bekommen, bei jeder neuen Sprache wieder ganz von Anfang an beginnen zu müssen. Eine Abstimmung der Lehrwerke in unterschiedlichen Bereichen könnte dazu beitragen, bereits beim Erlernen der ersten Schulfremdsprache eine Entlastung der im Curriculum folgenden Sprachen anzubahnen. Beim Erlernen weiterer Schulfremdsprachen könnten die Lernenden konkret an Vorkenntnisse und Lernerfahrungen anknüpfen und somit mögliche Synergien in den Bereichen der kommunikativen, kulturellen und strategischen Kompetenzen für das Lernen nutzen (z. B. *Brücken* 2013; vgl. auch Morkötter 2019; Morkötter et al. 2019; Neveling 2017). Dies ist auch insofern naheliegend, als beispielsweise Lehrwerke für Englisch der Jahrgangsstufe 5 und für Französisch der Jahrgangsstufe 6 bzw. 7 – nachvollziehbarerweise – ähnliche Themenbereiche aus dem unmittelbaren Lebensumfeld von Schülerinnen und Schülern (Familie, Freunde, Hobbies, Schulalltag) behandeln.

Im Folgenden wird daher der Frage nachgegangen, an welchen Stellen gängige Lehrwerke für die Fächer Englisch und Französisch Transfermöglichkeiten und wechselseitige Anknüpfungspunkte bieten, die einen Ausgangspunkt für die Entwicklung von mehrsprachigkeitsdidaktischen Aktivitäten liefern. Hierzu gibt es zahlreiche gelungene Ansätze, die jedoch punktuell noch verbessert werden können. In diesem Beitrag unterbreiten wir entsprechende Vorschläge in Bezug auf in Deutschland gängige Lehrwerke (s. Abschnitt 2) und auf die lehrwerksübergreifenden Zusatzmaterialien *Brücken* aus der deutschsprachigen Schweiz (s. Abschnitt 3).

2. Mehrsprachigkeit und Mehrkulturalität in Schülerbüchern

Wir gehen exemplarisch von Lerngruppen aus, die Französisch ab der sechsten Klasse lernen und mit *À plus ! 1* (2012)[1] und im Englischunterricht mit *English G access 2* (2014) arbeiten. Die Wahl ergibt sich aus der Verwendung dieser Lehrwerke an Schulen im Rahmen eines mehrsprachigkeitsdidaktischen Projekts in Deutschland (Hamburg, Leipzig, Rostock), der Schweiz (St. Gallen), Österreich (Graz, Innsbruck) und Liechtenstein (Vaduz). Kern dieses Projekts ist die Entwicklung und Erprobung von Materialien für sprachen- und kulturenübergreifende Aktivitäten in den Bereichen Lexik, Aussprache und Orthografie, Grammatik und Strategien mit thematisch-kulturellen Schnittstellen zwischen Englisch- und Französischlehrwerken. Dies soll in Form von themenorientierten Modulen geschehen, damit möglichst viele Lehrkräfte, die unterschiedliche Lehrwerke verwenden und dem uneinheitlichen Einsetzen der zweiten Fremdsprache unterliegen, über die Bundesländer und die Landesgrenzen hinweg erreicht werden. Lehrwerke werden in den Blick genommen, da sie nach wie vor das „unangefochtene Leitmedium des Unterrichts [darstellen], welches das Verhalten von Lehrenden und Lernenden nachhaltig beeinflusst" (vgl. Elsner 2016, 442). Elsner (ebd.) zitiert eine Statistik, der zufolge 98,5 % der Schülerinnen und Schüler in der Sekundarstufe I mit einem Englischlehrwerk arbeiten. Ihre Rolle für die sprachlichen und kulturellen Lernprozesse der Lernenden ist daher nicht zu unterschätzen. Im Fokus stehen die jeweiligen Schülerbücher, weil diese im „Erstellungsprozess [...] die zentrale Komponente des Lehrwerks darstellen, der alle anderen Lehrwerkteile und Materialien nachgeordnet sind" (Nieweler 2005, 128).

Der Frage, an welchen Stellen die genannten Schülerbücher Transfermöglichkeiten und Ausgangspunkte für die Entwicklung von mehrsprachigkeitsdidakti-

---

1 Wir konzentrieren uns auf die zurzeit meist verwendete Ausgabe (*À plus ! 1* 2012), werden an einigen Stellen jedoch auch auf die Neubearbeitung (*À plus ! 1* 2020) eingehen.

schen Übungen und Aufgaben liefern, soll im Folgenden mit Bezugnahme auf Erschließungsstrategien, Sprachmittlung und Grammatik nachgegangen werden.

2.1 Transfer von lexikalischen Erschließungsstrategien

Zunächst möchten wir im lexikalischen Bereich auf einige Punkte eingehen. In *À plus ! 1* (2012, 24) werden die Schülerinnen und Schüler bereits in der ersten Lektion auf die Möglichkeit aufmerksam gemacht, unbekannte Wörter zu erschließen und – aus der Perspektive einer Förderung von Sprachlernkompetenz besonders wichtig – aufgefordert: „Formuliere zwei Regeln, die man beim Erschließen unbekannter Wörter anwenden kann". Auffallend ist, dass beide Übertragungsrichtungen – „Was heißt *Tintenkiller* und *Lineal* auf Französisch?"; „Was heißt *papier recyclé*?" (ebd.) – und Abbildungen der benannten Gegenstände berücksichtigt werden.

Im zweiten Band des Englischbuchs *English G access 2* (2014), das die Lernenden parallel verwenden, werden in der ersten Lektion ebenfalls Erschließungsstrategien unter der Überschrift „Understanding new words" (*English G access 2* 2014, 19) vorgegeben. Die Schülerinnen und Schüler sollen zunächst ihnen unbekannte Wörter aus dem Text „A pony came to tea" herausschreiben (Aufgabe a). Im Aufgabenteil b) sollen die Lernenden die von ihnen notierten Wörter mit im Text farblich markierten (neuen) Vokabeln aus dem Text abgleichen. In einer unter der Aufgabenstellung abgedruckten Liste können sie eine jeweils geeignete Strategie nachlesen. So stehen „pink words" beispielsweise für ein Erschließen aus dem Kontext, „green words" für eine Bedeutungsbestimmung durch Bilder oder „orange words" für interlinguale Ähnlichkeiten mit dem Deutschen (Herkunftssprachen werden nicht genannt):

Understanding new words

a) When you're reading, don't stop at every new word and look it up. You can often understand new words without a dictionary. Try it – read the story below. Are there any words you really can't understand? Write them down in a list.

A pony came to tea

Our holiday cottage was a dream, a lovely little house with a beautiful view. The children loved it. We arrived at our holiday home on Dartmoor one afternoon in August – me and my two children, Robbie, 10, and Amber, 13. It was sunny and when we entered the cottage for the first time, it was very hot. So we opened all the windows, the front door and the back door. We unpacked our things, put some cakes and flowers on the kitchen table and then went and sat outside on the grass. I just looked at the view and felt the wind on my face. Robbie looked for animals on the moor through his binoculars, and Amber took some photos with her mobile and sent them to her best friend. After a while, I got up to go and make some tea. I walked towards the cottage and then stopped because I could hear something.

"I think there's someone in the house," I said. Robbie and Amber got up and then we all walked to the front door together and looked inside. "Wow!" said Robbie. "It's a Dartmoor pony. Isn't it beautiful?"
"Well, yes, but it's eating our cakes." Amber took a photo and then she shouted at the pony: "Shoo! Get out, go on, get out of here!" Amber's voice scared the pony. It suddenly turned around and knocked over the kitchen table. The cakes and flowers fell to the floor. Then it walked through the living room and left black marks on the white carpet. Before it went out of the back door, it knocked over the sofa in the lounge, turned around and looked at us. Then it ran away across the moor. After the pony came to tea our dream cottage was a bad dream, a real nightmare.

b) All the coloured words in the story are new. Are any of them in your list? Here's how you can understand them:

Pink words Can you guess the meaning from the context?
The cottage was a dream, so *lovely* must mean something like *nice* or *beautiful*.

Green words Can you get the meaning from the pictures? *Robbie is looking through his binoculars* in the picture, so *binoculars* means …

Red words Are there other words with the same meaning?
The first two sentences show that cottage means the same as little house.

Blue words Do you know parts of the word?
You already know *scary*, so it's easy to guess what *scared* means.

Orange words Do you know similar words in German?
Pony is the same in English and German.

Purple words Do you know a similar word in another language, like French or Latin?
Enter is similar to *entrer* (French), *intrare* (Latin), so maybe it means the same in English too.

→ SF 6: Understanding new words (Revision) (p. 148)
→ True and false friends (pp. 250–251)
→ Workbook 21 (p. 17)

Abbildung 1: „Understanding new words" (*English G access 2* 2014, 19)[2]

---

[2] Die beiden geschwärzten Bilder in der Aufgabe, die aus rechtlichen Gründen hier nicht abgedruckt werden können, zeigen zum einen ein Kind mit einem Fernglas (zur Erschließung von „binoculars") und zum anderen schwarze Spuren auf einem weißen Teppich (s. „black marks on the white carpet").

Im Kontext der geforderten Abstimmung von Lehrwerken aufeinander und einer Kooperation von Lehrenden der sprachlichen Fächer einer Lerngruppe wäre es naheliegend, diese farbliche Klassifikation im Französischunterricht zu übernehmen. Jedoch wäre aus mehrsprachigkeitsdidaktischer wie auch aus autonomiefördernder Sicht die offenere Herangehensweise in *À plus ! 1* (2012) und der Neubearbeitung („Erkläre, was dir beim Verstehen geholfen hat" (*À plus ! 1* 2020, 18)) noch zu bevorzugen, da sie Lernenden eine Erfahrung von Selbstwirksamkeit verschaffen („Ich habe selbst herausgefunden, wie man das machen kann"). Darüber hinaus könnte die farbliche Klassifikation (grüne Wörter → Bilder, orangefarbene Wörter → deutsche Wörter usw.) möglicherweise zu dem Missverständnis führen, dass es für *ein* unbekanntes Wort immer nur *eine* Strategie gibt. Doch zeichnet sich ein *good guessing* gerade dadurch aus, verschiedene Strategien miteinander zu kombinieren, indem z. B. eine auf interlingualer Ebene vermutete Wortbedeutung dahingehend überprüft wird, ob sie im vorliegenden Kontext Sinn ergibt. Bär (2009, 480) konnte in seiner Studie exemplarisch zeigen, dass dies Achtklässlerinnen und Achtklässlern mit Französisch als erster Fremdsprache ab Klasse 4 bei der Erschließung eines unbekannten italienischen Textes nicht notwendigerweise gelingt, da sie sich auf *eine* Strategie konzentrieren und andere, wie den Rückgriff auf den Kontext, nicht berücksichtigen[3]. Schließlich ist es u. E. ein wenig ungünstig, dass weitere Fremdsprachen (wie hier Französisch und Latein) in der Aufgabe in *English G access 2* (2014) nur als eine weitere Kategorie, die „purple words" (vgl. Abb. 1), erscheinen. Stattdessen bzw. zusätzlich könnten die Schülerinnen und Schüler für die generelle Transferierbarkeit dieser Strategien, z. B. die Erschließung durch den Kontext, bekannte Wortanteile, deutsche Wörter oder Wörter in anderen Sprachen (s. o.), auf andere (Fremd-)Sprachen sensibilisiert werden. Die schülergerechte Klassifikation der Strategien nach Farben (grün → Bilder, lilafarben → Wörter in anderen Sprachen) ist bei einer solchen Sensibilisierung indes sehr sinnvoll.

---

3 Den Erschließungsprozess einer Schülerin zu dem Satz „*A Lione un ragazzo si è gettato da un ponte sulla Saone ed è morto affogato*" kommentiert Bär (2009, 480) folgendermaßen: „S12 [...] transferiert offensichtlich über das engl. *a lion* (oder evtl. auch über das ihr vom Lateinunterricht bekannte *leo/leonis*) und folgert: ‚Ein Löwe sprang von einer Brücke in die Saone und starb', wobei ein solcher Vorfall sicherlich eine Pressemeldung wert sein dürfte, allerdings – dem bisherigen Kontext folgend – eher unwahrscheinlich ist".

2.2 Transfer der Kompetenz der Sprachmittlung

In *À plus ! 1* (2012, 113) könnte eine Aufgabe zur Sprachmittlung um eine mehrsprachige Ebene erweitert werden. Die Szene „Un sandwich, s'il vous plaît" spielt in einer *boulangerie* in Frankreich, in der sich eine Schülerin bzw. ein Schüler mit einem Freund aufhält, der kein Französisch versteht:

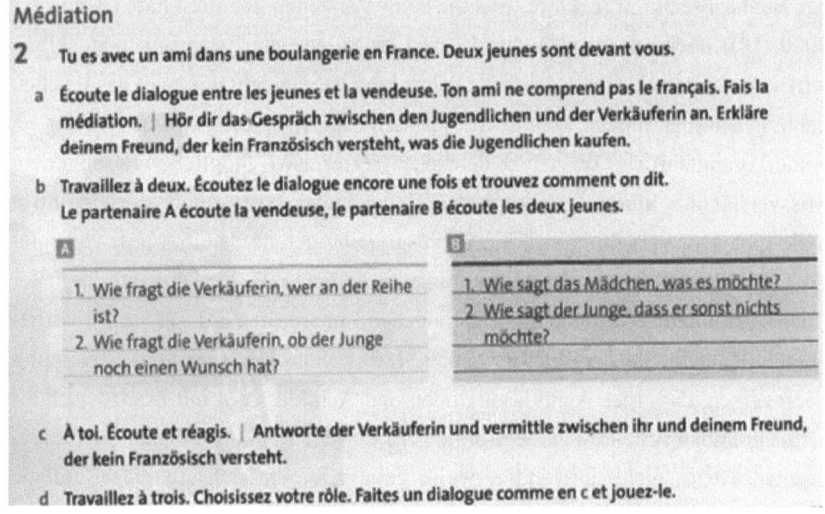

Abbildung 2: Sprachmittlungsaktivität (*À plus ! 1* 2012, 113)

In dem Hörtext bestellen ein Mädchen und ein Junge jeweils einen *sandwich au poulet* mit einer *coca* und einen *sandwich au fromage*. Was die Aufgabenstellung 2a) betrifft, erscheint die kontextuelle Einbettung dieser Sprachmittlung wenig plausibel: Warum sollte die oder der französischkundige Lernende die Kundin und den Kunden vor ihnen ‚belauschen'? Warum will der Freund wissen, was die Jugendlichen kaufen? Realistischer wäre es gewesen, wenn die beiden Jugendlichen Schwierigkeiten gehabt hätten, sich in der *boulangerie* verständlich zu machen, und dann zwischen ihnen und der Verkäuferin gemittelt worden wäre, ähnlich, wie es in den Aufgabenteilen c) und d) angedacht wird[4]. Hier ergäbe sich die Möglichkeit einer Erweiterung um eine mehrsprachige Ebene etwa, wenn die französischsprechende Schülerin oder der französischsprechende Schüler einer englischsprachigen Touristin oder einem englischsprachigen Touristen helfen würde, die bzw. der wenig Französisch spricht. Da Sprachmittlung eine hohe sprachliche, strategische und metakognitive Herausforderung darstellt, würde es sich im ersten Lernjahr allenfalls anbieten, einzelne Wörter wie z. B. *cheese sandwich* (*sandwich au fromage*) zu sprachmitteln, was sich aber wiederum ungünstig in den situativen Kontext einpassen würde, weil man davon ausgehen kann, dass französische Verkäuferinnen bzw. Verkäufer die Bezeichnungen ihres Grundsortiments auch auf Englisch beherrschen. Allerdings könnte man methodisch auch über Bildmaterial die kulturell unterschiedlich geprägten Konzepte der Wörter *sandwich* (en.) und *sandwich* (frz.) verdeutlichen oder herausfinden lassen. Im zweiten Lernjahr könnte die Aufgabenstellung zudem erneut genutzt und erweitert werden (vgl. Morkötter et al. erscheint).

In der Neubearbeitung des Schülerbuchs *À plus ! 1* (2020) wird Mehrsprachigkeit im Sinne von *éveil aux langues* (vgl. Candelier et al. 2012) explizit eingebunden, wie die folgende Aktivität zu Monatsnamen in verschiedenen Sprachen zeigt:

5 a Diese Monatsnamen stammen aus verschiedenen Sprachen. Finde heraus, um welche Monate es sich handelt. Was stellst du fest?

	mart		április		janeiro		juni
	октябрь		augustus		diciembre		Νοέμβριος
	maj		iulie		febbraio		September

b Welche Zahlen sind in den Monatsnamen *septembre, octobre, novembre* und *décembre* versteckt? Recherchiere, warum das so ist.

Abbildung 3: Mehrsprachige Aktivität zu Monatsnamen (*À plus ! 1* 2020, 129)

---

4 Diese Sprachmittlungsaktivität ist in der Neubearbeitung nicht mehr vorhanden. Stattdessen findet sich dort z. B. unter „méthodes et stratégies" (*À plus ! 1* 2020, 159) die folgende Übung: „Du bist mit deinen Eltern in einem Restaurant in Frankreich. Deine Eltern sprechen kein Französisch. Hör zu und dolmetsche zwischen dem Kellner und deinen Eltern. Gib dabei nur die wichtigen Informationen wieder", was eine nachvollziehbare kommunikative Einbettung ist und ebenfalls über einen Hörtext umgesetzt wird.

2.3 Transfer von Strategien zum Grammatikerwerb

Auch im grammatischen Bereich gibt es Möglichkeiten des wechselseitigen Anknüpfens. Neben konkreten morphosyntaktischen Phänomenen sind die Makrostruktur und die grammatische Terminologie zu erwähnen. Positiv hervorzuheben ist das Glossar zu „grammatical terms" am Ende des Schülerbuchs *English G access 2* (2014, 175–176), in dem neben den englischen und deutschen Begriffen jeweils Wortbeispiele zu finden sind, eine Hilfe, die *À plus !* 1 (2012, 2020) nicht enthält. In beiden Lehrwerken haben Aktivitäten zur Erschließung grammatischer Regularitäten eine wiederkehrende Rubrik: „Looking at language" und „Découvrir". Auch hier wäre eine Annäherung möglich, zumal „discover language" oder „language discovery" für Schülerinnen und Schüler vermutlich attraktiver klingt als das allgemeiner formulierte „Looking at language" und auch das Englischbuch eine induktive Herangehensweise bevorzugt, wie die meisten Fragestellungen und Beobachtungsimpulse in dieser Rubrik zeigen (vgl. *English G access 2* 2014, 31, 50, 70, 91, 106). Dies würde Lernenden eine Orientierung geben, sie würden im neu beginnenden Französischunterricht anhand der ähnlichen Benennung rasch erkennen, dass diese Prozesse auch im Französischen hilfreich sind, und sich bestenfalls an erfolgreiche Erschließungsvorgänge erinnern und dadurch wiederum Selbstwirksamkeit erleben.

In dieser Hinsicht hat u. a. Hufeisen (2012, 15) (im Kontext ihres Konzepts eines Gesamtsprachencurriculums) zurecht gefordert, dass sich alle Sprachenlehrenden einer Schule auf „eine einheitliche grammatische Terminologie" einigen sollten. Dabei geht es um die Bezeichnung grundlegender grammatischer Kategorien wie „Adjektiv", „Adverb", „Pronomen", „Verb" usw. Das deutsche Perfekt ist in seiner Verwendung selbstredend etwas Anderes als das englische oder französische. Diesbezüglich gibt es in den untersuchten Lehrwerken ein positives Beispiel: die Possessivbegleiter, die in beiden Fällen mit diesem Terminus bezeichnet werden. Auch die englischen und französischen Bezeichnungen können ein Wiedererkennen für die Lernenden erleichtern: „possessive determiner" (*English G access 2* 2014, 176) und „déterminants possessifs" (*À plus !* 1 2012, 81), was nicht immer der Fall ist (vgl. Walther 2015, 95–96). Begrifflichkeiten sollten unbedingt vereinheitlicht werden, zumal bei diesem

Grammatikphänomen im Falle einer interlingualen Herangehensweise ein *kontrastiver* Sprachenvergleich notwendig wäre, z. B. in folgender Form:

Dt.	Frz.
Paul und **sein** Hund.	Paul et **son chien**.
Lucy und *ihr* Hund.	Lucie et **son chien**.
Paul und **seine** Schildkröte.	Paul et *sa tortue*.
Lucy und *ihre* Schildkröte.	Lucie et *sa tortue*.

En.	It.
Paul and **his** dog.	Paolo e **il suo cane**.
Lucy and *her* dog.	Lucia e **il suo cane**.
Paul and **his** turtle.	Paolo e *la sua tartaruga*.
Lucy and *her* turtle.	Lucia e *la sua tartaruga*.

Abbildung 4: Bezugswörter von Possessivbegleitern (eigene Darstellung)

Die italienische Sprache ist bei den romanischen Sprachen für eine solche Bewusstmachung trotz des vorangehenden bestimmten Artikels geeigneter als die spanische, da das Spanische bei den Possessivbegleitern in der dritten Person Singular für beide grammatische Geschlechter des Bezugssubstantivs dieselbe Form (*su*) verwendet. Um den Schülerinnen und Schülern das Verständnis dafür zu erleichtern, dass es sich bei diesen Unterschieden in der Bildung und Anpassung der Possessivbegleiter um eine Regelhaftigkeit und einen systematischen Unterschied handelt, könnten auch Satzbeispiele aus weiteren germanischen und romanischen Sprachen angeführt werden (z. B. niederl. *zijn* und *haar*).

Ein wichtiger Anknüpfungspunkt für den (folgenden) Französischunterricht in *English G access 2* (2014, 31, 50, 55, 70, 91, 106) ist die Unterscheidung von *adjectives* und *adverbs* in der Rubrik „Looking at language". Da diese Differenzierung im deutschen Sprachgebrauch nicht sichtbar wird, kann das Englische einen hilfreichen Bezugspunkt bilden (zu sprachenübergreifenden Übungen zu diesem und weiteren grammatischen Phänomenen, vgl. auch Neveling 2020). Als Fortentwicklung der vorangegangenen Ausgabe wurde in der Überarbeitung von *À plus ! 1* (2020) zusätzlich zu der Rubrik „Découvrir" die Kategorie „Comparer les langues" neu eingeführt, wie beispielsweise zur Angleichung der Adjektive:

Comparer les langues

6 a Lies die Sätze. Erkläre die verschiedenen Formen des Adjektivs *petit*.

1. Le bureau est petit.
2. La cuisine est petite.
3. Les appartements sont petits.
4. Les étagères sont petites.

b Übersetze die Sätze von a ins Deutsche und in eine andere Sprache, die du kennst. Vergleiche.

Abbildung 5: Sprachenvergleich zur Angleichung der Adjektive (*À plus ! 1* 2020, 75)

Obwohl diese Übung (ebenfalls) auf die Erkenntnis abzielt, dass im Deutschen und Englischen überall dieselbe Adjektivform verwendet würde, fällt auch hier die Offenheit in Bezug auf die betrachteten Sprachen („in eine andere Sprache, die du kennst") positiv auf.

Die vorgestellten Beispiele für sprachenübergreifende Aktivitäten verdeutlichen, dass die Lehrwerke punktuell Verbindungen zum Englischen und zu anderen parallel gelernten oder vorgelernten Sprachen herstellen, jedoch nicht systematisch und nicht hinreichend. Dies gilt für die Bereiche der sprachlichen Mittel und der Strategien. Im Folgenden werden Beispiele für mehrsprachigkeitsdidaktische Aktivitäten vorgestellt, die in ihrer genuinen Zielsetzung bereits einen engen Bezug zum vorangegangenen Englischunterricht aufweisen.

3. Die *Brücken* (2011, 2012, 2013): lehrwerksübergreifendes Zusatzmaterial mit mehrsprachigkeitsdidaktischen Aktivitäten

Obwohl bereits 10 Jahre alt, nehmen die Materialien des Schweizer Projekts *Brücken* in der sprachenübergreifenden Arbeit eine Vorreiterrolle ein. Außerdem folgen die Französischlehrwerke *Mille feuilles* (Primarstufe, 2011) und *Clin d'œil* (Sekundarstufe 1, 2016) sehr geradlinig den Pluralen Ansätzen, denn in *Mille feuilles 3* etwa ist rund die Hälfte der Übungen sprachenübergreifend (vgl. Egli Cuenat et al. 2018, 114). Das lehrwerksverbindende Zusatzmaterial *Brücken* ist in mehreren Bänden („Broschüren") erschienen, die immer noch vorbildhaft für die Konzeption von sprachen-, fächer- und lehrwerksübergreifenden Materialien sind: *Brücken zwischen Young World und envol* (*Brücken* 2011), *Brücken zwischen Explorers und envol* (*Brücken* 2012) und *Brücken zwischen envol* und *Open World* (*Brücken* 2013).⁵ Sie können als Mustervorlage für ähnliche Projekte dienen (vgl. z. B. Morkötter et al. erscheint). Auch für die direkte unterrichtliche Umsetzung können zahlreiche Übungsvorschläge als Anregungen für mehrsprachigkeitsdidaktische Formate hilfreich sein. Im Folgenden werden nach einer Darlegung der grundlegenden Konzeption der *Brücken* einige der online verfügbaren Beispiele für mehrsprachigkeitsdidaktische Aktivitäten vorgestellt.

3.1 Ziele und Aufbau der „Brücken"

Mit dem Projekt „Brücken" wurde das Ziel verfolgt, eine Verbindung zwischen Englisch- und Französischlehrwerken herzustellen: Es wurden mehrsprachigkeitsdidaktische Aktivitäten konzipiert, die bei Kenntnissen und Kompetenzen aus dem vorherigen (Fremd-)Sprachenunterricht ansetzten und diese konkret für den nachfolgenden Französischunterricht nutzbar machen und fortentwickeln wollten. Einbezogen wurden neben Englisch auch die anderen beiden Schweizer Landessprachen, Italienisch und Rätoromanisch, sowie punktuell Herkunftssprachen. Das Französischlernen sollte dadurch effektiver und schneller vonstattengehen, denn wie in vielen deutschen Bundesländern wird auch in der Schweiz am Ende der Sekundarstufe I dasselbe Sprachniveau in Englisch wie in Französisch erwartet (vgl. Manno & Klee 2009, 30).

Überdies werden Französischlehrkräfte über die Themen, die sprachlichen Mittel und die Lernstrategien sowie über die sprachlichen und sprachlernbezogenen Kompetenzen informiert, die die Schülerinnen und Schüler im Englischunterricht mit dem (in der Schweiz vom Kanton obligatorisch festgelegten) Lehrwerk bereits erworben haben (dürften). In den Übungen und Aufgaben werden konkrete Themen und Texte aus dem Englisch- und dem Französischlehrwerk aufgeführt, die sich für sprachen- und kulturenübergreifende Verknüpfungen anbieten. Die Aktivitäten stammen aus den folgenden Bereichen: Sprachenvergleiche bzgl. sprachlicher Mittel und Grammatikstrukturen, „Lese- und Hör-, Schreib- und Sprechstrategien" (*Brücken* 2011, 24), Bewusstseinsschaf-

---

5 *Envol* wurde durch das lehrplankonforme, vielerorts eingesetzte und mehrfach ausgezeichnete Lehrwerk *Dis donc!* abgelöst (https://www.lmvz.ch/schule/dis-donc). Es ist modulartig aufgebaut und wird durch das stufenübergreifende Nachschlagewerk *Dis donc!* ergänzt.

fung und Sensibilisierung für Sprache(n) und deren strukturelle und systematische Gemeinsamkeiten und Unterschiede (vgl. ebd., 50–51).

Die Aktivitäten sind soweit für den unterrichtlichen Einsatz und die Stärkung des Sprachlernbewusstseins vorbereitet, dass sie nur noch in der Passung für die konkrete Lerngruppe aufbereitet werden müssen. Hierfür werden die Lehrkräfte mit zentralen Prinzipien der sprachenübergreifenden Förderung vertraut gemacht: Formen der Sprachreflexion, Sprachbegegnung, Sprachsensibilisierung für Gemeinsamkeiten und Unterschiede (vgl. z. B. ebd., 7–8). Mit ihrer Hilfe können sie nach einem Übungsmuster auch eigene Aktivitäten erstellen.

Ein Beispiel für diese Prinzipien liegt in der Bewusstmachung der grundlegenden interlingualen Lexikstrukturen, auf die die Lehrkräfte ihre Aufmerksamkeit richten und die sie Lernenden vermitteln sollten: Zuerst wird im Sinne des *éveil aux langues* erklärt, dass sich die zahlreichen Ähnlichkeiten des Englischen und Französischen in den „Internationalismen" historisch und daher auch etymologisch erklären lassen: durch die Einflüsse des Lateinischen und des Französischen (z. B. en. *forest* – fr. *forêt*) und den späteren umgekehrten Einfluss des Englischen auf das Französische, die sogenannten Anglizismen (z. B. en. + fr. *clown*).

Überdies wird erklärt, dass es orthografisch vollständig identische Wörter gibt (z. B. en. + fr. *arrogant*), ferner teilweise identische Wörter (z. B. en. *example* vs. fr. *exemple*), *faux amis* (z. B. en. *eventually*/‚schließlich', während in fr. *éventuellement*/‚eventuell/vielleicht' kein *faux ami* besteht) und kleinere *faux-amis* mit einer gewissen semantischen Nähe (z. B. en. *to use*/‚benutzen' vs. fr. *user*/‚abnutzen') (vgl. ebd., 10–11). Um den im mentalen Lernendenlexikon (bestenfalls) enthaltenden Wissensstand im Englischen induzieren zu können, erhalten Lehrkräfte am Schluss der Broschüre Hilfestellungen in Form einer Wörterliste. So können sie schnell prüfen, welche Wörter die Schülerinnen und Schüler aus ihrem Englischlehrwerk schon kennen und für Transferleistungen nutzen können (müssten), wenn sie im Französischlehrwerk an der Reihe sind (vgl. ebd., 52; *Brücken* 2013, 77).

Ein weiteres grundlegendes Prinzip ist, Lernende trotz möglicher (explizit bewusst zu machender) Interferenzen zum Transfer in allen Bereichen zu animieren (vgl. *Brücken* 2011, 11). Diese Empfehlung ist sehr berechtigt, auch wenn u. E. der Hinweis auf das Prüfen der Hypothesen deutlich formuliert werden müsste.

Schließlich leiten die *Brücken* im Format eines „Lehr-/Lernjournals", einer Kombination aus Lehrerhandreichung und eigenem Lerntagebuch, die Lehrkräfte an, ihre Unterrichtserfahrungen zu reflektieren und möglichst mit Kolleginnen und Kollegen zu teilen. Das Angebot sieht vor, dass die Lehrkräfte sich an Leitfragen orientieren und für jeden Bereich (Parallelwortschatz, Wort- und Satzstrukturen, Lernstrategien, Lese-/Schreib-/Hör-/Sprechstrategien, Öffnung zu Mehrsprachigkeit und kultureller Vielfalt) individuelle Reflexionen verfassen.

3.2 Sprachen- und kulturenübergreifende und -verbindende Aktivitäten

Im Folgenden sollen einige Beispiele für sprachenübergreifende und -verbindende Aktivitäten für Lernende vorgestellt werden, die teilweise aus den Broschüren selbst und teilweise aus den online-Angeboten der *Brücken* stammen (vgl. *Brücken Online-Material* o. J.). Letztere bieten systematisierte Synopsen von Erklärungen, Aktivitäten und Strategien sowie ergänzende Materialien zu den Aktivitäten aus den Broschüren.

3.2.1 Lernkarten zum Parallelwortschatz

Eine Besonderheit sind die mehrsprachigen „Lernkarten mit Parallelwörtern" (vgl. Abb. 6). Sie können unterschiedlich viele Informationen zu einem Wort aufnehmen, je nach Bedarf der bzw. des Lernenden: Wortangabe auf Französisch inkl. grammatischer Komponenten wie Genus, Übersetzung ins Deutsche, unterstützendes Bild, Wort in einer oder mehreren anderen Sprachen (oft: Englisch, aber auch andere Sprachen), Beispielsatz und ggf. mehr.

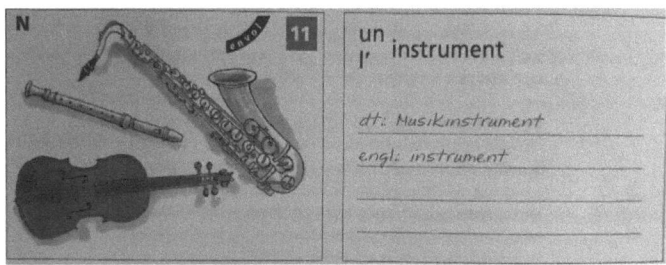

Abbildung 6: Lernkarten mit Parallelwörtern zum Thema „Musikinstrumente" (*Brücken* 2011, 12)

Eine Variante der Lernkarten, die in den *Brücken* entworfen wurde, ist die *faux-amis*-Lernkarte. Sie hat das Ziel, Interferenzen aus dem Englischen und evtl. anderen Sprachen vorzubeugen. Hier stehen formal oder semantisch ähnliche Wörter im Zentrum, die zu positivem Transfer und/oder zu Interferenzen führen könnten, z. B. bei der „Lernkarte Rezept" (*Brücken* 2013, 11). Eine thematische Überschneidung zwischen *envol* und *Open World* (2011) liegt bei den Inhalten zu Nahrungsmitteln/Gesundheit am Beispiel von regionalen Rezepten vor – zugleich ein Klassiker im Sprach- bzw. Kulturunterricht. Zunächst wird die Polysemie von ‚Rezept' dargestellt: en. *recipe* i. S. v. ‚Rezept' (gemeint ist ‚*Koch*rezept') im Unterschied zu en. *prescription* als ‚Rezept für Apotheke'. Beides ist nicht zu verwechseln mit dem formähnlichen *receipt*, das ein falscher Freund ist, denn auf Deutsch bedeutet *receipt* ‚Quittung'. Aus diesem im Englischunterricht erworbenen Wissen heraus könnten Lernende annehmen, dass ‚Quittung' im Französischen ebenfalls in diesen *faux amis*-Bereich fiele. Somit können die *faux-amis*-Lernkarten explizit zur Fehlerprophylaxe beitragen.

3.2.2 Transfer von Grammatik/Wort- und Satzstrukturen

Das Grammatikphänomen der Adjektivsteigerung ist wegen seiner relativen Abstraktheit sinnvollerweise sprachenvergleichend über das Deutsche zu erklären, das für meisten Lernenden tief verankert sein dürfte. Die *Brücken* bieten einen Überblick über das Phänomen in den verschiedenen Sprachen, indem sie diese in der Sprachlernreihenfolge „Deutsch", „erste Fremdsprache Englisch", „Zielsprache Französisch" räumlich darstellen (vgl. *Brücken* 2013, 55). Das Englische mit seinen zwei Steigerungsformen wird hier als „Brücke" zwischen Deutsch und Französisch gut erkennbar und kann seine Rolle zur Verdeutlichung der romanischen Steigerung bestens ausfüllen, wodurch die englischen Regeln zugleich retroaktiv gefestigt werden können. Hilfreich ist für die Lehrkräfte der Hinweis auf alle Stellen in den vier Lehrwerken (*envol, Open World, Voices, New Inspiration*), an denen die Steigerung behandelt wird. Damit werden Lehrwerke, Sprachen und Schulstufen verbunden. Sinnvoll wäre es gewesen, Herkunftssprachen zumindest mit einem Platzhalter ebenfalls aufzunehmen und so eine stärkere mehrsprachige Öffnung zu erreichen.

3.2.3 Transfer von Lernstrategien

In einigen Aktivitäten der *Brücken* geht es um das Lernen mit allen Sinnen, wobei im Französischunterricht an die Rubrik „Learning to learn" aus *Young World* (2007) angeknüpft wird. Dort haben die Schülerinnen und Schüler bildunterstützt erfahren, dass sie ihre Lernprozesse mit Einsatz verschiedener Sinne und der Bewusstmachung ihres Lerntyps verbessern können:

> Our senses help us to learn English. You can learn English with your ears: Listen carefully. You can learn English with your eyes: Look at pictures and words. You can learn English with your hands or your whole body: Write or draw in your exercise book. Say something out loud and act it out (*Brücken* 2011, 16).

Als Aktivität wird den Schülerinnen und Schülern vorgeschlagen, nach Vorgabe der Frage „How do you like to learn?" Sätze zu bilden mit zehn Antwortoptionen: „listen to a CD, sing a song, look at pictures, read a text, talk to my friends [...]" (ebd.). Diese Strategie soll nun für den Französischunterricht nutzbar gemacht werden. Die *Brücken* empfehlen der Lehrkraft explizit, „die Strategien aus *Young World* erneut aufzugreifen" (ebd.) und mit einer Passage in *envol* (2000) zu verbinden, die auf lexikalische Strategien abhebt. Sie ergänzen für die Lehrkraft zum einen eine neue Strategie (die des kontextualisierten und bedeutungshaltigen Lernens) und greifen zum anderen auf zwei bekannte Speicherstrategien aus *Young World* (2007) zurück: die Verschriftlichung von Wörtern und das Bekleben von Gegenständen mit Zetteln, auf die die Lernenden das Wort (z. B. *door*) oder einen Satz schreiben (z. B. *Close the door*, vgl. ebd., 17).

Erwähnenswert ist des Weiteren die affektive Lernstrategie der „mental power" aus *Young World* (vgl. Abbildung 7). In einer Zeichnung mit sechs Bildern wird ein Junge beim Fußballspiel gezeigt: drei Bilder mit einem „inneren Miesepeter" (*You're a real loser.*), der zum Ballverlust führt (*See, you'll never be any good at football*), und drei Bilder mit einem „inneren Coach" (*You're a born winner. You're going to score a goal*), der zum Tor führt (*See, I told you that you can do it*). An dieser Stelle wird empfohlen, die Verbindung zu *envol* (2000) herzustellen, wo dieselbe Strategie angeboten wird: „Unterstütze dich selber immer wieder mit positiven Gedanken, z. B. ‚Das werde ich schon noch lernen!' oder ‚Jeden Tag werde ich besser!'" (*Brücken* 2011, 19). Diese Strategie kann auf alle weiteren Fremdsprachen bzw. sogar auf jedes Fach übertragen werden, zumal sie durch die authentische Situation und die visualisierte innere Stimme sehr plastisch dargestellt ist.

Abbildung 7: Affektive Lernstrategie „mental power" (*Brücken* 2011, 19)

Neben den indirekten, d. h. metakognitiven, sozialen und affektiven Strategien (vgl. Oxford 1990, 135–150) sind auch die direkten Strategien vertreten (vgl. Oxford 1990, 37–55), die für den Sprachenerwerb ebenso relevant sind. Wenn in der Broschüre z. B. lexikalische Vernetzungsstrategien angesprochen werden und exemplarisch ein „Sachnetz" um das Wort *le plongeoir* vorgestellt wird (vgl. *Brücken* 2013, 23), findet sich auf der Webseite das Arbeitsblatt „Wörter lernen in Englisch und Französisch". In Teil 1 sind die zentralen Strategien zusammengeführt (Wiederholen, sinnvoller Zusammenhang usw., Lernkartei, Sinne nutzen, sowie verschiedene Elaborationsstrategien). In Teil 2 sind die dem mentalen Lexikon inhärenten lexikalisch-semantischen Vernetzungstypen vollständig aufgeführt, was ein qualitativer Vorteil gegenüber den bundesdeutschen Lehrwerken ist, die nur einige Vernetzungstypen eher unsystematisch und terminologisch uneinheitlich andeuten.

3.2.4 Transfer von Hörverstehensstrategien

Von den Strategien, die den Erwerb und den Gebrauch von Fertigkeiten unterstützen und die in den *Brücken* sprachen- und lehrwerksübergreifend vorgestellt werden, soll hier ein Beispiel zum Hörverstehen gegeben werden. Zunächst wird den Schülerinnen und Schülern die Ähnlichkeit von (an dieser Stelle bereits bekannten) Lesestrategien und Hörverstehensstrategien in Erinnerung gerufen, indem u. a. folgende Teilstrategien aus *envol* (2000) aufgeführt werden:

> **Vorausinformation**: Was weißt du bereits im Voraus über den Hörtext? (Titel, Bilder, Ankündigung, Themen...)
> **Situation**: Höre auf die Stimmlage und die Geräusche. Vermute, wo und in welcher Situation sich die Personen befinden. Was weißt du über solche Situationen?
> **Im Grossen und Ganzen**: Höre den ganzen Text und versuche herauszufinden, worum es im Grossen und Ganzen geht. Überlege dir, was du zu diesem Inhalt schon weißt."
> Weitere Strategien beziehen sich auf das Achten auf „**Stimmen**", auf „**Namen und Zahlen**", auf „**Schlüsselwörter**" und auf „**Gemeinsam[es Lernen]** (*Brücken* 2013, 29; Hervorhebungen im Original).

Danach wird die Erweiterung des Strategienrepertoires angeregt, indem die Schülerinnen und Schüler drei Listen von Strategien vergleichen (die von *envol*, *Open World* und die des Europäischen Sprachenportfolios) und danach erprobte, hilfreiche und interessante neue Hörverstehensstrategien auswählen.

Die angebotenen Strategien berücksichtigen die sinnvollen Prinzipien des *advance organizer*, des Kontexteinbezugs, des Aktivierens von jeglichem Vorwissen, des globalen Lesens, des selektiven Lesens von wichtigen Informationen sowie soziale Strategien. Durch die Auswahl von Strategien aus drei Listen setzen sich die Schülerinnen und Schüler mit ihren eigenen Sprachlern- und Sprachgebrauchsprozessen und bisher verwendeten Strategien im Französisch- und Englischunterricht bewusst auseinander. Die Verschränkung des Französisch- und des Englischlehrwerks erlaubt es, bestehendes Wissen zu reaktivieren und um neues strategisches Wissen zu erweitern.

3.2.5 Öffnung für Mehrsprachigkeit und kultureller Vielfalt

Die Reflexion über Sprachen und Kulturen und die Akzeptanz von sprachlich-kultureller Vielfalt gehört zu den Zielen jeglichen Fremdsprachenunterrichts. Daher ist das Wissen um die Bedeutung und Konzeption von Kultur als komplexes hybrides Konstrukt sowie um die Existenz vieler kultureller Eigenarten und Gewohnheiten (Nahrung und Essensgewohnheiten, Wohnen, Feste und Bräuche usw.) übertragbar auf andere Sprach- und Kulturräume. In den *Brücken* wird an Kulturwissen aus den anglophonen Sprachräumen zum Erarbeiten von französischsprachigem Kulturwissen angeknüpft. So wird etwa die Existenz sprachregionaler Varianten (*British* vs. *American English*, z. B. *lift/elevator, pavement/sidewalk*) genutzt (vgl. *Brücken* 2013, 58), um dasselbe Phänomen auf einen Unterschied zwischen dem Französisch aus Frankreich und dem aus der Schweiz anzuwenden (vgl. Abb. 8). Dreh- und Angelpunkt eines *critical incidents* ist der Begriff *dîner*, der in Frankreich ‚Abendessen' bedeutet und in der *Suisse Romande* ‚Mittagessen': Ein Pariser Geschäftsmanns will in Genf Freunde zum Essen besuchen, trifft sie aber wegen der falsch verstandenen Uhrzeit nicht an.

	le matin	à midi	le soir	
	le petit déjeuner	le déjeuner	le dîner	🇫🇷
🇨🇭	le déjeuner	le dîner	le souper	

Un malentendu
Yves Mauriac, journaliste parisien, passe une semaine à Genève. Il loge dans un bon hôtel.
Un jour, il est invité à dîner chez Christian et Annik, ses amis genevois. Mais quand il sonne chez ses amis, le soir vers sept heures, la porte reste fermée. Le lendemain, Christian téléphone à Yves:

Christian: – Mais pourquoi n'es-tu pas venu dîner hier? On t'attendait.
Yves: – Comment? Mais vous n'étiez pas là à sept heures!
Christian: – A sept heures? Pourquoi à sept heures?
Yves: – ...

Abbildung 8: *Critical incident* zum Begriff *le dîner* in der Schweiz und in Frankreich (*Brücken* 2013, 59)

Der konstruierte inhaltliche Kontext ist nachvollziehbar, bis auf die Tatsache, dass man annehmen könnte, dass das Missverständnis zum Wort *dîner* unter Freunden bereits schon einmal aufgetreten und aufgelöst worden sein müsste. Ferner ist der *critical incident* nicht ganz passend zu dem englischsprachigen

Phänomen gewählt, weil er ein konträres Phänomen aufgreift: Während die Wortpaare *lift/elevator* und *pavement/sidewalk* semantisch gleich sind und regional unterschiedliche Formen aufweisen, ist *dîner* eine einzige Form für zwei semantische Ausprägungen. Insofern wäre ein *critical incident* zu einem Wortpaar wie *septante* (Belgien/Schweiz)/*soixante-dix* (u. a. France Métropole) folgerichtiger gewesen. Dem *critical incident* um das Wort *dîner* würde ein Kontext um den Begriff *football* entsprechen, i. e. ‚Fußball mit rundem Ball' in Großbritannien vs. ‚Fußball mit einem Ball in Eiform' in den USA.

Kenntnisse über die Existenz regionaler (Sprach-)Unterschiede und über den hier verarbeiteten lexikalisch-semantischen Unterschied zwischen dem französischen und dem Schweizer Sprachraum sind für eine konkrete Handlungskompetenz bedeutsam. Gleichwohl ist zu beachten, dass solche Darstellungen von Unterschieden eher ein monolithisches Kulturkonzept als ein hybrides transportieren. Auf Unterschiede abzuheben, heißt außerdem zugleich, Distanz zu markieren, während Gemeinsamkeiten Nähe schaffen (vgl. Egli et al. 2018, 125). Dies gelingt z. B. in der Aufgabe, in der eine Schulklasse aus Indonesien (aus dem Englischlehrwerk) und eine aus der Schweiz (aus dem Französischlehrwerk) nebeneinander gestellt werden (vgl. *Brücken* 2011, 35): Von fünf vergleichbaren Aspekten zur Beschreibung der Bilder sind drei gleich (Geschlechterverteilung, offene Hefte, schreibende Kinder) und zwei unterschiedlich: (keine) Schuluniformen, (keine) Bilder an der Wand.

4. Fazit

Die vorgestellten Aktivitäten aus den Schülerbüchern (*A Plus!* 1 2012 und 2020) weisen punktuelle, jedoch keine kontinuierlichen Anknüpfungen auf die vorgelernte Fremdsprache Englisch auf und sind etwas einseitig auf die Lexik bezogen sowie inhaltlich wie didaktisch ausbaufähig (vgl. auch Morkötter et al. 2019, 5; Morkötter et al., erscheint). Die Schweizer *Brücken* hingegen arbeiten sehr umfassend für alle Bereiche sowie für den kulturellen Bereich: Die Erstellung der Aufgaben folgt konsequent der Leitlinie, dass Erklärungen und Aktivitäten dem Wissensstand der Lernenden durch antizipierte Lernprozesse und -schwierigkeiten angepasst werden. Die konsequente und systematische Verknüpfung von bestehendem Wissen im Englischen (angenommen durch die obligatorische Lehrwerkarbeit im Englischen der Grundschule mit *Young World*) und neuem Wissen im Französischen ist bemerkenswert und ein wichtiger Baustein für die Entwicklung von lehrwerksverbindenden Zusatzmaterialien. Im bundesdeutschen Raum müssten Zusatzmaterialien jedoch wegen der freien Wahl des Lehrwerks eher themen- als lehrwerkverbindend konzipiert werden.

Literaturverzeichnis

Lehrwerke
À plus ! 1 2012 = BLUME, Otto-Michael & GREGOR, Gertraud & JORIßEN, Catherine & MANN-GRABOWSKI, Catherine. 2012. *À plus ! 1.* Berlin: Cornelsen.
À plus ! 1 2020 = LOOSE, Anne & MANN-GRABOWSKI, Catherine & MARTIN-WERNER, Corinna & NICOLIC, Lara. 2020. *À plus ! 1.* Berlin: Cornelsen.
English G access 2 2014 = HARGER, Laurence & NIEMITZ-ROSSANT, Cecile. 2014. *English G access 2.* Berlin: Cornelsen.
Brücken 2011 = KLEE, Peter & EGLI CUENAT, Mirjam. 2011. *Brücken zwischen Young World und envol. Unterwegs zur Mehrsprachigkeit.* St. Gallen: Lehrmittelverlag St. Gallen.
Brücken 2012 = KLEE, Peter & ACHERMANN, Brigitte & EGLI CUENAT, Mirjam. 2012. *Brücken zwischen Explorers und envol.* St. Gallen: Lehrmittelverlag St. Gallen.
Brücken 2013 = KLEE, Peter & EGLI CUENAT, Mirjam & WIRRER, Michael. 2013. *Brücken zwischen envol und Open World. Unterwegs zur Mehrsprachigkeit.* St. Gallen: Lehrmittelverlag St. Gallen.
Brücken Online-Material o. J. = o. A. o. J. *Brücken zwischen Envol und Open World – Lehr-/Lernjournal.* St. Gallen: Lehrmittelverlag St. Gallen. https://lehrmittelverlag.ch/de-de/Home/CMS/Bruecken%20zwischen%20envol%20und%20Open%20World, Zugriff: 14.06.2021.
Clin d'œil 2016 = SAUER, Esther & THOMMSEN, Andi. 2016. *Clin d'œil.* Bern: Schulverlag plus AG.
Envol 5 2000 = ACHERMANN, Brigitte & BAWIDAMANN, Michel & TCHANG-GEORGE, Martine C. & WEINMANN, Hanna. 2000. *Envol 5. Französischlehrmittel für die Primarstufe.* Zürich: Lehrmittelverlag des Kantons Zürich.
Mille feuilles 3 2011 = BERTSCHY, Ida & GROSSENBACHER, Barbara & SAUER, Esther 2011. *Mille feuilles 3.* Bern: Schulverlag plus AG.
Open world 1 2011 = GIANCOLA-BÜRER, Corinne & GUTMANN, Beatrice & HEHLI, Migg & HOEFFLEUR-THALIN, Leslie & KOCHER, Joy & NIFFELER, Raphaela & WILLIAMS, Lynn & WIRRER, Michael. 2011. *Open world 1.* Zug: Klett-Balmer Verlag.
Young World 2007=ARNET, Illya & BELL, Nick & BLEULER-LANZ, Corinne & RITTER, Guido & RÜDIGER-HARPER, Jean & STAMPFLI-VIENNY, Corinne & WIRRER, Michael 2007. *Young World.* Baar: Klett-Balmer Verlag.

Sekundärliteratur

BÄR, Marcus. 2009. *Förderung von Mehrsprachigkeit und Lernkompetenz. Fallstudien zu Interkomprehensionsunterricht mit Schülern der Klassen 8 bis 10.* Tübingen: Narr.

CANDELIER, Michel & CAMILLERI GRIMA, Antoinette & CASTELLOTTI, Véronique & DE PIETRO, Jean-François & LÖRINCZ, Ildikó & MEIßNER, Franz-Joseph & NOGUEROL, Artur & SCHRÖDER-SURA, Anna (unter Mitarbeit von Muriel Molinié). 2012. *Le CARAP – Un Cadre de Référence pour les Approches plurielles des langues et des cultures – Compétences et ressources.* Strasbourg: Conseil de l'Europe. https://carap.ecml.at/Documents/tabid/2668/language/de-DE/ Default.aspx, Zugriff: 24.03.2021.

EGLI CUENAT, Mirjam & GROSSENBACHER, Barbara & GUBLER, Brigitta & LOVEY, Gwendoline. 2018. „Plurale Ansätze in Lehrwerken und Lernmaterialien. Einblicke in aktuelle Entwicklungen mit besonderem Fokus auf die Schweiz", in: Melo-Pfeifer, Sílvia. ed. *Plurale Ansätze im Fremdsprachenunterricht in Deutschland. State of the art, Implementierung des REPA und Perspektiven.* Tübingen: Narr/Francke/Attempto, 107–138.

ELSNER, Daniela. 2016. „Lehrwerke", in: Burwitz-Melzer, Eva & Mehlhorn, Grit & Bausch, Karl-Richard & Krumm, Hans-Jürgen. edd. *Handbuch Fremdsprachenunterricht.* 6. Aufl. Tübingen: utb, 441–445.

HUFEISEN, Britta. 2012. „Mut zur Mehrsprachigkeit. Neues aus Theorie und Praxis. Entwicklung eines Gesamtsprachencurriculums – utopisch oder realistisch?" http://docplayer.org/22309096-Mut-zur-mehrsprachigkeit-neues-aus-theorie-und-praxis-entwicklung-eines-gesamtsprachencurriculums-utopisch-oder-realistisch.html, Zugriff: 23.03.2021.

MANNO, Guiseppe & KLEE, Peter. 2009. „Eine Analyse des Lehrmittels *Young World*. Bericht aus dem Atelier Ostschweiz Englisch vor Französisch", in: *Babylonia* 4, 29–35.

MORKÖTTER, Steffi. 2019. „Sprachenübergreifendes Lernen – das Projekt Brücken zwischen Lehrwerken in Deutschland", in: Losfeld, Christophe. ed. *A la croisée des chemins ... Wege einer fachübergreifenden Fremdsprachendidaktik. Festschrift für Eva Leitzke-Ungerer zum 65. Geburtstag.* Stuttgart: ibidem, 73–88.

MORKÖTTER, Steffi & NEVELING, Christiane & SCHRÖDER-SURA, Anna. 2019. „Sprachenübergreifende Unterrichtsmaterialien. Anregungen für eine Kooperation zwischen Lehrkräften verschiedener Sprachen", in: *Praxis Fremdsprachenunterricht* 5, 5–7.

MORKÖTTER, Steffi & NEVELING, Christiane & SCHRÖDER-SURA, Anna. erscheint. „Stärkung der zweiten Fremdsprachen durch sprachenübergreifende Unterrichtsmaterialien – Anregungen und Perspektiven", in: Bergmann, Anka & Mayer, Christoph Oliver & Plikat, Jochen. edd. *Welche Zielsetzungen sind für Französisch, Spanisch, Russisch & Co. (noch) zeitgemäß? Zu Perspektiven der weiteren Schulfremdsprachen im Zeitalter von Global English und Digitalisierung.* Berlin: Lang.

NEVELING, Christiane. 2017. „,... weil man manche Wörter so ähnlich wie im Englischen oder Russischen schreibt' – Was LehrerInnen und SchülerInnen über Mehrsprachigkeit im Fremdsprachenunterricht denken und wie sie sie umsetzen", in: Hallitzky, Maria & Hempel, Christopher. edd. *Unterrichten als Gegenstand und Aufgabe in Forschung und Lehrerbildung. Beispiele aus der (fach)didaktischen Forschungspraxis.* Leipzig: Leipziger Universitätsverlag, 69–85.

NEVELING, Christiane. 2020. „Überlegungen zur Analyse und Konstruktion von sprachenübergreifenden Aktivitäten: It's getting logical", in: Morkötter, Steffi & Schmidt, Katja & Schröder-Sura, Anna. ed. *Sprachenübergreifendes Lernen. Lebensweltliche und schulische Mehrsprachigkeit.* Tübingen: Narr, 209–255.

OXFORD, Rebecca. 1990. *Language Learning Strategies: What Every Teacher Should Know.* New York: Newsbury House.

WALTHER, Lutz. 2015. *Langenscheidt Komplett-Grammatik Englisch. Das Standardwerk zum Nachschlagen und Trainieren.* München: Langenscheidt.

SPRACHPRODUKTION

Vers une compétence de communication panromane et une intercompréhension libérée
Christian Ollivier (La Réunion)

Cette contribution est une réflexion épistémologique sur une notion encore relativement jeune dans le champ de la didactique des langues : l'intercompréhension. Traversée par de nombreuses questions que plusieurs études ont d'ores et déjà mises en lumière, l'intercompréhension est en perpétuelle reconfiguration au rythme de la recherche et des réflexions de la communauté académique qui s'est constituée autour de cette notion.

Après avoir présenté quelques-unes des tensions épistémologiques qui parcourent le champ de l'intercompréhension, nous proposerons, sur la base d'une extension des travaux du projet européen Eval-IC, une conception de l'intercompréhension comme forme de communication « complète », éloignée des conceptions partielles qui l'accompagnent depuis son émergence en didactique des langues. Nous montrerons ensuite comment, nous semble-t-il, l'intercompréhension peut aller vers la promotion d'un usage décloisonné et libéré du répertoire langagier des usagers (romanophones).

1. Compréhensions diverses de l'intercompréhension

Travailler dans le domaine de l'intercompréhension, c'est faire l'expérience de la diversité des compréhensions de la notion même. Jamet et Spita le soulignaient en 2010 à propos des rencontres du réseau européen de l'intercompréhension :

> lors des rencontres générales du Réseau Redinter, regroupant les spécialistes européens d'intercompréhension, nous avons eu la perception que nous ne mettions pas tous sous le même terme d'intercompréhension – qui pourtant nous unit – une signification unitaire (Jamet & Spita 2010, 10).

L'expérience d'un récent projet européen regroupant une vingtaine d'intercompréhensionnistes issus de 14 institutions universitaires (Eval-IC) nous l'a encore montré.

1.1 Forme de communication, compétence ou approche didactique ? Des conceptions à articuler

Nous avions mis en lumière, à travers l'analyse de définitions de l'intercompréhension proposées par des spécialistes du champ que trois grandes orientations pouvaient être identifiées (cf. Ollivier 2010 ; Ollivier & Strasser 2013, 29–30). Pour les uns, l'intercompréhension est une compétence ou capacité. C'est, par exemple, la position de Meißner (2004, 16) qui la définit ainsi : « Par le terme intercompréhension, on désigne la capacité de comprendre une langue étrangère sans l'avoir apprise sur la base d'une autre langue ». Pour d'autres, il s'agit d'une approche didactique, dite plurielle (cf. Candelier et al. 2012, 7), visant le développement de compétences partielles : « [l]'intercompréhension entre les langues parentes propose un travail parallèle sur deux ou plusieurs langues d'une même famille (langues romanes, germaniques, slaves, etc.) ». Finalement, pour d'autres encore, l'intercompréhension « est une forme de communication dans laquelle chaque personne s'exprime dans sa propre langue et comprend celle de l'autre » (Doyé 2005, 7).

Ces différences nous semblent aisément surmontables en posant que l'intercompréhension est un phénomène et une forme de communication qui repose sur des compétences spécifiques – notamment, car d'autres éléments jouent aussi un rôle essentiel (le rapport aux langues, la conscience que pour communiquer il n'est pas besoin de parler la même langue, etc.) – qui peuvent être développées à travers une didactique appropriée.

1.2 Intercompréhension réceptive, intercompréhension interactive et interproduction

Au-delà de ces conceptions, l'intercompréhension est parcourue par d'autres lignes de partage dont les différents éléments nous semblent complémentaires et former la galaxie intercompréhensive. Nous avons ainsi montré (cf. Ollivier & Strasser 2013, 42–44) que les définitions posaient, sans toujours l'expliciter, deux types d'intercompréhension : l'intercompréhension réceptive et l'intercompréhension interactive. Nous avons défini la première comme étant une

Kommunikationsform, bei der sich mindestens zwei KommunikationspartnerInnen unter Verwendung unterschiedlicher Produktionssprachen verständigen. Jede/r spricht/ schreibt in einer Sprache, die er/sie in ausreichendem Ausmaß beherrscht, und versteht den/die KommunikationspartnerIn, der/die sich in einer anderen Sprache (oft innerhalb einer Sprachgruppe) ausdrückt (Ollivier & Strasser 2013, 44).

Les travaux en lien avec cette conception de l'intercompréhension étudient les interactions plurilingues et, quand ils ont une orientation didactique, visent essentiellement l'apprentissage de l'interaction entre locuteurs de langues génétiquement proches en s'appuyant sur la proximité linguistique, mais aussi sur de nombreuses autres sous-compétences de la compétence de communication (dimension sociopragmatique, référentielle, socioculturelle...).

Quant à la seconde, elle correspond à de la

Rezeption (Lese- und/oder Hörverstehen) in fremden Sprachen, wenn diese hauptsächlich (aber nicht ausschließlich) auf der Basis von interlinguistischem Wissenstransfer stattfindet. Vorkenntnisse in diversen Sprachen meistens derselben Sprachfamilie werden genutzt, um andere Sprachen zu verstehen (Ollivier & Strasser 2013, 43–44).

Les recherches sur l'intercompréhension réceptive s'intéressent à la réception de discours produits dans des langues génétiquement proches des langues que le récepteur a apprises. Au niveau didactique, il s'agit, dans la majorité de cas, d'aider les apprenants à apprendre simultanément à comprendre plusieurs langues d'un groupe de langues génétiquement proches. Les projets EuroCom ainsi qu'EuRom4 et EuRom5 sont des exemples emblématiques de cette conception et d'une didactique qui exploite les « ressemblances et transparences entre les langues » (Bonvino et al. 2011, 66) utilisant parfois des outils comme les sept tamis (cf. Klein & Stegman 2000).

2. Questionnements

Ces différentes conceptions, quoique complémentaires et à première vue bien définies, posent diverses questions au chercheur qui entend saisir la spécificité de la nature de l'intercompréhension. Il est aisé d'identifier l'intercompréhension interactive car l'alternance des langues est perceptible par l'observateur – on peut ainsi qualifier d'intercompréhension interactive un échange entre une personne s'exprimant en italien et une autre s'exprimant en espagnol. En revanche, il est plus difficile de cerner l'intercompréhension réceptive puisqu'il s'agit de la réception de discours dans une langue sur la base de connaissances et compétences dans d'autres langues. Ces processus sont purement cognitifs et non observables. Cela pose la question de savoir où commence et où s'arrête l'intercompréhension. Est-ce qu'une personne qui aurait développé des compétences dans ce domaine et, en parallèle, des compétences dans une langue, arrêterait d'intercomprendre cette langue car elle se baserait alors surtout sur des connaissances dans la langue de réception ? Certains limitent donc à la réception de langues que l'on n'a pas apprises, mais la question demeure lorsque des connaissances se construisent à travers une formation à l'intercompréhension et/ou l'expérience. Apprendre à comprendre une ou des langues génère, en effet, des connaissances et compétences dans cette/ces langue/s – même en production.

Par ailleurs, plusieurs formations visant la réception multilingue précisent qu'il s'agit d'une préparation à l'interaction (cf. Bonvino et al. 2011, 66), souvent considérée comme but final de l'intercompréhension. Comme nous l'avons montré (cf. Ollivier & Strasser 2013, 32–35), plusieurs définitions liées à des projets de développement de la dimension réceptive présentent, d'ailleurs, une conception interactive de l'intercompréhension. Il semble alors, qu'il soit « présupposé que l'interaction plurilingue devait résulter naturellement du développement des habiletés de compréhension » (Degache 2006, 20).

Le développement de compétences d'intercompréhension réceptive a surtout été travaillé à l'écrit. Il existe moins de travaux sur la réception intercompréhensive de l'oral. Peut-être parce que se pose alors, avec une acuité particulière, la question de la rencontre avec l'Autre. À quoi sert, en effet, de comprendre son interlocuteur si on ne peut pas se faire comprendre de lui ?

Les travaux (plus récents) sur l'interproduction (cf. Capucho 2017 ; Hédiard 2009 ; Ollivier 2017) sont un début de réponse à cette dernière question. Il s'agirait d'apprendre à produire dans une langue de façon à être compris de locuteurs qui ne disposent d'aucune connaissance spécifique dans cette langue. Balboni (2009, 453) a proposé, dans ce cadre de parler d'« intercommunication » qui serait constituée d'un volet réceptif et d'un volet productif : « Inter-parlare e […] inter-scrivere ». Pour de nombreux chercheurs, l'interproduction serait ainsi un des volets de l'intercompréhension interactive qui demanderait, au-delà des compétences spécifiques d'interaction, des compétences en réception et des compétences en production. Capucho la définit ainsi comme « la production orale et écrite en langue maternelle au sein d'une situation d'interaction plurilingue » (Capucho 2011, 30).

Dans la section qui suit, nous développons une possible réponse à ces questions et aux lignes de partage qui parcourent l'intercompréhension et nous l'explicitons dans le domaine roman où de très nombreux projets ont été menés.

3. Premières ouverture vers une compétence de communication panromane « complète »

3.1 Questionnements au sein du projet Eval-IC

La présente réflexion est née dans le cadre d'un projet européen (Eval-IC, http://www.evalic.eu) dont l'objectif était de développer un référentiel de compétences en intercompréhension comprenant six niveaux et, sur cette base, un outil d'évaluation de ces compétences. Au fil des travaux, plusieurs questions ont émergé en lien avec les éléments évoqués ci-dessus : quelle intercompréhension évaluer (réceptive ou/et interactive ?) ? Inclure ou non l'interproduction ? Celle-ci ne serait-elle qu'un volet de l'intercompréhension interactive ou a-t-elle une existence en soi ? Quel lien entre intercompréhension réceptive, interactive et interproductive ? Quelle place faire (ou non) à ce que Balboni (2009) a nommé l'intercommunication, incluant intercompréhension et interproduction ? Quel lien entre compétence d'intercompréhension et compétence plurilingue telle qu'elle a été définie notamment par Coste, Moore et Zarate (1997 ; 2009) ?

3.2 Intercompréhension et compétence plurilingue et interculturelle – conception d'une compétence partielle

Dans la lignée de cette définition de la compétence plurilingue et interculturelle tout comme dans celle du CARAP (Candelier et al. 2007 ; 2012), l'intercompréhension est jusqu'à présent liée à l'idée de compétence partielle. Si le CARAP évoque, en effet, de possibles atouts dans le domaine de la production, il met cependant en avant la dimension réceptive :

> On tire parti des atouts les plus tangibles de l'appartenance à une même famille – ceux relatifs à la compréhension – qu'on cherche à cultiver systématiquement. Les bénéfices

visés concernent principalement la capacité de compréhension, mais des effets positifs peuvent s'ensuivre pour l'expression (Candelier et al. 2012, 7).

Comme nous l'avons déjà évoqué plus haut, de nombreux spécialistes de l'intercompréhension abondent en ce sens, considérant largement que les formations à l'intercompréhension visent l'apprentissage réceptif dans différentes langues génétiquement proches. Quand il est question d'interaction et d'interproduction, la production se fait dans une langue différente des langues sur la compréhension desquelles on travaille. On développe ainsi des compétences partielles (réceptives) dans la/les langue/s des autres et des compétences partielles spécifiques d'interproduction dans sa langue d'expression. À titre d'exemple, nous citerons la définition suivante :

> s'exprimer dans *sa*[1] langue (maternelle ou une autre, dont on a la maîtrise) pour s'adresser à des locuteurs qui, sans pouvoir répondre dans la/les langue/s des autres, se servent, pour le faire à leur tour, de leurs langues à eux (maternelles ou autres, dont ils ont la maîtrise), tout en faisant l'effort de comprendre la/les langues des interlocuteurs (Spita 2010, 153–154).

3.3 Conceptions cloisonnantes et intercompréhension

Les travaux récents sur le plurilinguisme et ses didactiques, notamment ceux sur le *translanguaging* (cf. García & Lin 2017 ; García & Wei 2014 ; Gorter & Cenoz 2015) soulignent l'importance de ne pas penser en termes cloisonnants et font une place de choix aux pratiques variées qui mélangent les langues voire conduisent à une créativité interlinguistique. Prudent (1981) avait déjà décrit, dans les espaces créolophones, de telles pratiques – qu'il qualifiait d'interlectales – dans lesquelles il est difficile de distinguer ce qui relève d'une langue ou d'une autre, en l'occurrence du créole ou du français.

Alors que l'intercompréhension s'inscrit dans les approches qui entendent promouvoir le plurilinguisme, les conceptions de celle-ci s'attachent encore à une séparation des langues ou du moins à une pensée très marquée par la notion de langues. L'intercompréhension, ce serait parler dans une langue spécifique et en comprendre d'autres, que l'on pourrait nommer. Les matériaux pédagogiques

---

1 La mise en relief est dans le texte original.

produits pour le développement de compétences en intercompréhension précisent, d'ailleurs, souvent les langues visées. Ainsi, même si EuRom4 était, d'après son titre, une « méthode d'enseignement simultané des langues romanes », il s'adressait explicitement à des locuteurs d'espagnol, de français, d'italien et de portugais désireux d'apprendre à comprendre les autres langues que celles dont ils étaient locuteurs. EuRom4 devint EuRom5 du fait de l'ajout d'une langue, le catalan.

3.4 Premières avancées dans le cadre du projet Eval-IC

La position que nous adoptons ici va vers un dépassement de cette pensée centrée sur les langues et vers une ouverture translangagière forte. Le projet Eval-IC a fait un premier pas en ce sens en décidant de délivrer au terme des évaluations qu'il propose, d'une part, une « attestation de compétences en intercompréhension réceptive » pour les personnes qui n'auraient passé que les épreuves en réception et, d'autre part, une « attestation de compétences en communication plurilingue panromane » pour les personnes ayant suivi tout le parcours d'évaluation. Ainsi, l'intercompréhension dans sa dimension réceptive, première en didactique des langues, reste présente tout en élargissant l'horizon.

L'émergence d'une pensée en termes de compétence de communication panromane a fortement marqué la construction des épreuves permettant d'obtenir une attestation de compétences en communication plurilingue panromane. Celles-ci sont construites sous forme de tâche complexe comprenant plusieurs étapes et impliquant diverses activités langagières : réception écrite et orale en diverses langues romanes, interaction écrite et orale en langues romanes et interproduction, celle-ci prenant une place à part entière en dehors de la dimension interproductive de l'interaction, que nous avons évoquée plus haut.

L'exemple-type développé par le projet Eval-IC demande aux étudiants candidats de s'imaginer qu'ils répondent à un appel à candidature pour participer à un évènement international sur la thématique du développement durable à l'université. Dans un premier temps, ils doivent répondre (dans la « langue romane [qu'ils] préfère[nt] »[2] ou, pour les épreuves passées en milieu germanophone, en allemand) à un formulaire d'inscription dont les items sont rédigés en plusieurs langues (réception). Ils doivent ensuite se renseigner sur la thématique à l'aide de divers documents écrits et audiovisuels (réception). Cela doit leur permettre de préparer (« dans [leur] langue préférée ») la présentation de leur candidature (interproduction orale) devant un jury multilingue avec un diaporama (interproduction écrite). Après cette présentation, les candidats doivent échanger avec le jury (interaction orale). Finalement, ils sont invités à échanger en ligne avec d'autres candidats retenus pour participer à l'évènement dans le but de définir une action à mener pendant la manifestation internationale (interaction écrite).

Les personnes n'ayant passé que les épreuves de réception obtiennent une attestation de compétences en intercompréhension réceptive précisant leur niveau en réception orale et écrite. Celles qui ont validé chacune des étapes de la tâche proposée se voient remettre une attestation de compétence en communication plurilingue panromane avec un profil de compétences détaillant leur niveau (sur une échelle de 1 à 6) dans les différentes activités langagières. Ces niveaux ont été décrits par le projet Eval-IC et déclinés ensuite en indicateurs en lien direct avec la tâche spécifique proposée. Présenter ces descripteurs dépasserait le cadre de cet article de réflexion épistémologique, nous renvoyons donc le lecteur intéressé au site du projet : http://www.evalic.eu. L'important est ici de retenir que si le « canal historique » de l'intercompréhension garde sa place à travers l'attestation de compétences en intercompréhension réceptive, les épreuves conçues par le projet Eval-IC conduisent à penser l'idée d'une compétence en communication panromane.

Cet exemple de protocole d'évaluation apporte une réponse aux premières questions évoquées au point 3.1. L'évaluation proposée par Eval-IC porte, à l'oral et l'écrit, sur la réception et l'interaction, mais aussi sur l'interproduction – conçue comme activité langagière à part entière et non seulement comme un

---

[2] Les citations renvoient aux épreuves. Pour des raisons de confidentialité, celles-ci constituent des documents internes non publiés.

volet de l'interaction. Le modèle élaboré par Eval-IC montre également que ces activités langagières ne sont pas à considérer comme indépendantes les unes des autres, mais comme des activités que le sujet mobilise de façon successive ou récursive pour réaliser des tâches. On lui demande ainsi, dans le cas présent, de se renseigner en diverses langues pour préparer une présentation synthétique qui donne lieu à un échange plurilingue, le tout menant à des interactions écrites entre candidats pour préparer la manifestation pour laquelle ils candidatent dans le cadre de la simulation proposée.

Si l'on voit une évidente extension de l'intercompréhension vers une compétence « complète » de communication entre locuteurs romanophones, on ressent également une claire distinction entre, d'une part, les langues de réception et, d'autre part, la langue de production (au singulier). Cela est confirmé par la description générale des compétences d'interproduction : « utiliser une variété de ressources et stratégies afin de produire dans la langue de son choix (langue préférée), en exploitant ses connaissances et compétences préalables afin de promouvoir la compréhension des interlocuteurs »[3]. L'utilisation du singulier « la langue de son choix » conduit, en effet, à une restriction dans les possibilités d'expression qui correspond à la perspective intercompréhensionniste fréquente qui veut que chacun parle dans « sa » langue et comprenne l'autre. De même, dans la description des compétences en intercompréhension interactive, le « recours à une langue commune »[4] est limité au niveau 1 (sur 6 niveaux de compétence), excluant ainsi le recours à une langue que les partenaires maitriseraient suffisamment pour communiquer alors que cette option est probablement l'une des meilleures dans de nombreuses situations. Dans le domaine de l'interproduction écrite et orale, les pratiques translangagières sont censées relever du niveau 2 (sur 6) et, partant, ne pas aller au-delà.

Certes, il s'agit de descripteurs de compétences en intercompréhension et d'un modèle d'évaluation de celles-ci, il n'en reste pas moins que les aspects

---
3 http://evalic.eu/wp-content/uploads/2019/08/O4-Decripteurs_interproduction.zip, consultation : 29.03.2021.
4 http://evalic.eu/wp-content/uploads/2019/08/O4-Descripteurs-IC-interactive-et-IP.zip, consultation : 29.03.2021.

que nous venons de lister limitent la mise en œuvre d'une compétence plurilingue et interculturelle fondée sur l'activation d'un répertoire langagier unique permettant la mobilisation d'éléments divers rattachables à des langues socialement définies ou translinguistiques – c'est-à-dire qu'un linguiste aurait du mal à classifier comme appartenant à *un* système linguistique précis. Le travail du projet Eval-IC et la réflexion qu'il suscite invite à penser une compétence de communication panromane plus en accord avec la notion de compétence plurilingue et interculturelle et moins restrictive.

4. Définir une compétence de communication panromane « complète »
Nous reprenons et étendons l'idée qui a sous-tendu la conception des échelles de description des compétences et des épreuves d'évaluation d'Eval-IC. Il s'agit de poser une compétence plurilingue panromane qui ferait appel à l'ensemble du répertoire de la personne et se déclinerait dans toutes les activités langagières : réception, production, interaction et médiation – cette dernière étant absente des travaux du projet Eval-IC.

Nous développons ici la question des « langues » et posons pour cela que, dans le respect du cadre socio-interactionnel de toute action et de toute communication, c'est au sujet co-énonciateur que revient de choisir les moyens langagiers (et extra-langagiers) – et non nécessairement les langues – qu'il entendra mettre en œuvre pour assurer la réussite de la communication. Nous rejoignons ainsi la définition de Coste, Moore et Zarate (2009, 11) qui se fondent sur l'idée d'un seul et même répertoire langagier dans la suite (notamment) des travaux de Grosjean (1982 ; 1984).

En interaction par exemple, en fonction des interactions sociales en présence, il pourra être préférable d'avoir recours à une « langue » commune – langue étant définie comme une construction sociale et non comme une catégorie cognitive –, même si les compétences dans cette langue ne sont pas importantes chez toutes les personnes impliquées. Dans d'autres cas, chacun pourra avoir recours et être confronté à une voire des « langues » identifiées par les interlocuteurs comme différentes sur la base de la définition sociale des langues. Dans d'autres cas, ce sont des pratiques translangagières qui se rencontreront, les interlocuteurs mélangeant de façon plus ou moins fluide des éléments divers issus de « langues » socialement définies, sans en prendre forcément conscience et sans qu'un linguiste puisse même toujours caractériser avec précision et assurance les phénomènes en jeu. Au niveau de l'interproduction, cela nécessite aussi, pensons-nous, d'intégrer des pratiques de production diagnostique (cf. Meißner 2010 sur le « *diagnostisches mehrsprachiges Schreiben* ») consistant sur la base de connaissances inter- et intralinguistiques à « inventer » la langue de production pour générer un discours compréhensible par ses interlocuteurs. En se fondant sur des connaissances et compétences dans diverses langues romanes et quelques bases en espagnol, il peut ainsi être possible à un francophone de générer un discours en espagnol diagnostique. Dans de nombreux cas, on peut s'attendre à se trouver, dans la vie, face à un mélange de toutes ces pratiques dans la mesure où celui-ci répond au mieux aux exigences du cadre sociointeractionnel.

Une personne capable de mobiliser de telles pratiques en adéquation avec les interactions sociales en présence disposerait d'une compétence de communication panromane et serait en mesure, à des fins d'action et de communication, de comprendre et de produire du discours et d'interagir avec des romanophones. Elle serait également, parfois, en capacité de jouer un rôle de médiateur langagier au sein de la communauté romanophone voire, dans certains cas, entre locuteurs non romanophones et locuteurs romanophones.

5. Perspectives pour une intercompréhension décloisonnée et libérée

À partir de là, la question se pose de savoir s'il est encore pertinent de parler d'intercompréhension, d'abord parce que la notion a intégré depuis plusieurs année les interactions plurilingues, ensuite parce que le terme d'intercommunication a été proposé par Balboni (2009) et finalement, comme nous venons de l'évoquer ici, parce que l'on pourrait se tourner vers une compétence de communication au sein des groupes de langues génétiquement proches qui dépasserait ce que propose jusqu'ici l'intercompréhension.

Ces réserves posées, comme nous l'avons expliqué récemment (cf. Ollivier 2019), il nous semble opportun de ne pas renoncer à l'appellation d'intercompréhension : d'une part, parce que le terme est désormais bien ancré en didactique des langues et qu'une communauté scientifique s'est constituée ces dernières années ouverte à la diversité des conceptions et participant activement aux reconfigurations de la notion ; d'autre part, parce que les travaux en intercompréhension continuent de constituer un des fondements les plus riches et solides pour le développement d'une compétence de communication panromane. Il va ainsi de soi pour nous que les formations à l'intercompréhension restent une des voies d'accès privilégiées à une compétence de communication panromane car elles permettent d'établir rapidement des passerelles entre les systèmes linguistiques décrits par les linguistes et de développer des stratégies spécifiques qui facilitent la compréhension, l'interaction plurilingue tout comme l'interproduction et la production diagnostique. Connaitre et savoir mobiliser les « bases de transfert pour l'intercompréhension romane » décrites dans l'ouvrage du projet EuroComRom présentent les sept tamis (cf. Meißner et al. 2004, 141–254) représente, par exemple, un fondement riche pour la compréhension mais aussi pour la production diagnostique.

Finalement, nous plaidons pour le maintien du terme « intercompréhension » pour des raisons théoriques. Nous nous situons, en effet, dans une conception socio-interactionnelle de la construction de sens empruntée à Jacques (2000, 63) pour qui

> [i]l n'y a pas d'un côté moi qui signifie et d'un autre côté toi qui comprends. Ce sont mes oreilles qui te parlent parce que je signifie pour autant que je te comprends. C'est ma voix qui t'écoute parce qu'au fur et à mesure que je parle, j'écoute ou plutôt je parle l'écoute que je te prête de ma propre parole.

Dans une telle perspective, nous concevons toute communication comme étant surtout et d'abord compréhension. Produire est, en effet, également un acte de compréhension car, dans toute production, il doit y avoir l'écoute anticipée de la réception que l'autre va pouvoir faire de ce qui sera produit. La réussite de la communication dépend alors pleinement de la coopération dialogique des partenaires, chacun participant à la construction du sens pour la plus grande intercompréhension possible, le terme retrouvant ici son sens plus général. Toute formation en intercompréhension romane viserait alors le développement d'attitudes, de consciences, de connaissances et de compétences permettant de co-construire du sens – commun – au sein d'une communauté romanophone.

Au-delà des formations spécialisées, Les formations traditionnelles en langues romanes pourraient également jouer un rôle-clé dans ce processus. Elles pourraient proposer un élargissement de leur empan à des dimensions en lien avec une compétence de communication panromane en ouvrant des perspectives sur la compréhension des autres langues romanes et sur les possibilités d'intercompréhension entre locuteurs de ces langues. Les outils didactiques proposés par les projets existant dans le domaine de l'intercompréhension pourraient trouver toute leur place dans ces ouvertures. D'autres seraient à développer. L'un des objectifs majeurs sera, pensons-nous, d'aider les apprenants à développer, à côté des indispensables connaissances et compétences, une attitude positive pour la communication plurilingue et la conscience qu'il est possible, sur la base des connaissances et compétences construites dans au moins une langue, de communiquer avec des locuteurs des autres langues du même groupe de langues génétiquement proches en mettant en œuvre un usage décloisonné et libéré des « langues » dans le but de s'intercomprendre.

Sur la base de ce que nous venons de développer, l'intercompréhension romane serait alors une forme de communication « complète » intégrant les différentes activités langagières (réception, production, interaction et médiation) et impliquant la mobilisation créative d'une grande diversité d'attitudes, de consciences, de connaissances et de compétences – notamment une compétence de communication panromane – permettant une communication entre locuteurs des langues romanes libérée du cloisonnement des langues.

Bibliographie

BALBONI, Paolo. 2009. « Per una glottodidattica dell'intercomunicazione romanza », in : Jamet, Marie-Christine. éd. *Orale e intercomprensione tra lingue romanze : ricerche e implicazioni didattiche*. Venezia : Università Ca' Foscari Venezia, 197–203.

BONVINO, Elisabetta & CADDÉO, Sandrine & PIPPA, Salvador. édd. 2011. *Attraverso le lingue. L'Intercomprensione in ricordo di Claire Blanche-Benveniste. Actes du Colloque, Roma 20–21 ottobre 2011*. Redinter-Intercompreensão 3. http://www.redinter-intercompreensao.eu/numeros-publies/numero-3, consultation : 29.03.2021.

CANDELIER, Michel & CAMILLERI-GRIMA, Antoinette & CASTELLOTTI, Véronique & DE PIETRO, Jean-François & LÖRINCZ, Ildiko & MEIßNER, Franz-Joseph & NOGUEROL, Artur & SCHRÖDER-SURA, Anna. 2007. *CARAP : cadre de référence pour les approches plurielles des langues et des cultures*. Graz : Centre européen pour les langues vivantes.

CANDELIER, Michel & CAMILLERI-GRIMA, Antoinette & CASTELLOTTI, Véronique & DE PIETRO, Jean-François & LÖRINCZ, Ildiko & MEIßNER, Franz-Joseph & NOGUEROL, Artur & SCHRÖDER-SURA, Anna. 2012. *CARAP : cadre de référence pour les approches plurielles des langues et des cultures*. Graz : Centre européen pour les langues vivantes / Conseil de l'Europe.

CAPUCHO, Filomena. 2011. « IC fra lingue appartenenti a diverse famiglie linguistiche », dans : De Carlo, Maddalena. éd. *Intercomprensione e educazione al plurilinguismo*. Porto S. Elpidio : Wizarts, 223–241. http://www.wizartsepublishing.eu/index.php?option=com_k2&view=item&id=224:intercomprensione-e-educazione-al-plurilinguismo, consultation : 29.03.2021.

CAPUCHO, Filomena. 2017. « Interactions professionnelles plurilingues : entre intercompréhension et interproduction », dans : *Repères DoRiF* 12. http://www.dorif.it/ezine/ezine_articles.php?art_id=335, consultation : 29.03.2021.

COSTE, Daniel & MOORE, Danièle & ZARATE, Geneviève. 1997. *Compétence plurilingue et pluriculturelle : vers un cadre européen commun de référence pour l'enseignement et l'apprentissage des langues vivantes. Études préparatoires*. Strasbourg : Éditions du Conseil de l'Europe. https://rm.coe.int/168069d29c, consultation : 29.03.2021.

COSTE, Daniel, MOORE, Danièle & ZARATE, Geneviève. 2009. *Compétence plurilingue et pluriculturelle. Vers un cadre européen commun de référence pour l'enseignement et l'apprentissage des langues vivantes. Études préparatoires. Version révisée et enrichie d'un avant-propos et d'une bibliographie complémentaire*. Strasbourg : Division des Politiques Linguistiques. http://www.coe.int/t/dg4/linguistic/Source/SourcePublications/CompetencePlurilingue09web_fr.pdf, consultation : 29.03.2021.

DEGACHE, Christian. 2006. *Didactique du plurilinguisme. Travaux sur l'intercompréhension et l'utilisation des technologies pour l'apprentissage des langues. Dossier présenté pour l'habilitation à diriger des recherches. Synthèse de l'activité de recherche*. Grenoble : UFR des sciences du langage – LIDILEM – Université Stendhal-Grenoble III. https://hal.archives-ouvertes.fr/tel-02122652/document, consultation : 29.03.2021.

DOYÉ, Peter. 2005. *L'intercompréhension. Guide pour l'élaboration des politiques linguistiques éducatives en Europe. De la diversité linguistique à l'éducation plurilingue. Étude de référence*. Strasbourg : Conseil de l'Europe. http://www.coe.int/t/dg4/linguistic/Source/DoyeFR.pdf, consultation : 29.03.2021.

GARCÍA, Ofelia & LIN, Angel M. Y. 2017. « Translanguaging: Language, bilingualism and education », dans : García, Ofelia & Lin, Angel M. Y. & May, Stephen. édd. *Bilingual and Multilingual Education*. Cham : Springer, 117–130.

GARCÍA, Ofelia & WEI, Li. 2014. *Translanguaging: Language, Bilingualism and Education*. New York : Palgrave Macmillan.

GORTER, Durk & CENOZ, Jasone. 2015. « Translanguaging and linguistic landscapes », dans : *Linguistic Landscape* 1/1, 54–74.

GROSJEAN, François. 1982. *Life with Two Languages: an Introduction to Bilingualism*. Cambridge : Harvard University Press.

GROSJEAN, François. 1984. « Le bilinguisme : vivre avec deux langues », dans : *Revue Tranel (Travaux neuchâtelois de linguistique)* 7, 15–41. http://doc.rero.ch/record/20164/files/Grosjean_15_41.pdf?version=1, consultation : 29.03.2021.

HÉDIARD, Marie. 2009. « De l'intercompréhension à l'interproduction : impact des usages langagiers en langue maternelle », dans : Araújo E Sá, Maria Helena & Hidalgo Downing, Raquel & Melo-Pfeifer, Silvia & Séré, Arlette & Vela, Cristina. édd. *A intercompreensão em línguas românicas. Conceitos, práticas, formação.* Aveiro : Oficina Digital, 213–223.

JACQUES, Francis. 2000. *Écrits anthropologiques: Philosophie de l'esprit et cognition.* Paris : L'Harmattan.

JAMET, Marie-Christine & SPITA, Doina. 2010. « Points de vue sur l'intercompréhension : de définitions éclatées à la constitution d'un terme fédérateur », dans : *Redinter-Intercompreensão* 1, 9–28. http://www.redinter-intercompreensao.eu/numeros-publies/numero-1, consultation : 29.03.2021.

KLEIN, Horst G. & STEGMANN, Tilbert D. 2000. *EuroComRom – Die sieben Siebe. Romanische Sprachen sofort lesen können.* Aachen : Shaker.

MEIßNER, Franz-Joseph. 2004. « Introduction à la didactique de l'eurocompréhension », dans : Meißner, Franz-Joseph & Meißner, Claude & Klein, Horst G. & Stegmann, Tilbert D. édd. *Les sept tamis : lire les langues romanes dès le départ. Avec une introduction à la didactique de l'eurocompréhension.* Editiones EuroCom 6. Aachen : Shaker. 7–140.

MEIßNER, Franz-Joseph 2010. « Diagnostisches mehrsprachiges Schreiben – ein Verfahren zur Identifikation und Förderung von Mehrsprachen- und Lernkompetenz », dans : Berndt, Annette & Kleppin, Karin. édd. *Sprachlehrforschung: Theorie und Empirie. Festschrift für Rüdiger Grotjahn.* Frankfurt a. M. : Peter Lang, 211–222.

MEIßNER, Franz-Joseph & MEIßNER, Claude & KLEIN, Horst G. & STEGMANN, Tilbert D. édd. 2004. *EuroComRom – Les sept tamis : Lire les langues romanes dès le départ. Avec une introduction à la didactique de l'eurocompréhension.* Aachen : Shaker.

OLLIVIER, Christian. 2010. « Représentations de l'intercompréhension chez les spécialistes du champ », in : *Redinter-Intercompreensão* 1, 47–69.

OLLIVIER, Christian. 2017. « L'interproduction : entre foreigner talk et spécificité en intercompréhension », dans : Degache, Christian & Garbarino, Sandra. édd. *Itinéraires pédagogiques de l'alternance des langues : l'intercompréhension.* Grenoble : UGA éditions, 337–352.

OLLIVIER, Christian. 2019. « Interkommunikation », dans : Fäcke, Christiane & Meißner, Franz-Joseph. édd. *Handbuch Mehrsprachigkeits- und Mehrkulturalitätsdidaktik.* Tübingen : Narr Francke Attempto Verlag, 292–294.

OLLIVIER, Christian & STRASSER, Margareta. 2013. *Interkomprehension in Theorie und Praxis.* Wien : Praesens.

PRUDENT, Lambert-Félix. 1981. « Diglossie et interlecte », in : *Langages* 61, 13–38. http://www.jstor.org/stable/41681095, consultation : 29.03.2021.

SPITA, Doina. 2010. « Contexte et intercompréhension », dans : Spita, Doina & Tarnauceanu, Claudia. édd. *« Galapro » sau Despre intercomprehensiune în limbi romanice. Actele seminarului desfasurat în cadrul proiectului transversal Langues « Formare de formatori pentru intercomprehensiune în limbi romanice », Iasi, 22–24 octombrie 2009.* Iasi : Universitatii Alexandru Ioan Cuza, 151–165.

Schreiben in drei Sprachen am Übergang zwischen Primarstufe und Sekundarstufe I: Impulse aus der Erwerbsforschung für die Lehrpersonenbildung sowie die Gestaltung sprachenübergreifender Lehr-/Lernformate und Curricula

Mirjam Egli Cuenat (Brugg)

In der offiziell viersprachigen Schweiz ist für alle Schülerinnen und Schüler der obligatorischen Volksschule ab der Primarstufe durchgehend bis zum Ende der Sekundarstufe I der Unterricht in zwei Fremdsprachen vorgesehen (vgl. EDK 2017, 2). In der Deutschschweiz sind dies Französisch als zweite Landessprache sowie Englisch als internationale Verkehrssprache. Die Erwerbsreihenfolge der beiden Fremdsprachen ist den Kantonen freigestellt. Ziel ist gemäss didaktischen Hinweisen im Deutschschweizer *Lehrplan 21* der Erwerb funktionaler Mehrsprachigkeit:

> Funktionale Mehrsprachigkeit strebt ein vielfältiges, dynamisches Repertoire mit unterschiedlich weit fortgeschrittenen Kompetenzen in verschiedenen Kompetenzbereichen bzw. Sprachen an, um in unterschiedlichen Situationen sprachlich erfolgreich handeln zu können. Schülerinnen und Schüler greifen beim Sprachenlernen auf bereits Gelerntes zurück und erweitern so ihr mehrsprachiges Repertoire effizient. Mehrsprachigkeit kann in allen Fachbereichen gefördert und genutzt werden. [...] Die Effizienz des Sprachenlernens wird gesteigert, wenn die Schülerinnen und Schüler befähigt werden, das Transferpotenzial zwischen den Sprachen bewusst zu nutzen (D-EDK 2016, 8).

Die Orientierung an einem mehrsprachigen Lehr- und Lernkonzept entspricht mittlerweile in vielen Ländern einem bildungspolitischen Konsens, welcher in den letzten 20 Jahren durch die Arbeiten des Europarates, allen voran dem *Gemeinsamen Europäischen Referenzrahmen* (GER, Europarat 2001) und dem *Referenzrahmen für plurale Ansätze* (REPA, Candelier et al. 2012) stark befördert wurde. Auch wenn in der Schweiz bereits viel geleistet wurde, ist das Ziel einer allgemeinen und selbstverständlichen Umsetzung des Prinzips eines sprachenübergreifend vernetzenden Unterrichts in der schulischen Praxis aber immer noch weit entfernt (vgl. Manno & Egli Cuenat 2018, 236–239). Insbesondere in den Kantonen, in denen Englisch als erste Fremdsprache unterrichtet wird, besteht die Gefahr einer Schwächung der nachgelernten zweiten Landessprache Französisch. Die Feststellung von Rückl (2018, 177), basierend auf einer detaillierten Analyse österreichischer Sprachenlehrpläne, dass der Unterricht weiterhin stark einzelsprachlich organisiert bleibt und das Prinzip von Englisch als *Gateway to other languages* (Schröder 2009) kaum umgesetzt ist, gilt auch für die Schweiz. Eine aktuelle Befragung von Lehrpersonen in der Deutschschweiz weist auf den Bedarf nach konkreten Hinweisen und den Mangel an Werkzeugen für die Umsetzung mehrsprachigkeitsdidaktischer Prinzipien hin (vgl. Barras et al. 2019, 14–15).

Dies trifft ganz besonders auf den Bereich der Sprachproduktion zu, die im Vergleich mit der Sprachrezeption bislang weniger Beachtung findet. Ein stärkerer Einbezug der sprachlichen Produktion in die tertiär- und mehrsprachigkeitsdidaktische Forschung und Entwicklung wird als ein dringendes Desiderat angesehen (vgl. Reimann 2016, 18). Entwicklungsbedarf gibt es vor allem bei mehrsprachigen und transferfördernden unterrichtlichen Massnahmen, bzw. Lehr-/Lernformaten – von geschlosseneren, auf die Festigung von Fertigkeiten abzielende Übungen, über offenere, auf authentische Kommunikation ausgerichtete Aufgaben fremdsprachendidaktischer Prägung (vgl. Neveling 2020, 210–211) bis hin zu auf der schulsprachlichen Schreibdidaktik fussenden, sprachenübergreifenden Schreibarrangements (vgl. Marx 2020, 30).

Im Kontext des früh einsetzenden schulischen Fremdsprachenlernens rückt auch der Übergang von der Primar- zur Sekundarstufe in den Blick, denn die curriculare Kontinuität und das Anknüpfen an bereits aufgebaute Ressourcen werden als entscheidende Faktoren für Erfolg und Nachhaltigkeit des Unterrichts angesehen (vgl. Baumert et al. 2020, 1125). Zentral dabei erscheint die Diagnosekompetenz der Lehrpersonen (vgl. z. B. Kolb 2016, 193).

Ziel des vorliegenden Beitrages ist es, aus einer teilweise longitudinalen Erwerbsstudie zur dreisprachigen schriftlichen Textproduktion (Deutsch, Englisch und Französisch) Impulse für die Lehrpersonenbildung sowie die fachdidaktische Forschung und Entwicklung abzuleiten. Die Studie gründete auf einem mehrsprachigen Erwerbsmodell und situierte sich im Kontext des doppelten Fremdsprachenerwerbs in der obligatorischen Schule in der Ostschweiz. Sie fokussierte auf das sprachen- und stufenübergreifende Lernen bei 12–14-jährigen Schülerinnen und Schülern in der sechsten (letztes Primarschuljahr) und siebten Klasse

(erstes Jahr der Sekundarstufe I). Nach einer Präsentation der Studie werden Überlegungen entlang folgender Fragen angestellt:
1) Welche unmittelbare Relevanz haben die Studie und ihre Resultate für die Lehrpersonenbildung?
2) Mit welchen unterrichtlichen Massnahmen bzw. Lehr-/Lernformaten kann ein Transfer im Hinblick auf die transversale Nutzung von Ressourcen in der schriftlichen Produktion angebahnt werden, insbesondere hinsichtlich einer Stärkung der zweiten Fremdsprache Französisch am Stufenübergang?
3) Wie könnte durch die Weiterentwicklung curricularer Steuerinstrumente wie der GER und der REPA die transversale Nutzung und der Transfer von Ressourcen in der schriftlichen Textproduktion begünstigt werden?

1. Präsentation der Erwerbsstudie und Blick auf deren direkte Relevanz für die Lehrpersonenbildung

1.1 Kontext und Theoriehintergrund

Die hier referierte Studie ist Teil eines grösseren Kooperationsprojektes[1] mit dem Titel „Schulischer Mehrsprachenerwerb am Übergang von der Primarstufe zur Sekundarstufe I". Sie entstand im Kanton St. Gallen, im Kontext einer Fremdsprachenreform der Schweizerischen Konferenz der kantonalen Erziehungsdirektoren, welche den obligatorischen Unterricht von zwei Fremdsprachen (in der Regel eine zweite Landessprache und Englisch) ab der Primarstufe vorsieht (vgl. EDK 2004, 2). In den Kantonen der Ost- und Zentralschweiz wurde im Zuge der Reform der Englischunterricht von der 7. auf die 3. Klasse vorverlegt. Französisch wurde in der 5. Klasse beibehalten. Neben der Verlängerung der Lernzeit im Englischen kam es zur Umkehrung der Erwerbsreihenfolge: Französisch ist seither nicht mehr erste Fremdsprache, sondern Tertiärsprache. Zusätzlich muss nun ein doppelter Stufenübergang bewältigt werden.

---

1 Die Gesamtstudie bezog Rezeption (Lesen), Produktion (Schreiben und Sprechen) sowie die Unterrichtsgestaltung aus der Sicht der Lernenden und der Lehrpersonen mit ein und wurde in den Jahren 2014–2017 vom Schweizerischen Nationalfonds unterstützt. Die Teilstudie zur Produktion wurde von der Autorin dieses Beitrages verantwortet und geleitet. Für einen Überblick über die Anlage des Gesamtprojektes vgl. Manno et al. 2020.

Untersucht wurde die schriftliche Textproduktion in den drei schulisch geförderten Sprachen Deutsch, Englisch und Französisch bei denselben Lernenden. Der Fokus lag auf der sprachenübergreifenden Entwicklung von Textkompetenz (vgl. Portmann-Tselikas & Schmölzer-Eibinger 2008) als Bestandteil von *Literacy* und Teil der potenziell von Sprache zu Sprache übertragbaren *Cognitive/Academic Language Proficiency (CALP)* (vgl. Cummins 2017, 106). Die Studie gründete auf der Modellbildung des mehrsprachigen Repertoires, in welchem die Ressourcen sämtlicher Sprachen desselben Individuums als Gesamtheit nutzbar sind und dynamisch zusammenwirken (vgl. z. B. Coste et al. 2009; Lüdi & Py 2009; Hufeisen 2010; Cenoz & Gorter 2011; Jessner 2013). In der Erwerbsforschung wird die Entwicklung der Textualität, zwar stark textsorten-/textgenreabhängig, aber trotzdem einem generellen Prinzip folgend, von der assoziativ reihendenden bis hin zur analytisch/synthetischen, textsortenfunktionalen Textgestaltung beschrieben. Dies trifft auch auf die Textsorte der Raumbeschreibung zu (vgl. Schneuwly & Rosat 1995, 95–96; Augst et al. 2007, 345–346), welche für die Untersuchung gewählt wurde. Die Wahl fiel auf Raumbeschreibungen, da sie sowohl im Schulsprachen- als auch im Fremdsprachenunterricht eine gängige Textsorte (Textgenre) darstellen und in Schweizer Bildungsstandards für die Schulsprache und für die Fremdsprachen vorkommen (vgl. Egli Cuenat 2016, 63). Textgenres wirken als Werkzeuge des sprachlichen Handelns im sozialen Kontext und befolgen Textmuster, die, einmal beherrscht, lokale und globale Planungsprozesse bei der Produktion beeinflussen und der Selbstregulation beim Schreiben dienen (vgl. Schneuwly 2015, 5).

Transversalität, d. h. sprachenübergreifend zur Verfügung stehende Fähigkeiten in der monologischen Textproduktion, wurde in Studien bei bilingualen Kindern auf der Ebene von Textstrukturen vermehrt nachgewiesen (vgl. die Forschungsüberblicke bei Reichert & Marx 2020, 44–46 und Egli Cuenat 2016, 61–62). Auch in der dreisprachigen schriftlichen Produktion bei Lernenden im Sekundarschulalter (vgl. z. B. Cenoz & Gorter 2011; de Angelis & Jessner 2012) fanden sich Hinweise auf transversal genutzte Schreibkompetenzen und Textstrukturen; bei jüngeren Lernenden sind sie wenig beforscht. Kognaten (Parallelwörter) und Mischphänomene auf der lexikalischen Ebene sind ein wichtiger Bestandteil einer mehrsprachigen Herangehensweise; *overt crosslinguistic lexical influence* (CLI) wird dabei als manifestes Zeichen der Aktivierung einer anderen Sprache im Kontext des Tertiärsprachenerwerbs angesehen (vgl. z. B. Hammarberg 2009).

1.2 Forschungsfragen, Anlage und wichtigste Resultate der Studie

Unsere Studie zur schriftlichen Textproduktion in drei Sprachen fragte nach Spuren

a) der *Transversalität* bei denselben Lernenden über die drei Sprachen hinweg;

b) der *Kontinuität* des Lernens am Stufenübergang;

c) der *Umkehrung der Sprachenreihenfolge* und der *Verlängerung der Lernzeit* von Englisch.

Untersucht wurde dies anhand einer analogen Aufgabenstellung auf Deutsch, Französisch und Englisch zu zwei Testzeitpunkten (jeweils am Ende der 6. und der 7. Klasse) bei 603 Lernenden aus 32 6. Klassen und 719 Lernenden aus 38 7. Klassen im Kanton St. Gallen (für detaillierte Ausführungen vgl. Egli Cuenat 2016 und 2017 sowie Egli Cuenat & Brühwiler 2020). Die Anlage war als Ganzes mehrsprachig, jedoch sukzessiv *sprachalternierend*, d. h. auf die Möglichkeit sprachenübergreifender Nutzung von Ressourcen in der jeweils einzelsprachlichen Kommunikation ausgerichtet (vgl. Dietrich-Grappin 2017, 105–108). Die Aufgabe der Lernenden bestand darin, sich im Rahmen eines organisierten Austausches mit einer frankophonen Partnerklasse in den drei Sprachen vorzustellen und ihre Wohnsituation zu beschreiben: ihr Haus/ihre Wohnung auf Deutsch, ihr eigenes Zimmer auf Französisch und ihr Wohnzimmer auf Englisch. Die Reihenfolge Deutsch, Französisch und Englisch wurde konstant gehalten. Zur lexikalischen Entlastung in den Fremdsprachen standen Wörterbücher zur Verfügung. Rund die Hälfte der Sechstklässlerinnen und -klässler wurde im Längsschnitt auch in der 7. Klasse erfasst. Die Haupterhebung erfolgte 2014 und 2015. 2011 und 2012 wurden im Rahmen eines Vorprojektes mit der identischen Anlage Texte von 216 Lernenden aus elf 6. Klassen und von 259 Lernenden aus zwölf 7. Klassen erhoben. Diese Lernenden erwarben noch gemäss altem System Französisch ab der 5. Klasse als erste Fremdsprache vor Englisch ab der 7. Klasse als zweite Fremdsprache.

Untersucht wurden u. a. die Textlänge, die der Gebrauch von Nebensatzkonstruktionen, die räumliche Textstrukturierung, der Gebrauch von Konnektoren (wie *aber/mais/but*), die Verwendung von Kognaten (wie *lampe/lamp/Lampe*) sowie sprachliche Mischphänomene auf der Wortebene (die Übernahme von Wörtern aus einer anderen Sprache wie in *j'ai un lit et une chair* (englisch *chair* statt französisch *chaise*) sowie eigene Wortschöpfungen, welche auf einer anderen Sprache basieren, z. B. *jongle-balles* für *balles de jonglage*. Die wichtigsten Resultate lassen sich wie folgt zusammenfassen:

a) Sowohl in der 6. als auch in der 7. Klasse fanden sich Spuren von *Transversalität*. Es zeigten sich moderate, aber statistisch signifikante intraindividuelle und interlinguale Zusammenhänge zwischen allen drei Sprachen, z. B. bezogen auf die Textlänge, die Anzahl der Nebensatzkonstruktionen und Konnektoren, die räumliche Textstruktur, den Gebrauch von Kognaten (Parallelwörtern) sowie von lexikalischen Einheiten, welche aus einer anderen Sprache entlehnt wurden (vgl. Egli Cuenat 2016, 2017 und 2018; Egli Cuenat & Bleichenbacher 2020).

b) Leichte, aber signifikante Zuwächse bei allen untersuchten Textvariablen weisen auf eine *kontinuierliche Entwicklung am Stufenübergang* hin; lediglich in der Schulsprache Deutsch wurde eine Stagnation konstatiert. Die Leistung in der 6. Klasse erwies sich als wichtigster Prädiktor für die Leistung in der 7. Klasse (vgl. Egli Cuenat 2016, 2017; Egli Cuenat & Brühwiler 2020).

c) Beim Vergleich zwischen Texten, die vor und nach der Reform produziert wurden, zeigten sich *Spuren des vorgängigen Lernens von Englisch in der Tertiärsprache Französisch* und der *verlängerten Lernzeit im Englischen*: Lernende, welche Französisch ab der 5. Klasse als zweite Fremdsprache nach Englisch lernten, schrieben leicht längere französische Texte und verwendeten häufiger Konnektoren als Lernende mit Französisch als erster Fremdsprache. Diese Vorteile zeigten sich bei den Lernenden der 7. Klasse nicht mehr. Im Englischen schrieben die Schülerinnen und Schüler mit längerer Lernzeit aber in der 7. Klasse längere Texte (vgl. Egli Cuenat 2017) und verwendeten im Französischen mehr Wortentlehnungen aus dem Englischen (vgl. Egli Cuenat 2018). Eine vergleichende Analyse der Parallelwörter in den französischen Texten der 6. Klasse ergab, dass die Lernenden mit Frühenglisch tendenziell mehr französische Wörter gebrauchten, die gleichzeitig mit Englisch und Deutsch kognat sind (vgl. Egli Cuenat & Bleichenbacher 2020).

Die gefundenen statistischen Zusammenhänge zwischen den Sprachen weisen auf sprachenübergreifend wirksame Synergien und mithin auf *Transversalität* hin. Die Zusammenhänge sind aber moderat, d. h. nicht bei allen Lernenden im gleichen Masse erkennbar, denn vorhandene Ressourcen werden nicht von allen Lernenden ‚automatisch' genutzt. Letztere Erkenntnis, die durch zahlreiche Forschungsarbeiten bestätigt wird (vgl. z. B. Hammarberg 2018, 142–145), wie auch die weiteren Ergebnisse der vorliegenden Studie, lassen sich an den folgenden kontrastiven Textausschnitten gut illustrieren, die von zwei Lernenden der 6. Klasse im neuen System (mit Englisch vor Französisch) stammen.

In allen drei Texten des ersten Schülers (vgl. Tabelle 1) ist die räumliche Textorganisation recht elaboriert. Im Deutschen beschreibt er seine Wohnung, in dem er als Ausgangspunkt den Zimmereingang und den Blickpunkt des Betrachtenden („wenn man reinkommt, sieht man") einnimmt, diesen also klar definiert. Dies ist für das fortgeschrittene Stadium einer analytisch-synthetisch aufgebauten Raumbeschreibung charakteristisch (vgl. Schneuwly & Rosat 1995, 94–95 und Augst et al. 2007, 180–181); die beschriebenen Gegenstände bzw. Raumelemente werden in einer Raumwanderung explizit zueinander verortet. Der französische und der englische Text sind ebenfalls als Raumwanderung von der Zimmertür ausgehend konstruiert. Im Unterschied zum Deutschen wird jedoch der Blickwinkel des Betrachters in beiden fremdsprachlichen Texten nicht erwähnt. Im Englischen werden unterschiedliche räumliche Präpositionen verwendet, während im Französischen das Spektrum der lexikalischen Mittel stark eingeschränkt ist. Für die räumliche Verortung der Gegenstände wird meist die Präposition „à" gebraucht; vorhandenes Textmusterwissen wird im Schreibprozess eingesetzt.

21241573	21241573	21241573
STRU6	STRU5	STRU5
*CHI Ich wohne in einer Mietwohnung.	*CHI À la porte il y a une étagère. Est une Stereo-Anlage.	*CHI **On the right side of the door** is a shelve.
*CHI **Wenn man reinkommt**	*CHI À la Stereo-Anlage il y a le lit.	*CHI **On the rght side of the shelve** is a couch.
*CHI sieht man den Flur.	*CHI À la lit il y a une étagère.	*CHI **In the front of** the couch is a glas-table.
*CHI **Gleich links** ist das Badezimmer mit Dusche.	*CHI À la étagère il y a un pupitre.	*CHI **In front of the** glastable is the Tv.
*CHI **Rechts** ist das Zimmer von meiner Mutter.	*CHI À cote de pupitre il y a une commode.	*CHI **On the left side** of the tv is a windone with a balcony:
*CHI **Etwas 3 m weiter** ist **links** das Wc	*CHI Mon chat vas à mon pièce.	*CHI **On the right side** of the window is a cattree.
*CHI und **rechts** das Wohnzimmer.		*CHI **Before** the cattree is a chest.
*CHI Im Wohnzimmer steht ein Katzenbaum.		
*CHI **2 m weiter** ist **links** die Küche.		
*CHI **4 m weiter** ist **links** das Arbeitszimmer		
*CHI und **rechts** mein Zimmer.		

Tabelle 1: Textbeispiele aus Egli Cuenat 2016, 72

20231558	20231558	20231558
STRU6	STRU 2	STRU 3
*CHI Wenn du bei mir bist	*CHI Dans la chambre il y a une chaise et une bureau.	*CHI In my living room has a couch and a tv.
*CHI und **die Türe rein kommst**	*CHI Il y a une lit et une armoire et une tapis.	*CHI We have also a little table
*CHI dann ist **links** das WC	*CHI Il y a 3 fenêtres 2 petti fênetre 1 grand fenêtre.	*CHI we have also a light.
*CHI und **rechts** dass Esszimmer.		*CHI **Wenn I look out to** the window
*CHI Wenn du **gerade aus gehst**		*CHI i see the railaway Station and the bus Station.
*CHI ist **links** die Küche		
*CHI und **rechts** die Stuben mit TV.		
*CHI Wenn du **weiter gehst**		
*CHI kommt **links** das zimmer von meinem Bruder		
*CHI und **rechts** das Zimmer meiner Eltern,		
*CHI wenn du **am ende des gangs bist**		
*CHI **da** ist mein Zimmer.		

Tabelle 2: Textbeispiele aus Egli Cuenat 2016, 72

Der Lernende hat offenbar von der Möglichkeit, ein Wörterbuch zu nutzen, keinen Gebrauch gemacht. Die Verwendung des deutschen Wortes „Stereo-Anlage" im französischen Text und das mit dem Deutschen und Französischen kognate Kompositum „glas-table" im englischen Text (korrekt *glass table*) können als Spur dafür gelesen werden, dass dieser Schüler beim Schreiben geschickt sprachenübergreifend vorhandene Ressourcen nutzt.

Der deutsche Text des zweiten Kindes (vgl. Tabelle 2) weist ebenfalls eine sehr elaborierte räumliche Textkonstruktion auf, analog zum vorangehenden Beispiel. Jedoch greift die Schülerin in den Fremdsprachen auf ein sehr einfaches, für Schreibanfängerinnen und -anfänger charakteristisches Textmuster zurück (vgl. Schneuwly & Rosat 1995, 94): Gegenstände werden linear und ohne räumliche Verortung, gleichsam als Liste aufgezählt. Im Französischen wird für die Aufzählung „il y a", im Englischen zusätzlich zu „we have" das additive „also" verwendet. Diese Sechstklässlerin nutzt also vorhandenes Textmusterwissen nicht für die räumliche Textkonstruktion in den Fremdsprachen. Auf die Möglichkeit, hierfür ein Wörterbuch zu nutzen, wurde offenbar verzichtet. Positiv lässt sich anmerken, dass die Lernende in der Lage ist, in beiden Fremdsprachen ganz elementare, kurze beschreibende Texte zu schreiben und damit eine kommunikative Situation zu bewältigen.

Läge der analytische Fokus vor allem auf den Normabweichungen im Gebrauch von Wortschatz und Grammatik, wären die fremdsprachlichen Texte beider Lernender als ausgesprochen fehlerhaft zu charakterisieren. Die textmusterbasierte Analyse offenbart im Gegensatz dazu das sprachenübergreifende Lernpotenzial und besonders im französischen Text des ersten Schülers Spuren eines hochkreativen, sprachdurchlässigen Produktionsprozesses.

1.3 Direkte Relevanz der Studie für die Lehrpersonenbildung

Die referierten Erkenntnisse der Studie können direkt in der Aus- und Weiterbildung von Primar- und Sekundarlehrpersonen verwendet werden. Durch die Einführung in die theoretischen Grundlagen sowie die Präsentation von Anlage und quantitativen Resultaten der Untersuchung wird die Einsicht in das Transferpotenzial sprachenübergreifend einsetzbarer Textstrukturen in Schul- und Fremdsprachen geschult. Zur Ressourcenorientierung gehört auch der bewusste

Umgang mit sprachlichen Mischformen als natürliche und legitime Sprachpraxis im Sinne von *Translanguaging* (vgl. Dietrich-Grappin 2017, 109–110). Die Studie bestätigt Hinweise aus der Forschungsliteratur, dass der Aufbau von Sprachbewusstheit (*language awareness*) im Unterricht, im Sinne der Anregung einer Reflexion über potenziell nutzbare Ressourcen aus zuvor gelernten Sprachen, bei vielen Lernenden notwendig zu sein scheint, damit sie überhaupt Vorteile beim Lernen einer zweiten oder dritten Fremdsprache haben können (vgl. z. B. Jessner 2013, 726; Marx 2016, 298). Muñoz (2017, 63–66) schätzte auf der Grundlage einer longitudinalen Interviewstudie mit Lernenden die gezielte Schulung von Sprach(lern)bewusstheit sowie der sprachenübergreifenden Bewusstheit (*crosslinguistic awareness*, insbesondere bezogen auf Kognaten), im Fremdsprachenunterricht als zentral für den Lernerfolg über den Stufenübertritt hinweg ein.

Die gemeinsame qualitative Analyse von Texten, die von denselben Lernenden in drei Sprachen verfasst wurden, eröffnet ferner die Möglichkeit einer ganzheitlichen Betrachtung von produktiven Textkompetenzen in den drei schulisch geförderten Sprachen, als Bestandteil der Schulung von Diagnosekompetenz[2]. Unter Diagnosekompetenz wird die Fähigkeit der Lehrperson verstanden, theorie- und kriteriengeleitet Lernstände beurteilen zu können und diese als Grundlage für didaktische Entscheidungen zur Förderung der Lernenden zu nutzen (vgl. Helmke 2017, 119–120). Auch wenn in den Fremdsprachen die vertikale Kohärenz durch GER-basierte Lehrpläne und stufenübergreifend konzipierte Lehrmittelreihen in den letzten Jahren gesteigert wurde, sind die Lernstände am Ende der Primarstufe oft sehr heterogen und mangelnde Diagnosekompetenz wiegt besonders schwer, wenn sie mit einem Bruch zwischen einem auf Mündlichkeit und Begegnung mit Sprache und Kultur ausgerichteten Primarschulunterricht und einem stärker norm- und schriftlichkeitsorientierten Sekundarschulunterricht zusammenfällt (vgl. Kolb 2016, 193 und Baumert et al. 2020, 1122). Französisch kann in einigen Schweizer Kantonen, wo es als zweite Fremdsprache nach Englisch unterrichtet wird, in den schwächeren Leistungszügen abge-

---

2 Eine entsprechende Sequenz wurde von der Autorin in einem fachwissenschaftlichen Seminar im Fach Französisch mit Studierenden für das Primarlehramt der Pädagogischen Hochschule FHNW konzipiert und durchgeführt.

wählt werden oder es können Dispense ausgesprochen werden. In diesen Situationen ist eine ganzheitliche und ressourcenorientierte Beurteilung des Leistungsstandes in allen drei schulisch geförderten Sprachen im letzten Jahr der Primarstufe oder am Eingang der Sekundarstufe I wichtig, wie auch, seitens der Lehrpersonen und der Lernenden, die Bewusstheit der Möglichkeit, die im Deutschen und im Englischen aufgebauten Ressourcen zur Stärkung des Französischen zu nutzen (vgl. Jakisch 2019, 463).

2. Transferfördernde unterrichtliche Massnahmen und Lehr-/Lernformate

2.1 Empirische Evidenz, Entwicklungen und Desiderate

Das Erkennen von transversal nutzbaren Ressourcen ist zentral für die Theoriebildung wie auch für die Diagnosekompetenz, aber nicht ausreichend für die sprachenübergreifende Förderung, denn dafür müssen Lehrpersonen auch über konkrete Ansätze für entsprechende unterrichtliche Massnahmen verfügen. Als äusserst hilfreich erweist sich in diesem Zusammenhang die Unterscheidung zwischen „Transfer als Prozess" und „Transversalität als Resultat" in Marx (2020, 30):

> Wird Transfer als ein Prozess verstanden, bei dem in einer Sprache Lx erworbene Fähigkeiten in eine Sprache Ly übertragen werden, so ist anzunehmen, dass Transfer per se nur ein transitorisches Stadium im Wissensauf- und -ausbau darstellt. Das Resultat eines Transfers ist somit nur zunächst die Aufnahme von Wissen oder Können aus der Lx bei der Verwendung von Ly. Dieses Wissen steht dann nicht nur der Ly (oder der Lx und Ly) zur Verfügung, sondern ist (im erfolgreichen Fall) sprachenübergreifend zugänglich. In diesem Sinne wird Transfer als ein unterstützender Prozess verstanden, der in bestimmten Situationen durch didaktische Ansätze (intra- oder interlingualer Art) begünstigt wird und schließlich zum Aufbau und zur Verfestigung transversaler Fähigkeiten führt. Diese wiederum fördern das weitere und erweiterte Lernen neuen Wissens und neuer Fähigkeiten.

Gemäss Marx (2020, 30–31) ist es ebenfalls wichtig, zwischen „angeleitetem", d. h. durch didaktische Ansätze unterstützten, Transfer und „nicht angeleitetem", d. h. von den Lernenden selbstständig vollzogenem, Transfer zu unterscheiden.

Wie fruchtbarer Boden für einen Transfer auf das Schreiben in der Herkunftssprache durch eine sprachenübergreifend kohärente Schreibanlage und ein Training in der Bildungssprache bereitet werden kann, zeigten die Projekte SimO (Schreiben in der multilingualen Oberstufe, vgl. Wenk et al. 2016) und TimO (Textrevisionen in der multilingualen Oberstufe, Marx & Steinhoff 2020). Im Zentrum stand die schriftliche Produktion von Beschreibungen von Superheldinnen und -helden in der Bildungssprache Deutsch und in der Herkunftssprache Türkisch bei Lernenden der 6. Klasse in Deutschland (N = 59). Im Rahmen einer vierwöchigen Intervention wurden Textprozeduren im Deutschunterricht explizit trainiert. Im herkunftssprachlichen Unterricht, den die Lernenden gleichzeitig besuchten, wurde lediglich die Textsorte und eine Überarbeitungsstrategie (Streichen, Hinzufügen, Ersetzen, Verschieben) eingeführt. Instruktion und gezieltes Üben (z. B. die Strukturierung des Textes oder den Ausdruck des Handlungspotenzials der Figur betreffend) erfolgte nur auf Deutsch und die Lehrpersonen wurden angehalten, den Transfer nicht zu thematisieren. Die Lernenden verfassten in beiden Sprachen je sieben Figurenbeschreibungen über 20 Wochen. Die Textanalyse zeigte einen transversalen Lerneffekt in der Herkunftssprache, welcher als Resultat eines nicht angeleiteten Transfers bezeichnet wird (vgl. Marx 2020, 29). Die didaktischen Materialien, welche im Rahmen des Schreibarrangements von SimO und TimO entwickelt wurden, bieten mit dem Einbezug von Englisch auch die Möglichkeit einer dreisprachigen Nutzung[3].

Ein Beispiel für angeleiteten Transfer findet sich in der Interventionsstudie von Forbes (2019), welche mit 13–14-jährigen Lernenden der 9. Klasse in England mit der Fremdsprache Deutsch durchgeführt wurde (Interventionsgruppe N = 23, Kontrollgruppe N = 24). Die Intervention umfasste die Schulung metakognitiver Schreibstrategien (Nachdenken über den Lernprozess, die Planung des Lernens, die Überwachung des Verständnisses oder der Produktion während des Prozesses und die Selbsteinschätzung nach Abschluss der Lernaktivität, vgl. Forbes 2019, 114). Das Strategietraining erfolgte zunächst im Unterricht in Deutsch als Fremdsprache, anschliessend im Englisch- und im Deutschunterricht über acht Monate. Forbes beobachtete zunächst einen punktuellen Strategietransfer von der Fremd- auf die Bildungssprache, ebenfalls ohne Anleitung zum Transfer. Der stärkste Effekt auf die Bildungssprache wurde aber durch Anlei-

---

3 Das Material steht gratis zur Verfügung unter https://www.mehrsprachigkeit.uni-hamburg.de/oeffentlichkeit/materialien/textueberarbeitung.html, Zugriff: 29.03.2021.

tung zum Transfer in beiden Sprachen und das explizite Herstellen einer Verbindung zwischen dem Unterricht in den beiden Fächern erreicht (vgl. ebd., 119). Kontrollierte Interventionsstudien zur Transferförderung in der Produktion sowie evidenzbasierte transferfördernde Materialien sind im Vergleich zur Rezeption bislang selten. Es gibt aber bereits einige tertiärsprachendidaktische Lehrmaterialien, die auch die Produktion berücksichtigen und hier kurz erwähnt werden sollen, so z. B. die österreichische Lehrmittelserie für die Romanischen Sprachen als dritte Fremdsprachen für die Sekundarstufe II, z. B. *Découvrons le français* von Rückl et al. (2013) sowie einige Formate der Schweizer Lehrmittelbrücken-Serie (z. B. *Brücken zwischen envol und Young World*, Klee & Egli Cuenat 2011). In jüngster Zeit stellte Neveling (2020) differenzierte Überlegungen zu Gütekriterien für die Konstruktion mehrsprachigkeitsdidaktischer bzw. transferfördernder Übungen und Aufgaben an. Sie berücksichtigte dabei auch die Produktion und führte zahlreiche Beispiele dafür an.

2.2 Exploration einer dreisprachigen Unterrichtssequenz zur sprachenübergreifenden Förderung deskriptiver Fertigkeiten

Zum Abschluss dieses Kapitels wird kurz eine textgenrebasierte, lehrwerksunabhängige Unterrichtssequenz vorgestellt, welche auf die sprachenübergreifende Förderung deskriptiver Fertigkeiten, des entsprechenden Vokabulars sowie die Bildung von zwischensprachlichen Synergien abzielte. Neben der Festigung von Englisch als Brückensprache intendierte sie vor allem den Fertigkeiten-Transfer auf Französisch als Tertiärsprache. Die Sequenz wurde im Rahmen einer Masterarbeit (vgl. Lehmann 2014)[4] an der Pädagogischen Hochschule St. Gallen entwickelt, und zwar auf der Grundlage qualitativer Analysen von Raumbeschreibungen, welche in der oben referierten Nationalfondsstudie erhoben wurden. Der Autor erprobte die Sequenz und die dazu erarbeiteten Materialien in seinem eigenen Unterricht (7. und 8. Schuljahr) und optimierte sie fortlaufend. Tabelle 4 vermittelt einen Überblick über die Unterrichtssequenz. Zu Eingang (1) erhielten die Lernenden die Aufgabe, in Deutsch, Englisch und Französisch

---
4 Die Masterarbeit wurde von Mirjam Egli Cuenat und Lukas Bleichenbacher betreut. Der Autor war schon während seiner Ausbildung als Sekundarlehrperson in den Fächern Englisch und Französisch tätig. Bereits in Besitz eines Primarlehramtsdiploms verfügte er über sechs Jahre Erfahrung als Primarlehrer.

– nach Wunsch auch in der Herkunftssprache sowie im Deutschschweizer Dialekt – ihr Klassenzimmer zu beschreiben; in den Fremdsprachen standen dafür Wörterbücher zur Verfügung.

(1) Eingangsproduktion	(2) *Language awareness* Beziehung zwischen Sprachen	(3) *Dictionnaire*	(4) Wortschatzarbeit	(5) Beschreibung von Bewegung im Raum	(6) Textstrukuren zur schriftlichen Raumbeschreibung	(7) Wettbewerb: Beschreibung eines fiktiven Zimmers
„Ist-Zustand Erhebung": (D-E-F + Herkunftssprachen + Dialekt)	Sprachenkarte, Parallelwörter und *faux-amis* (D-E-F)	Nutzungsstrategien, Fehlerkorrektur, Parallelwörter, *faux-amis* (D-E-F)	Gegenstände, Präpositionen, *chunks* zur Zimmerbeschreibung (D-E-F)	Mündliche Beschreibungen im Raum mit und ohne Körpereinsatz (D-E-F)	Parallel- und Sequenzkonstruktion mit entsprechenden sprachlichen Mitteln (D-E-F)	Schriftliche Beschreibung eines fiktiven Zimmers, zur Rekonstruktion durch Partnerin/ Partner (D-E-F)

Tabelle 3: Übersicht über die dreisprachige Unterrichtssequenz, erarbeitet von Lehmann (2014), synthetische Darstellung durch die Autorin
D=Deutsch, E=Englisch, F=Französisch

Eine erste Serie von Aktivitäten bzw. Übungen (2) fokussierte im Sinne der Förderung von *language awareness* die Beziehung zwischen den Sprachen: zunächst geographisch, indem die Lernenden das Ausbreitungsgebiet der Sprachen durch eine Internetrecherche eruierten und mittels unterschiedlicher Farbmarkierung auf einer Weltkarte visualisierten, und im Anschluss daran sprachlich auf der Ebene des Wortschatzes, und zwar anhand eines Trainings zum Finden von Ähnlichkeiten (Parallelwörtern/Kognaten) und Unterschieden (Quellen für potenzielle Interferenzen/*faux-amis*) auf lexikalischer Ebene. In der nächsten Übungsreihe (3) wurden Strategien zur Nutzung von Wörterbüchern für die Fehlerkorrektur sowie das Finden von Parallelwörtern und *faux-amis* trainiert. Die darauffolgende dreisprachig angelegte Übungsserie (4) widmete sich dem Aufbau des für die Beschreibung des Klassenzimmers notwendigen Wortschatzes. Dieser wurde anschliessend (5) in der mündlichen Beschreibung von Bewegungen im Raum mit und ohne Körpereinsatz verwendet. Im darauffolgenden Teil (6) wurden, auf der Grundlage von Augst et al. (2007, 176) Textstrukturen für das Beschreiben von Räumen in Parallelstrukturierung (basierend auf vorne, hinten, rechts-links, gegenüber) mit den entsprechenden sprachlichen Mitteln auf Deutsch, Englisch und Französisch eingeführt, jedoch nur in der schriftlichen Textproduktion auf Englisch geübt. Im abschliessenden Wettbewerb erhielten die Lernenden die Aufgabe, in den drei Sprachen ein fiktives Zimmer genau zu beschreiben, so dass dieses von den Teampartnerinnen und -partnern rekonstruiert werden konnte.

In der Kombination methodischer Formate des handlungsorientierten Fremdsprachenlernens, schulsprachlicher Schreibförderung sowie transferfördernder Übungen und Aufgaben erscheint die Sequenz sehr innovativ. Sie führte, gemäss qualitativen Beobachtungen des Autors, insbesondere zu einer Haltungsänderung, insofern als die Lernenden nach Abschluss der Sequenz stärker nach Parallelen zwischen Sprachen suchten und sich dem doppelten Fremdsprachenerwerb gegenüber positiver eingestellt sahen. Eine Wirksamkeitsüberprüfung der Anlage im Rahmen einer Interventionsstudie mit Kontrollgruppendesign steht aber noch aus.

3. Impulse für die Gestaltung von curricularen Instrumenten
3.1 Referenzinstrumente des Europarates

Die eingangs präsentierte Erwerbsstudie und die nachfolgend referierten Erkenntnisse bieten auch Impulse und Ansätze für die Weiterentwicklung von curricularen Instrumenten wie dem *Gemeinsamen europäischen Referenzrahmen* (GER, Europarat 2001), dem neuen Begleitband zum GER (Europarat 2018, *Volume complémentaire*, nachfolgend VolC), dem *Referenzrahmen für plurale Ansätze* (REPA, Candelier et al. 2012) sowie den darauf aufbauenden Sprachenlehrplänen im Bereich des Schreibens. Die Referenzinstrumente und -texte des Europarates sind eine wichtige Grundlage für das Etablieren von Kohärenz zwischen den Lernprozessen in den Fremdsprachen, potenziell auch zwischen Bildungssprache und Fremdsprachen. Obwohl schon in den 80er Jahren des vergangenen Jahrhunderts postuliert[5], geht das Denken und Herstellen von Querverbindungen bei der integrativen Gestaltung des Lehr- und Lernprozesses zwischen Schul- und Fremdsprachen im Curriculum nur sehr langsam voran. Der GER lieferte mit seiner oft zitierten Definition der mehrsprachigen und mehrkulturellen Kompetenz (vgl. Europarat 2001, Kapitel 8.1) eine Vision des Lernens, in der alle Sprachen miteinander verbunden sind. Im achten Kapitel wird auch die curriculare Umsetzung dieser Vision grob beschrieben. Im zehn Jahre später erschienenen *Guide pour la mise en œuvre de curriculums pour une éducation plurilingue et interculturelle* (Beacco et al. 2016) wird das Etablieren der horizontalen (sprachenübergreifenden) und vertikalen (stufenübergreifenden) Kohärenz im Gesamtsprachencurriculum zum zentralen Anliegen. Es werden zahlreiche Vorschläge für die Realisierung von kohärenten Curricula gemacht, im Hinblick auf den Kompetenzaufbau durch eine sprachenübergreifende Nutzung der Referenzniveaus des GER (vgl. Beacco et al. 2016, 31–32), auf eine sprachenübergreifend kohärente Förderung von Strategien (vgl. ebd., 36–37) sowie auf die Orientierung an Textgenres als Vektoren der Kohärenz zwischen Schul- und Fremdsprachen (vgl. ebd., 63–68).

Wie der GER enthält der VolC bislang keine detaillierten Kompetenzbeschreibungen bezogen auf Schreibstrategien, welche die Grundlage eines mit der Schulsprache transversalen Kompetenzaufbaus bieten könnten, sondern lediglich Produktionsstrategien mündlich und schriftlich (vgl. Europarat 2018, 81). Anzumerken ist, dass Textualität in den Deskriptoren „Schriftliche Produktion allgemein" erst ab Niveau B1 erscheint (Europarat 2001, 67):

B1	Kann unkomplizierte, zusammenhängende Texte zu mehreren vertrauten Themen aus seinem/ihrem Interessengebiet verfassen, wobei einzelne kürzere Teile in linearer Abfolge verbunden werden.
A2	Kann eine Reihe einfacher Wendungen und Sätze schreiben und mit Konnektoren wie und, aber oder weil verbinden.

---

5 Ein eindrückliches Zeugnis von der Schwierigkeit, diese Idee in die Praxis umzusetzen, aber auch der Fortschritte, die seither insbesondere unter dem Einfluss der Arbeiten des Europarates gemacht wurden, legt der Text von Merkt (1985) mit dem Titel *Pédagogie intégrée des langues maternelle et seconde, la conscience du problèmes chez les enseignants et chez les enseignés* ab.

| A1 | Kann einfache, isolierte Wendungen und Sätze schreiben. |

Im VolC wurde zu dieser Liste bei A1 ein Deskriptor mit einer kommunikativen Dimension sowie ein Deskriptor auf „pré-A1" hinzugefügt (Europarat 2018, 78):

A1	Peut donner des renseignements sur des sujets relevant de la vie privée (par ex. ce qu'il/elle aime et n'aime pas, la famille, les animaux domestiques) en utilisant des mots et des expressions simples. Peut écrire des expressions et des phrases simples isolées.
Pré-A1	Peut écrire des renseignements simples et personnels (par ex. le nom, l'adresse, la nationalité) en utilisant éventuellement un dictionnaire.

Auf der Ebene der detaillierteren Deskriptoren der *écriture créative, essais et rapports* sowie in den neuen Deskriptoren in der *interaction écrite* finden sich im VolC einzelne Deskriptoren ab A1, die etwas mehr Textualität sowie einzelne Textsorten-/Textgenrebezüge enthalten – so z. B. das untenstehende Beispiel, welches die in der vorliegenden Studie fokussierte Kompetenz abbildet (Europarat 2018, 79):

| A1 | Peut décrire très simplement une pièce dans une habitation. |

Textsorten oder -genres werden im GER in Kapitel 4.6.2 als wichtige Bezugsgrössen erwähnt und aufgelistet; im VolC finden sie ebenfalls Erwähnung (für die Rezeption z. B. Europarat 2018, 68 und für die Produktion ibid., 79). Jedoch ist keine Systematik erkennbar, welche die Grundlage für einen transversalen, Schul- und Fremdsprachen inkludierenden textgenrebasierten curricularen Aufbau von Schreibkompetenzen liefern würde (vgl. z. B. die Überlegungen zum curricularen Textgenre-Lernen bei Hallet 2016, 61–97).

Ebenfalls im GER nicht vorhanden sind Beschreibungen einer Transferkompetenz im produktiven Bereich, wie sie in der oben referierten Studie bereits in der elementaren Verwendung der Fremdsprache sichtbar werden. Im VolC findet sich auf rezeptiver Ebene ein Ansatz zu letzterem, jedoch erst ab B1 (Europarat 2018, 168):

▶ exploiter les ressemblances, reconnaître les 'faux amis' (à partir de B1)
▶ exploiter des sources parallèles dans différentes langues (à partir de B1)

Vereinzelt integriert der VoIC auf der Ebene der Produktion Deskriptoren, die einer mehrsprachigen und sprachenübergreifenden Sichtweise Rechnung tragen (Europarat 2018, 170):

A2	Peut utiliser un mot d'une autre langue de son répertoire plurilingue pour se faire comprendre lors d'une situation habituelle de la vie quotidienne, quand il/elle ne peut trouver l'expression adéquate dans la langue qui est utilisée.

Generell verweist der VoIC für Bereiche der mehrsprachigen und interkulturellen Bildung und somit auch für den Aufbau metalinguistischer Bewusstheit sowie transversal angelegter Strategien explizit auf den REPA (Europarat 2018, 165; Übersetzung durch die Autorin):

> Dieser Bereich ist Gegenstand des REPA (Referenzrahmen für plurale Ansätze). Der REPA listet verschiedene Aspekte mehrsprachiger und interkultureller Kompetenzen in einer vom Sprachniveau unabhängigen hypertextuellen Struktur auf, die nach den drei großen Bereichen organisiert ist: Wissen (*savoir*), Haltungen (*savoir-être*) und Fertigkeiten (*savoir-faire*). Der REPA kann für weitere Überlegungen herangezogen werden; er enthält auch Material für Schulungen in diesem Bereich.

Der REPA bietet in der Tat eine systematische Grundlage für die Formulierung von sprachenübergreifenden und mehrsprachigen Lernzielen und darauf aufbauenden Lernaktivitäten (vgl. auch Neveling 2020, 211–215 und Schröder-Sura 2020, 59–69). Dazu gehört auf der Ebene der *savoirs*

> K 7.2 Wissen, dass man sich beim Erlernen von Sprachen auf (strukturelle / diskursive / pragmatische) Ähnlichkeiten zwischen Sprachen stützen kann.

Auf der Ebene der Fertigkeiten (*savoir-faire*) wird der Produktionstransfer explizit genannt:

> S5 Die in einer Sprache verfügbaren Kenntnisse und Fertigkeiten für Handlungen des Sprachverstehens / der Sprachproduktion in einer anderen Sprache nutzen können.
> S.5.3 Interlingualen Transfer von einer bekannten in eine nicht vertraute Sprache durchführen können (/Identifikationstransfer (…)/ Produktionstransfer < Sprachproduktion in einer nicht vertrauten Sprache>) von einer bekannten in eine nicht vertraute Sprache durchführen können.

Textsorten/-genres (Diskurstypen/*genres discursifs*) werden im REPA als relevante sprachliche Dimension sowohl auf der Ebene des Wissens als auch der Fertigkeiten thematisiert:

K-3.2 Kenntnisse über das eigene kommunikative Repertoire haben {Sprachen und Varietäten, Diskurstypen, Kommunikationsformen usw.};
S-2.7 Diskurstypen identifizieren können (*genres discursifs*);
S-3.9.1.1 Die in der eigenen Sprache verfügbaren Diskurstypen mit den Diskurstypen vergleichen können, die in einer anderen Sprache benutzt werden.

Ressourcen (*savoir-faire*) für die sprachenübergreifende Anwendung von Strategien im eigentlichen Sinne werden jedoch nur für die Rezeption formuliert:

S-5.6 Lesestrategien in der Erstsprache (L1) identifizieren und diese in der nachgelernten Sprache (L2) anwenden können.

Eine Weiterentwicklung von Deskriptoren für eine genauere Erfassung der Ressourcen für die Anregung des zwischensprachlichen Transfers von textgenrespezifischen, sprachenübergreifend wirksamen Textmustern und Schreibstrategien, insbesondere zwischen Schul- und Fremdsprachen, wäre wünschenswert. Dies erscheint auch kompatibel mit der von Candelier (2020) diskutierten Erweiterung des REPA um die Dimension des sprachsensiblen Fachunterrichts, gerade im Bereich der Textgenre-Thematik (vgl. ebd., 264).

3.2 Horizontal und vertikal kohärenter Kompetenzaufbau in Lehrplänen

Wie günstig sich eine solche Entwicklung auf die Gestaltung von Lehrplänen auswirken würde, lässt sich bei der Betrachtung des Aufbaus der Schreibkompetenz im aktuellen Deutschschweizer *Lehrplan 21* (vgl. D-EDK 2016) erahnen. Dieser wurde in den beiden Fremdsprachen sowohl mit Abstützung auf den GER als auch auf den REPA formuliert. Der Kompetenzaufbau im Bereich der Schreibstrategien in der Schulsprache und in den Fremdsprachen erfolgt gemäss einer unterschiedlichen Systematik. Mit Blick auf die Resultate der oben referierten Studie ist es aber bereits als Fortschritt zu werten, dass auf der Ebene der Schreibstrategien explizite Querverweise zwischen den Sprachen und Stufen (Zyklen) erscheinen (vgl. Zappatore et al. 2020, 119). Bezüge zwischen Textsorten/-genres und -strukturen in den unterschiedlichen Sprachen müssen von den Nutzerinnen und Nutzern mühsam zusammengesucht werden. Das Entwicklungsprojekt FrEuDe (Französisch nach Englisch und Deutsch, vgl. ebd.), welches in der Kontinuität des oben referierten Forschungsprojektes steht, sieht eine systematische Analyse des Schreibstrategienaufbaus im *Lehrplan 21* (vgl. D-EDK 2016) sowie der aktuellen Deutsch-, Englisch- und Französischlehrmittel der Primarstufe vor. Der sprachenübergreifende Strategieaufbau soll den Lehrpersonen in einer knappen Übersichtsdarstellung zur Verfügung gestellt werden, begleitet von textgenrebasierten didaktischen Sequenzen zu deren Umsetzung in der Praxis. Es ist zu hoffen, dass diese Arbeit auch Früchte für die nächste Generation von Lehrplänen tragen wird.

4. Zusammenfassung und Ausblick

Im Beitrag wurde gezeigt, wie Mehrsprachenerwerbsforschung im Bereich der schriftlichen Produktion für die Mehrsprachigkeitsdidaktik und mithin das Terrain der Schule nutzbar gemacht werden kann: Über die Modellbildung hinaus können Erkenntnisse und Textdaten unmittelbar in der Lehrpersonenbildung auf Primar- und Sekundarstufe für die Schulung von diagnostischer Kompetenz und Bewusstheit für sprachen- und stufenübergreifende Kontinuität von Lernprozessen eingesetzt werden. Wie notwendig für Lehrpersonen neue Entwicklungen mehrsprachiger und transferfördernder Lehr-/Lernformate sind, zeigte der Blick in die Literatur. Tertiärsprachendidaktische Formate sind für die Produktion noch rar, gewinnen aber zunehmend Konturen. Klar erscheint die Notwendigkeit empirischer Überprüfung von transferdidaktischen Interventionen mit Kontrollgruppen, auch wenn aktuelle Forschungsresultate vorsichtige Schlüsse hinsichtlich des Lerngewinns sprachenübergreifender Textualitäts- und Strategieförderung im Bereich des Schreibens zulassen (vgl. Reichert & Marx 2020, 47). Unsere Studie liefert auch Anregungen für die Ergänzung und/oder Weiterentwicklung von supranational wirksamen Referenzdokumenten wie dem GER und seinem Begleitband sowie dem REPA, die einen kohärenten Kompetenzaufbau der Lehrpläne mit Blick auf Strategien und Textgenres sowohl in Schul- als auch in Fremd- und Herkunftssprachen stützen könnten. Die Anregung eines selbstbewussten, ressourcenorientierten, Sprachgrenzen überschreitenden Umgangs mit dem Französischen als Fremdsprache bei Schülerinnen und Schülern der Primar- und Sekundarstufe tut not, insbesondere am heiklen Stufenübergang in Deutschschweizer Kantonen, in denen Französisch als zweite Fremdsprache nach Englisch unterrichtet wird. So könnte der Englischunterricht ab der Primarstufe als *Gateway vers le français* genutzt werden – und nicht als *Way out to English only*.

Literaturverzeichnis

AUGST, Gerhard & DISSELHOFF Katrin & HENRICH, Alexandra & POHL, Thorsten & VÖLZING, Paul-Ludwig. 2007. *Text – Sorten – Kompetenz. Eine echte Longitudinalstudie zur Entwicklung der Textkompetenz im Grundschulalter*. Frankfurt am Main: Lang.

BARRAS, Malgorzata & PEYER, Elisabeth & LÜTHI, Gabriela. 2019. „Mehrsprachigkeitsdidaktik im schulischen Fremdsprachenunterricht: Die Sicht der Lehrpersonen", in: *Zeitschrift für Interkulturellen Fremdsprachenunterricht* 24/2, 377–403.

BAUMERT, Jürgen & FLECKENSTEIN, Johanna & LEUCHT, Michael & KÖLLER, Olaf & MÖLLER, Jens. 2020. „The Long-Term Proficiency of Early, Middle, and Late Starters Learning English as a Foreign Language at School: A Narrative Review and Empirical Study", in: *Language Learning* 70/4, 1091–1135.

BEACCO, Jean-Claude & BYRAM, Michael & CAVALLI, Marisa & COSTE Danier & EGLI CUENAT, Mirjam & GOULLIER, François & PANTHIER, Johanna. 2016. *Guide pour le développement et la mise en œuvre de curriculums pour une éducation plurilingue et interculturelle*. 2. neu bearbeitete Auflage. Strasbourg: Conseil de l'Europe.

CANDELIER, Michel. 2020. „Überlegungen zur Erweiterung des Referenzrahmens für plurale Ansätze zu Sprachen und Kulturen um die Dimension des sprachsensiblen Fachunterrichts", in: Morkötter, Steffi & Schmidt, Katja & Schröder-Sura, Anna. edd. *Sprachenübergreifendes Lernen Lebensweltliche und schulische Mehrsprachigkeit*. Tübingen: Narr, 257–274.

CANDELIER, Michel & CAMILLERI-GRIMA, Antoinette & CASTELLOTTI, Véronique & DE PIETRO, Jean-François & LŐRINCZ, Ildikó & MEISSNER, Franz-Joseph & SCHRÖDER-SURA, Anna & NOGUEROL, Artur & MOLINIÉ, Muriel. 2012. *Ein Referenzrahmen für plurale Ansätze zu Sprachen und Kulturen. Un Cadre de référence pour les approches plurielles des langues et des cultures*. Straßburg/Graz: Europarat.

CENOZ, Jasone & GORTER Durk. 2011. „Focus on multilingualism: A study of trilingual writing", in: *The Modern Language Journal* 95/3, 356–369.

COSTE, Daniel & MOORE, Danièle & ZARATE, Geneviève. 2009. *Compétence plurilingue et pluriculturelle* (2e version révisée). Strasbourg: Conseil de l'Europe.

CUMMINS, Jim. 2017. „Teaching for transfer in multilingual school contexts", in: García Ofelia & Lin, Angel & May, Stephen. edd. *Bilingual and Multilingual Education. Encyclopedia of Language and Education*. 3. Ausg. Cham: Springer, 104–115.

D-EDK = DEUTSCHSCHWEIZER ERZIEHUNGSDIREKTOREN-KONFERENZ. 2016. *Lehrplan 21. Bereinigte Fassung vom 29.02.2016*. Luzern: D-EDK. https://www.lehrplan.ch, Zugriff: 24.03.2021.

DE ANGELIS, Gessica & JESSNER, Ulrike. 2012. „Writing across languages in a bilingual context: A dynamic systems theory approach", in: Manchón, Rosa. ed. *L2 Writing Development: Multiple Perspectives. Trends in Applied Linguistics Series*. Berlin: Mouton de Gruyter, 47–68.

DIETRICH-GRAPPIN, Sarah. 2017. „Compétence plurilingue durch Translanguaging im schulischen Französischunterricht. Ein Beitrag zur produktiven Mehrsprachigkeitsdidaktik", in: *Zeitschrift für Romanische Sprachen und ihre Didaktik* 11/1, 95–111.

EDK = ERZIEHUNGSDIREKTOREN-KONFERENZ. 2004. *Sprachenunterricht in der obligatorischen Schule: Strategie der EDK und Arbeitsplan für die gesamtschweizerische Koordination*. http://edudoc.ch/record/30008/files/Sprachen_d.pdf, Zugriff: 01.02.2021.

EDK = ERZIEHUNGSDIREKTOREN-KONFERENZ. 2017. *Empfehlungen zum Fremdsprachenunterricht (Landessprachen und Englisch) in der obligatorischen Schule*. Bern: EDK Generalsekretariat. https://edudoc.ch/record/128697/files/empfehlungen_sprachenunterricht_d.pdf, Zugriff: 01.02.2021.

EGLI CUENAT, Mirjam. 2016. „Schreiben in drei Sprachen: Sprachenübergreifender Erwerb von Textkompetenz im schulischen Kontext", in: Schmidlin, Regula & Schaller, Pacale. edd. *Auf dem Weg zum Text: Sprachliches Wissen und Schriftsprachaneignung. Savoir linguistique et acquisition de la littératie. Metalinguistic knowledge and literacy acquisition.* Neuchâtel: Bulletin suisse de linguistique appliquée 103, 57–78.

EGLI CUENAT, Mirjam. 2017. „Dreisprachige Textproduktion bei Sekundarschülerinnen und -schülern mit unterschiedlichen Lernbedingungen", in: *Zeitschrift für Interkulturellen Fremdsprachenunterricht* 22/1, 152–166. https://tujournals.ulb.tu-darmstadt.de/index.php/zif/article/view/843, Zugriff: 01.02.2021.

EGLI CUENAT, Mirjam. 2018. *Sprachliche Mischphänomene (overt crosslinguistic lexical influence) beim Schreiben in Englisch und Französisch bei deutschsprachigen Sekundarschüler.innen*. Vortrag am Studientag HEP BEJUNE, Biel, 03.12.2018.

EGLI CUENAT, Mirjam & BLEICHENBACHER, Lukas. 2020. „Schriftliche und mündliche Textproduktion im Französischen als 1. oder 2. Fremdsprache am Ende der Primarstufe", in: Manno, Giuseppe & Egli Cuenat, Mirjam & Le Pape Racine, Christine & Brühwiler, Christian. edd. *Schulischer Mehrsprachenerwerb am Übergang zwischen Primarstufe und Sekundarstufe I*. Münster/New York: Waxmann, 107–132.

EGLI CUENAT, Mirjam & BRÜHWILER, Christian. 2020. „Schriftliche und mündliche Textproduktion im Französischen als 1. oder 2. Fremdsprache am Ende der Primarstufe", in: Manno, Giuseppe & Egli Cuenat, Mirjam & Le Pape Racine, Christine & Brühwiler, Christian. edd. *Schulischer Mehrsprachenerwerb am Übergang zwischen Primarstufe und Sekundarstufe I*. Münster/New York: Waxmann, 73–106.

EUROPARAT. 2001. *Gemeinsamer europäischer Referenzrahmen für Sprachen: lernen lehren, beurteilen*. Berlin/München: Langenscheidt.

EUROPARAT. 2018. *Cadre européen commun pour les langues: Apprendre, enseigner, évaluer. Volume complémentaire avec de nouveaux descripteurs*. Strasbourg: Conseil de l'Europe.

FORBES, Karen. 2019. „Teaching for transfer between first and foreign language classroom contexts: Developing a framework for a strategy-based, cross-curricular approach to writing pedagogy", in: *Writing & Pedagogy* 11/1, 101–126.

HALLET, Wolfgang. 2016. *Genres im fremdsprachlichen und bilingualen Unterricht. Formen und Muster der sprachlichen Interaktion*. Seelze: Klett/Kallmeyer.

HAMMARBERG, Björn. 2009. „Activation de L1 et L2 lors de la production orale en L3. Etude comparative de deux cas", in: *Aquisition et Interaction en Langue Etrangère AILE* 24, 45–74.

HAMMARBERG, Björn. 2018. „L3, the tertiary language", in: Bonnet, Andreas & Siegmund, Peter. edd. *Foreign Language Education in Multilingual Classrooms*. Amsterdam: John Benjamins Publishing Company, 127–150.

HELMKE, Andreas. 2017. *Unterrichtsqualität und Lehrerprofessionalität. Diagnose, Evaluation und Verbesserung des Unterrichts*. Seelze-Velber: Klett Kallmeyer.

HUFEISEN, Britta. 2010. „Theoretische Fundierung multiplen Sprachenlernens – Faktorenmodell 2.0", in: *Jahrbuch Deutsch als Fremdsprache* 36, 200–207.

JAKISCH, Jenny. 2019. „Verfahren der Mehrsprachigkeitsförderung im Englischunterricht", in: Fäcke, Christiane & Meißner, Franz-Joseph. edd. *Handbuch Mehrsprachigkeits- und Mehrkulturalitätsdidaktik*. Tübingen: Narr, 459–464.
JESSNER, Ulrike. 2013. „Third language learning", in: Byram, Michael & Hu, Adelheid. edd. *Routledge Encyclopedia of Language Teaching and Learning*. Oxon: Routledge, 724–728.
KLEE, Peter & EGLI CUENAT, Mirjam. 2011. *Brücken zwischen Young World und envol, Unterwegs zur Mehrsprachigkeit*. Zürich: Lehrmittelverlag St. Gallen.
KOLB, Elisabeth. 2016. „Schulische Übergänge", in: Bausch, Karl-Richard & Burwitz-Melzer, Eva & Krumm, Hans-Jürgen & Mehlhorn, Grit & Riemer, Claudia. edd. *Handbuch Fremdsprachenunterricht*. Tübingen/Basel: Franke, 192–194.
LEHMANN, Adrian. 2014. *Mehrsprachigkeit im Unterricht*. Unveröffentlichte Masterarbeit. St. Gallen: Pädagogische Hochschule St. Gallen.
LÜDI, Georges & PY, Bernard. 2009. „To be or not to be ... a plurilingual speaker", in: *International Journal of Multilingualism* 6/2, 154–167.
MANNO, Giuseppe & EGLI CUENAT, Mirjam. 2018. „Sprachen- und fächerübergreifende curriculare Ansätze im Fremdsprachenunterricht in der Schweiz. Curricula in zwei Bildungsregionen und Resultate aktueller empirischer Studien in der Deutschschweiz", in: *Zeitschrift für Fremdsprachenforschung* 29/2, 217–243.
MANNO, Giuseppe & EGLI CUENAT, Mirjam & LE PAPE RACINE, Christine & BRÜHWILER, Christian. edd. 2020. *Schulischer Mehrsprachenerwerb am Übergang zwischen Primarstufe und Sekundarstufe I*. Münster/New York: Waxmann.
MARX, Nicole. 2016. „Lernen von zweiten und weiteren Fremdsprachen im Sekundarschulalter", in: Burwitz-Melzer, Eva & Mehlhorn, Grit & Riemer, Claudia & Bausch, Karl-Richard & Krumm, Hans-Jürgen. edd. *Handbuch Fremdsprachenunterricht*. Tübingen: Franke, 295–300.
MARX, Nicole. 2020. „Zur Erforschung der Mehrschriftlichkeit", in: Egli Cuenat, Mirjam & Manno, Giuseppe & Desgrippes, Magalie. edd. *Mehrschriftlichkeit und Mehrsprachenerwerb im schulischen und ausserschulischen Umfeld*. Neuchâtel: Bulletin Suisse de linguistique appliquée, No spécial, 15–33.
MARX, Nicole & STEINHOFF, Thorsten. 2020. *Textrevisionen in der multilingualen Orientierungsstufe*. Projektbericht. https://doi.org/10.13140/RG.2.2.36046.69444, Zugriff 24.03.2021.
MERKT, Gérard. 1985. „Pédagogie intégrée des langues maternelle et seconde, la conscience des problèmes chez les enseignants et chez les enseignés", in: *TRANEL* 8, 17–25.
MUÑOZ, Carmen. 2017. „The development of language awareness at the transition from primary to secondary school", in: Garcia Mayo, Maria. edd. *Learning Foreign Languages in Primary School: Research Insights*. Bristol: Multilingual Matters, 49–68.
NEVELING, Christiane. 2020. „Überlegungen zur Analyse und Konstruktion von sprachenübergreifenden Aktivitäten: It's getting logical", in: Morkötter, Steffi & Schmidt, Katja & Schröder-Sura, Anna. edd. *Sprachenübergreifendes Lernen Lebensweltliche und schulische Mehrsprachigkeit*. Tübingen: Narr Francke Attempto, 209–253.
PORTMANN-TSELIKAS, Paul & SCHMÖLZER-EIBINGER, Sabine. 2008. „Textkompetenz. Deutsch als Fremdsprache", in: *Zeitschrift für die Praxis des Deutschunterrichts* 39, 5–16.
REICHERT, Marie-Christin & MARX, Nicole. 2020. „Mehrsprachige Schreibende – mehrsprachiges Schreiben?", in: *Fremdsprachen Lehren und Lernen* 49/1, 36–50.

REIMANN, Daniel. 2016. „Aufgeklärte Mehrsprachigkeit – Sieben Forschungs- und Handlungsfelder zur (Re-)Modellierung der Mehrsprachigkeitsdidaktik", in: Rückl, Michaela. ed. *Sprachen und Kulturen: vermitteln und vernetzen. Beiträge zu Mehrsprachigkeit und Inter-/Transkulturalität im Unterricht, in Lehrwerken und in der Lehrer/innenbildung.* Münster/New York: Waxmann, 15–33.

RÜCKL, Michaela. 2018. „Die Rolle von Lehrwerken für die Umsetzung eines Gesamtsprachencurriculums. Konzeption und Implementierung der Lehrwerkreihe Romanische Sprachen interlingual lernen im Kontext der neuen Lehrplanvorgaben für die österreichische Sekundarstufe II", in: *Zeitschrift für Fremdsprachenforschung* 29/2, 169–191.

RÜCKL, Michaela & HOLZINGER, Flavie & PRUNIAUX, Flavie & GUICHENEY, Gaëlle & BRANDNER, Irene & SEELEITNER, Isolde & DE LARA FERNÁNDEZ, Carlos & RIGAMONTI, Enrica & MORIGGI, Rachele & CASTILLO DE KASTENHUBER, Claudia. 2013. *Découvrons le français. Französisch interlingual.* Wien: Verlag hpt.

SCHNEUWLY, Bernard & ROSAT, Marie-Claude. 1995. „Ma chambre ou: comment linéariser l'espace. Etude ontogénétique de textes descriptifs écrits", in: *Bulletin VALS-ASLA* 61, 83–100.

SCHNEUWLY, Bernard. 2015. „*Schreibstrategien oder Textgenres: eine Gretchenfrage*", in: *Leseforum.ch* 2. http://www.leseforum.ch/myUploadData/files/2015_2_Schneuwly.pdf, Zugriff 24.03.2021.

SCHRÖDER, Konrad. 2009. „Englisch als Gateway to Languages", in: Fäcke, Christiane. ed. *Sprachbegegnung und Sprachkontakt in europäischer Dimension.* Frankfurt am Main: Lang, 69–85.

SCHRÖDER-SURA, Anna. 2020. „Der Referenzrahmen für plurale Ansätze zu Sprachen und Kulturen im Fremdsprachenunterricht – Anmerkungen zur Publikation der deutschsprachigen Fassung des REPA", in: García García, Marta & Prinz, Manfred & Reimann, Daniel. edd. *Mehrsprachigkeit im Unterricht der romanischen Sprachen Neue Konzepte und Studien zu Schulsprachen und Herkunftssprachen in der Migrationsgesellschaft.* Tübingen: Narr, 57–76.

WENK, Anne Kathrin & MARX, Nicole & RÜSSMANN, Lars & STEINHOFF, Thorsten. 2016. „Förderung bilingualer Schreibfertigkeiten am Beispiel Deutsch – Türkisch", in: *Zeitschrift für Fremdsprachenforschung* 27/2, 151–179.

ZAPPATORE, Daniela & KÖNIG, Steffi & OLIVEIRA, Marta & EGLI CUENAT, Mirjam & BADER, Ursula. 2020. „Transversalität im Lehrplan 21: Sprachenübergreifende Schreibstrategieförderung auf der Primarstufe zwischen Theorie und Praxis", in: Elmiger, Daniel & Extermann, Blaise & Schmid, Gabriele & Siegenthaler, Aline. edd. *Ziele im Fremdsprachenunterricht: Vorgaben, Entwicklungen und Erwartungen.* Neuchâtel: Bulletin suisse de linguistique appliquée 112, 105–123.

LEHRKRÄFTEBILDUNG

Les approches plurielles en formation initiale des enseignants de FLE en France : quelle(s) perception(s) ?
Marine Totozani (Saint-Etienne)

1. Introduction

Bien que « *constitutive* de l'humanité […] à travers l'hétérogénéité des personnes et des expériences et les formes d'altérité qui les traversent » (Castellotti 2015, 7 ; en italique dans l'original), la diversité culturelle et linguistique semble avoir gagné en « visibilité »[1] dans le monde d'aujourd'hui. Nombreuses sont les recherches qui, dans ce contexte de profondes mutations sociétales, soulignent l'importance de (ré)intérroger les missions et le travail de l'école tant pour ce qui est de la prise en compte de cette diversité, que des réponses à envisager dans ce sens.

Ainsi, depuis les travaux précurseurs du Conseil de l'Europe, l'« éducation plurilingue et interculturelle » est considérée à la fois comme un « droit » (Coste et al. 2009, 1ère de couverture) et un « projet » à construire (Cavalli et al. 2009, 1ère de couverture) nécessitant la collaboration de l'ensemble des acteurs du monde éducatif. En s'inscrivant dans cette perspective, la présente contribution se propose d'interroger la formation des enseignants de langue en France afin de veiller au

> développement de compétences professionnelles en accord avec cette dimension, qu'il s'agisse de savoirs (sur les langues, les cultures, leurs relations…), de savoir-être (valorisation de la diversité, prise de conscience des enjeux d'une éducation plurilingue…) ou de savoir-faire professionnels (mise en œuvre concrète d'activités portant sur la diversité linguistique et culturelle) (Kervran 2005, 58).

Cela présuppose une (ré)actualisation en permanence des programmes de formation et implique des réajustements aux niveaux tant des finalités et des curricula, que des modalités et activités concrètes de formation (cf. Coste 2013, 220–239).

En orientant notre attention vers l'intégration des approches plurielles des langues et des cultures en formation initiale des enseignants, nous avons voulu connaitre la perception de la part de ces derniers de leurs enjeux, méthodes, et

---
1 La « visibilité » (Castellotti 2015, n. p.) représente pourtant ce qui caractérise par excellence la « diversité » dans les discours médiatiques et institutionnels. Or, à l'école, la tendance est au gommage de ce qui est divers, comme le soulignent Delory Momberger et Mabilon Bonfils (2015, n. p.), sa mission étant « la construction de langages et d'appartenances communes ».

mise(s) en pratique, ainsi que de leurs articulations avec les approches d'une seule langue. L'objectif de notre démarche est d'envisager avec davantage de clairvoyance les mises à jour à effectuer en ce sens. Pour cela, nous avons mené une enquête auprès des étudiants de FLE à l'Université Jean Monnet (UJM) de Saint-Etienne dont nous présenterons les résultats après avoir préalablement présenté les cadres théorique et méthodologique dans lesquels elle s'inscrit.

2. Approches plurielles, didactique du FLE et didactique du plurilinguisme

L'intérêt des chercheurs en sciences du langage pour la diversité linguistique ne date pas d'hier. Ainsi, dès 1968, en mettant en garde contre cette « tendance [...] parmi les linguistes eux-mêmes, à considérer l'unilinguisme comme la règle et le plurilinguisme comme quelque chose d'exceptionnel », Weinreich (1968, 648) soulignait :

> des millions d'individus, et peut-être bien la majorité des hommes sur terre, acquièrent le contrôle de plus d'un système linguistique pendant leur vie et emploient, d'une manière plus ou moins indépendante, chaque système selon les nécessités du moment.

En adoptant un regard prospectif, on peut par ailleurs observer que l'influence de divers facteurs comme les migrations, le réchauffement climatique, l'épuisement des ressources en eau, etc., qui contribuent à reformater l'espace à différents niveaux, local, national et international, est en train de modifier la pratique des langues (cf. Zarate & Dumont 2008, 205) et de donner à voir une pluralité de variétés linguistiques et leur hétérogénéité qui représentent la substance de la diversité linguistique et culturelle.

Cette prise de conscience se reflète dans l'évolution des approches didactiques développées en réponse aux besoins générés par les transformations sociétales. Sans entrer dans le détail de cette évolution, nous en esquisserons ici les lignes générales à l'aune de la problématique de cette contribution.

Sous l'emprise de la linguistique, pendant longtemps, la « Didactique du FLE », en tant que didactique d'une langue en particulier, s'est peu interrogée sur la notion de langue et sur la variante à enseigner (cf. Clerc 2011, 27). En partageant « l'essentiel de son objet d'étude avec toutes les autres langues » (Galisson

1990, 10), elle évolue avec Galisson vers l'appellation fédératrice « Didactologie / didactique des langues et des cultures » (ibid.) qui témoigne de sa volonté de se défaire de l'influence de la linguistique appliquée pour s'affirmer en tant que discipline indépendante capable de produire ses propres théories, de son ouverture à l'interdisciplinarité et en même temps de sa vocation interventionniste.

Quant à la didactique du plurilinguisme, elle

> s'est construite à partir, d'une part, de réflexions sur l'acquisition, en tant qu'exigence générale d'articulation entre la compétence en construction et les éléments de cette compétence „déjà là" chez l'apprenant [...], d'autre part des choix de politique linguistique éducative liés à la construction européenne et à la situation des langues dans cet espace (Candelier & Castellotti 2013, 183).

Mais ce serait faux de croire que dans cette évolution, la didactique du plurilinguisme constitue « un simple dérivé » (Gajo 2006, 63) de la didactique des langues et des cultures, même si elles représentent toutes les deux une réflexion sur l'enseignement-apprentissage, l'objet de la première étant le plurilinguisme comme compétence du locuteur connaissant un certain nombre de langues (cf. Conseil de l'Europe 2000, 11) et le contact des langues (cf. Gajo 2006, 63). Par ailleurs, Gajo (ibid.) distingue d'une part une

> didactique du plurilinguisme au sens fort recouvrant plutôt des méthodologies relevant d'approches comparatives (didactique des langues voisines, didactique intégrée, certains aspects de l'éveil aux langues) et de l'enseignement bi-plurilingue,

d'autre part une pédagogie interculturelle qui s'intéresse plus étroitement aux représentations sociales.

Alors que les approches plurielles, qui constituent l'objet de notre attention ici, réunissent sous cette appellation l'interculturel, la didactique intégrée des langues, l'éveil aux langues et l'intercompréhension entre langues parentes. Elles partagent la même caractéristique, celle de ne pas aborder les langues et les cultures de façon isolée et cloisonnée mais de mettre en œuvre « des activités d'enseignement-apprentissage impliquant à la fois plusieurs (= plus d'une) variétés linguistiques et culturelles » (Candelier & De Pietro 2011, 264–265). À travers l'exploitation des acquis linguistiques antérieurs des élèves, elles favorisent le développement d'une compétence plurilingue et pluriculturelle conçue comme la

> compétence à communiquer langagièrement et à interagir culturellement d'un acteur social qui possède, à des degrés divers, la maîtrise de plusieurs langues et l'expérience de

plusieurs cultures. On considérera qu'il n'y a pas là superposition ou juxtaposition de compétences distinctes, mais bien existence d'une compétence complexe, voire composite, dans laquelle l'utilisateur peut puiser (Conseil de l'Europe 2000, 129).

S'intéresser à la perception des approches plurielles que nous postulons peu ou pas connues au préalable jusqu'à leur introduction en formation initiale des enseignants implique une prise en compte des connaissances et expériences antérieures de ces derniers aussi. De ce fait, leur perception apparait « moins comme une simple résultante de sensations objectives que comme une interprétation, voire une sélection, un filtrage ou une reconstruction de ces sensations » (Galisson & Coste 1976, 406). On peut alors à juste titre s'interroger sur la perception de la légitimité et de la place qu'occupent ou que peuvent occuper ces approches à côté de celles dites « singulières » d'une langue dans le cadre de la formation des enseignants de FLE ou plus largement de langue. Comme le précise Candelier (2008, 68), dans ces dernières « le seul objet d'attention est une langue ou une culture particulière, prise isolément », le FLE en l'occurrence. Cela permet de supposer des différences sur plusieurs plans entre ces deux types d'approches : finalités, contenus, activités, etc. D'où le questionnement à l'origine de cette contribution : comment, les futurs enseignants de FLE se positionnent-t-ils par rapport à ces approches ? Quels sont leurs ressentis ? Formés pour enseigner une langue vivante, établissent-ils des articulations entre les objectifs et démarches qu'elles impliquent et, si oui, en quoi consistent-elles ? Existe-t-il des tensions, des rejets ? À quel(s) niveau(x) ? Et en fin de compte, comment, dans quelles pratiques et dans quels gestes se traduisent-elles en classe de langue ?

3. Choix méthodologiques

À ce jour, différentes formations d'enseignants en didactique du FLE en France proposent une ouverture à la diversité linguistique et culturelle et aux approches plurielles. Nous nous pencherons ici sur celle de Saint-Etienne qui, depuis 2012, a doté ses programmes de formation initiale des enseignants de FLE d'une dimension plurilingue et interculturelle à travers l'intégration d'éléments qui relèvent de la sociolinguistique et de la didactique du plurilinguisme. Il s'agit notamment d'apports théoriques concernant le contact des langues, les normes et variations, les politiques linguistiques, la rencontre interculturelle, l'éveil aux langues et, depuis 2016, les quatre approches plurielles, et d'outils comme les biographies langagières[2], le journal d'apprentissage, le journal d'observation, l'analyse et la conception de séquences d'éveil aux langues, l'analyse de textes de cadrage officiels, etc. Cette ouverture se réalise au sein de modules (M) entiers comme : « La classe comme rencontre culturelle » (Faculté Arts Lettres Langues 2020, M1 & M2), « L'éveil aux langues » (ibid., M2), « Le contact des langues et des cultures en didactique des langues et des cultures » (ibid., M1 & M2), « Les difficultés en langue de scolarisation : identification, attitude réflexive et voies de travail » (ibid., M2), « Sociolinguistique » (ibid., M1), etc., et de façon ponctuelle et évolutive au sein d'autres modules aussi dès la première année du master.[3] Depuis 2016, un nouveau module (en remplacement de celui consacré exclusivement à l'éveil aux langues) propose une ouverture plus large et plus approfondie aux autres approches plurielles aussi, à savoir, l'intercompréhension entre langues parentes et la didactique intégrée des langues, l'interculturel faisant l'objet d'un module à part.

Deux enquêtes ont été effectuées dans le cadre de la problématique de cette contribution : la première entre 2012 et 2014, suite à l'introduction de l'éveil aux langues dans les programmes de formation, la seconde en 2021, s'adressant à des étudiants bénéficiant d'une ouverture aux quatre approches plurielles. La méthode de recherche utilisée dans les deux cas est la même, l'enquête par questionnaire, ce qui permet de comparer les résultats. Nous rendrons compte ici principalement des résultats obtenus à travers la première enquête, la seconde étant toujours en cours[4], même si les premières analyses effectuées dans le cadre de cette dernière semblent corroborer les résultats obtenus lors de la 1ère enquête.

---

2 Les biographies langagières ont constitué de 2009 à 2012 l'un des pricipaux axes de recherche de l'équipe stéphanoise (cf. Totozani et al. 2013 ; Tomc et al. 2012).
3 Le Livret Master FLE (cf. Faculté Arts Lettres Langues 2020) fournit un éclairage sur cette formation mais uniquement concernant l'année en cours 2020–2021. Il ne permet donc pas de constater l'évolution en deux temps (en 2012, puis en 2016) de l'ouverture aux approches plurielles visée par notre enquête.
4 À cause d'un retard affiché en raison de la crise sanitaire.

Le questionnaire[5] soumis aux étudiants inscrits en Master[6] FLE à l'UJM de Saint-Etienne ayant bénéficié d'une initiation principalement à l'éveil aux langues et à l'interculturel est constitué de douze questions ouvertes organisées autour de quatre volets et dont les objectifs consistent respectivement à :

- pour le 1er groupe, connaitre les langues, la/les formation/s antérieure/s, les motivations et les attentes des étudiants à l'égard des études en cours ;
- pour le 2ème, qui vise directement leurs perceptions des approches plurielles, favoriser l'expression de leurs ressentis, besoins, intentions et la formulation d'un avis critique par rapport aux cours suivis et aux sujets travaillés, ainsi que la justification de cet avis ;
- pour le 3ème, les amener à réfléchir sur les langues d'origine des élèves et leur place en classe de langue à partir d'observations effectuées sur leurs lieux de stage, de même que sur une mise en œuvre éventuelle des approches plurielles ;
- pour le 4ème, les convier à des prises de positions par rapport à des questions polémiques en lien avec la diversité linguistique et culturelle.

Parmi les 17 questionnaires retournés, codés Q1 à Q17, 15 ont été retenus[7] et analysés dans le cadre d'une démarche qualitative et compréhensive. La méthode d'analyse adoptée est celle du contenu, essentiellement thématique, consistant à dégager dans un premier temps les thèmes et sous-thèmes les plus fréquemment rencontrés et à analyser de plus près dans un second temps les jugements formulés par les étudiants. L'intérêt de récolter les discours écrits des étudiants tient au fait que « le discours ne contribue pas seulement à la construction de cette réalité sociale, mais il agit sur la perception de cette réalité en l'influençant, de sorte qu'il devient lui-même un élément constitutif de la réalité » (Bothorel-Witz 2005, 14).

---

5 Élaboré avec la collaboration de Marielle Rispail que nous remercions.
6 Même si l'ouverture aux approches plurielles profite à des degrés divers aux deux années du Master, ce sont les réponses des étudiants en Master 2 qui proposent des réflexions plus développées dans ce sens.
7 Deux des questionnaires retrounés, le Q5 et le Q14, incomplets, n'ont pas été pris en considération. Les références plus nombreuses à certains questionnaires dans ce texte ne sont pas en lien avec le contenu, ni la qualité des réponses données par ceux qui sont moins cités.

4. Les approches plurielles en formation initiale : entre certitudes et incertitudes

Examinons à présent les mises en mots des approches plurielles de la part des enquêtés après avoir préalablement exposé leurs perceptions de la diversité linguistique et culturelle qui se dégagent au travers des réponses obtenues.

4.1. La diversité linguistique et culturelle en discours

4.1.1 Entre ouvertures ...

Ils viennent de formations antérieures et de pays différents mais partagent cette conscience du plurilinguisme en tant que « conscience linguistique qui accompagne et étaye leurs pratiques langagières » (Candelier 2008, 4e de couverture). Celle-ci se manifeste de différentes façons : elle prend la forme d'une contradiction perçue entre une norme ressentie comme toute puissante et la variation linguistique, comme le traduit non sans ironie l'exemple suivant : « Ah bon ? On accepte la variation en français ? Je ne le savais pas » (Q10). D'autres dénoncent « l'idée erronée d'une seule façon de parler français, le français standard » (Q9).

En classe, la rencontre des plurilinguismes de l'enseignant et des élèves est considérée comme une potentielle ressource et un avantage dans l'enseignement et l'apprentissage de la langue cible :

> Mon sujet de mémoire porte sur le plurilinguisme des enseignants et en quoi il est utile aux apprenants de FLE. J'ai choisi ce thème car je parle moi même 6 langues et j'ai donné des cours à un public très hétérogène et j'ai compris à ce moment là que mes connaissances étaient un avantage pour les élèves auxquels je pouvais expliquer des choses en me référant (de façon spontanée) à au moins une des langues de leur répertoire (Q3).

Cette prise de conscience ne s'arrête pas à un recours spontané en cas de besoin. L'utilisation d'un mode impersonnel comme l'infinitif confère au témoignage qui suit l'aspect d'un principe de ce que Calvet (2005, 3) appelle « une sorte d'éthique de la profession du linguiste » : « Valoriser et mettre en avant les langues minoritaires (celles que possèdent déjà les apprenants mais qu'ils ne veulent pas utiliser par honte ou parce qu'ils ne les considèrent pas comme des langues utiles ou des langues tout court) » (Q15). On ne peut manquer de relever dans ce même exemple une conception du plurilinguisme qui ne se limite pas aux langues étrangères et surtout qui contient les semis d'une interrogation concernant l'objet « langue » et sa valeur sociale. En parallèle, une autre idée fait son chemin dans les contributions, celle d'un plurilinguisme évolutif à travers le développement de « stratégies qui facilitent l'apprentissage d'autres langues étrangères ou pas (grâce à ce type d'approches on se rend plus conscient des langues qu'on possède déjà) » (Q15). Dans ce processus complexe, les approches plurielles, comme nous le verrons plus loin (cf. 4.2), se voient attribuer un rôle particulièrement important.

La conscientisation des liens entre langue(s) et culture(s) est omniprésente dans les réponses obtenues : « on sait que celui qui dit langue dit aussi culture, habitudes, traditions, etc. » résume de façon impersonnelle et laconique (Q15). Une conception anthropologique de la culture, largement dominante parmi les enquêtés, se dégage en même temps de cet exemple. L'autre est ainsi présent dans tous les discours qui regorgent de mots et expressions reflétant le désir de positiver sa rencontre (cf. Clerc & Rispail 2008, 286) et qui n'ont de cesse de revenir tel un refrain dans les contributions : « apprendre à connaitre d'autres cultures, d'autres langues, aura pour corollaire un regard introspectif sur ce que l'on est » (Q17), « développer un futur citoyen ouvert d'esprit » (Q12), « dépasser la catégorisation et la stéréotypie » (Q13), etc..

4.1.2 ... et paradoxes

Mais les propos des futurs enseignants de FLE dévoilent aussi des contradictions notamment entre les pratiques de classes et les principes d'une éducation plurilingue et interculturelle conçue comme « intégrative » (Cavalli et al. 2009, 8) car ouverte à la pluralité linguistique et culturelle et en même temps « transversale » (Castellotti et al. 2008, 20) du fait de la place et du rôle des langues dans les curricula scolaires. Ainsi, si d'un côté on plebiscite la rencontre de l'autre (cf. 4.1.1), d'un autre côté celle-ci reste encore loin de la conception selon laquelle au-delà du simple contact, se sont « des interférences, un métissage des systèmes culturels en interaction » (Blanchet 2000, 113) qu'elle présuppose. Dans le même ordre d'idées, interrogés sur leurs attitudes vis-à-vis des langues maternelles ou d'autres langues durant leurs stages ou d'autres expériences d'enseignement éventuelles, les étudiants donnent parfois des réponses pour le moins inattendues. Ainsi, une large majorité déclare recourir à la langue maternelle en classe en dernier recours et seulement après avoir épuisé d'autres moyens qui entrent souvent en concurrence avec celle-ci comme les gestes et les images. C'est ce que rapportent certains étudiants qui vont jusqu'à voir en l'utilisation d'autres langues que le français en classe un signe de défaillance :

> J'ai toujours privilégié une explication en français, avec d'autres mots. Utilisation de dessins, soigner la prononciation pour que ce soit plus facile, utilisation de mimes... En dernier recours, traduire dans d'autres langues, mais cela me semble un demi-échec (Q6).

Les mots sont forts et trahissent une attitude contradictoire parfois même chez les plus fervents parmi ceux qui affichent leur adhésion aux approches plurielles. Tel est le cas de Q1 : « Je me faisais un point d'honneur à ne pas les laisser parler leur langue en classe à part pour expliquer un point abstrait à un camarade qui n'aurait pas compris ou écouté mon explication ». De la même façon, les « rappels à l'ordre » de type « On parle en français s'il vous plaît ! » (Q4) semblent attirer les faveurs d'une partie non négligeable d'étudiants.

Des contradictions se révèlent dans leur attitude à l'égard de la norme aussi. Ainsi, alors qu'elle est une caractéristique inhérente à l'humanité, l'hétérogénéité de la classe de langue est perçue comme dérangeante et source de difficultés : « il est parfois difficile de faire face à cette hétérogénéité » (Q4). Ou encore, tout en plaidant pour une « relativisation et un remodelage des normes et prescriptions scolaires » (Py 2005, 118), les étudiants rejettent l'idée d'une université en anglais en raison entre autres de l'impossibilité de trouver des enseignants « capables de donner des cours en anglais avec un vrai bon accent, une vraie bonne grammaire » (Q4). De la même façon, ils déplorent parfois le fait de se sentir démunis face au poids de la norme orthographique : « Je trouve l'orthographe extrêmement importante et personnellement j'ai honte de commettre des fautes dans ma langue maternelle mais aussi en tant qu'une étrangère en français » (Q3). Exprimés sans ménagement, les jugements émis par les étudiants : « un vrai bon accent, une vraie bonne grammaire », « j'ai honte », « commettre des fautes » renseignent ainsi sur un décalage existant entre d'une part l'appropriation de connaissances relevant de la sociolinguistique et du contact des langues (cf. ci-dessus) et d'autre part une rigidité attitudinale vis-à-vis des différentes normes linguistiques.

4.2 Les approches plurielles en formation initiale : de leur réception aux pratiques de classe

4.2.1. Les approches plurielles, une nécessité dans un monde en constante évolution

Les approches plurielles semblent avoir pris place tout naturellement dans le programme de formation des futurs enseignants de FLE. L'ensemble de la formation est perçu comme un tout cohérent dont les éléments qui le composent s'articulent entre eux dans une dynamique caractérisée par « une grande ouverture vers l'extérieur » (Q6), et qui amène à « privilégier des pratiques d'enseignement vivantes, accorder de l'attention à l'apprenant, faire du cours de français un projet co-construit en classe de langue [...] » (ibid.). Cette perception va de pair avec une prise de conscience de l'ouverture à la diversité -même si celle-ci n'est pas nommée directement-, que permettent ces approches.

Au sein de cet ensemble, l'interculturel et l'éveil aux langues sont perçus comme innovants et en tant que tels semblent bénéficier des avantages que ce statut leur procure : « J'apprécie grandement d'apprendre de nouvelles choses » (Q11). Mais elles sont surtout presque unanimement plébiscitées pour leur utilité comme il apparait à travers les exemples qui suivront. Deux types d'arguments sont avancés pour étayer cette idée. Le premier fait appel à une conception humaniste de la formation des enseignants selon laquelle le rôle des enseignants dans la société ne peut être limité à l'enseignement. Le « donc » dans l'extrait suivant qui arrive en conclusion d'une argumentation ne laisse pas de doute sur le ressenti d'une nécessité de les intégrer en formation initiale des enseignants de FLE :

> La formation des enseignants FLE s'inscrit en ligne directe dans cette conception humaniste, d'une prise en compte de l'apprenant comme individu, pour une ‹ transformation › sociale. Exposer ces différentes approches apparaît donc tout à fait justifié. [...] pour un étudiant de FLE, il est indispensable qu'il ait effectué ce processus à un moment ou un autre avant d'être en position d'enseignant, face à des apprenants de différentes cultures (Q17).

Leur apport majeur est par ailleurs en rapport avec les valeurs qu'elles promeuvent. La tolérance, l'ouverture d'esprit, le développement de l'esprit critique, la remise en cause des évidences, etc., reviennent souvent dans les propos des enquêtés. Parfois, devant l'importance de ces enjeux, l'apprentissage même de la langue est considéré comme second : « Pourquoi se concentrer sur la langue alors que certains aspects sont également très importants pour développer un futur citoyen tolérant et ouvert d'esprit ? » (Q12).

Le second type d'argument est plus fréquemment mentionné et est de nature plus pragmatique : a-t-on le choix de faire autrement dans le monde d'aujourd'hui ? Les discours qui soutiennent ce point de vue foisonnent parfois des mots relevants de l'ordre de l'injonction. Dans le jeu argumentatif de Q15 :

> A mon avis la façon de vivre aujourd'hui (la globalisation, les voyages, l'ouverture des pays, etc.) nous oblige à développer ces compétences (l'intercompréhension, l'interculturel, etc.) chez nos apprenants. Pour moi il s'agit d'une compétence indispensable pour pouvoir interagir et nous rapprocher d'autrui. En tant qu'enseignants, nous avons « l'obligation » de préparer nos apprenants [...],

les répétitions notamment de l'idée de réciprocité, d'action mutuelle, exprimées à travers le préfixe « inter -» que l'on retrouve dans les termes « intercompréhension », « interculturel », « interagir », d'une part, et de l'idée de contrainte, soulignée par le verbe « ligare » et le préfixe « ob- » signifiant respectivement « lier » et « en face de » contenus dans « oblige » et « obligation » d'autre part, transforment la nécessité en devoir.

4.2.2. Approches plurielles et répertoire didactique de l'enseignant de FLE

Qu'apportent les approches plurielles à un futur enseignant de FLE ? Si le répertoire didactique représente « l'ensemble des savoirs, des savoir-faire et des savoir-être pédagogiques dont dispose l'enseignant pour transmettre la langue cible à un public donné et dans un contexte précis » (Causa 2012, 15), la part de ces approches en formation initiale est particulièrement appréciée d'abord en raison de leurs apports en termes de pistes et activités directement utilisables en classe et dans des situations parfois complexes. Dans l'exemple qui suit, elles sont considérées comme particulièrement efficaces dans les cas de l'enseignement de la langue aux migrants pour l'éveil aux langues et d'une classe dont l'hétérogénéité des origines des élèves est perçue comme problématique pour l'interculturel :

> [...] éveil aux langues - dans le cadre de FLSco[8] ou même avec des adultes n'ayant pas ou peu de connaissances en FLE, c'est toujours un peu désarmant et stressant de devoir

---

8 Acronyme signifiant « français langue de scolarisation ». Terme utilisé pour désigner la langue enseignée à des non francophones et considérée comme facteur d'insertion scolaire.

enseigner, [...] ; rencontre interculturelle – on a tous eu à faire à des classes où les apprenants viennent de pays différents (Q4).

En contribuant à la création de passages entre les langues et à la remise en cause de certains préjugés liés aux langues, elles sont considérées comme des leviers pour le développement du plurilinguisme comme il apparait au travers du témoignage de Q17 : « Cela permettra de travailler sur les porosités entre les langues, les influences, l'idée que ‹ le français n'est pas difficile, ou éloigné › ». La mise en relation des langues qui constitue le cœur de la didactique du plurilinguisme est ainsi perçue comme profitable à l'apprentissage du français, ce qui plaide en faveur du recours à ces approches en classe de FLE.

L'efficacité des approches plurielles dans le développement de la réflexivité chez le futur enseignant est souvent citée aussi : « Elles permettent de poser un regard à la fois concret et réflexif sur des situations d'enseignement que nous sommes par la suite amenés à rencontrer » (Q6). Se pose alors la question de leur place dans les programmes scolaires et plus concrètement en classe de langue.

4.2.3 Approches plurielles et curricula : quelle(s) intégration(s) possibles ?

Si, en termes de principes et de valeurs, les approches plurielles semblent plebiscitées par les futurs enseignants de FLE et jouissent de leur adhésion unanime, leur mise en pratique révèle souvent des incertitudes. Ils sont nombreux à le ressentir, malgré la bonne volonté de les utiliser dans leurs classes ou lieux de stage dont ils font preuve comme le souligne Q12 dont les propos révèlent l'existence d'une tension entre leur volet humain et leur volet « technique » : « Je répète, je n'ai pas encore trouvé le moyen d'inclure ça concrètement dans mes cours, mais je sais qu'humainement des choses ont changé ».

C'est la question de leur intégration dans les programmes scolaires[9] qui interroge d'abord les enquêtés. Deux points de vue opposés apparaissent au travers de leurs discours à ce sujet. Reconnaissant au FLE et aux approches plurielles deux objets d'enseignement différents : « Les approches plurielles ne sont pas des cours de langue [mais] devraient pouvoir constituer des ‹ cours › indépendants du cours

---

9 Soulignons qu'en France, hormis une mention explicite de l'éveil aux langues dans le programme de l'école maternelle (3–5 ans), et une ambition d'ouverture à la diversité linguistique et culturelle dans les autres cycles, les curricula scolaires ne prévoient pas d'espace pour les approches plurielles.

de langue » (Q17 ; passage souligné dans le questionnaire), certains soutiennent une séparation de leurs espaces d'intervention pédagogique. Cependant, la rencontre des deux approches au sein d'un cours de FLE ne paraît pas improbable, mais elle doit se faire « naturellement » (Q17), ce qui transforme ces approches à leurs yeux en « valeur ajoutée » (ibid.).

Pour d'autres, « [l]'approche plurielle, quelle qu'elle soit, peut être incluse à n'importe quel moment » (Q11). Le ton impératif facilement perceptible de l'exemple suivant ne laisse aucun doute : « elles doivent être inclues dans les cours non pas à part, comme s'il s'agissait d'un sujet à part, mais de façon intégrale aux cours de FLE » (Q15). Cependant, une question de dosage vient parfois modérer les propos des tenants de cette idée. Les raisons de cette restriction sont diverses. Certains craignent une dérive qui pourrait être préjudiciable au FLE : « Je trouve qu'il faut trouver le juste milieu pour ne pas perdre de vue nos objectifs d'enseignement. Pendant mon stage de 50 heures je me suis rendue compte que utiliser [sic !] plusieurs langues au même temps peut résulter chaotique » (Q15), et qui va dans le sens d'une perception mitigée de la diversité linguistique et culturelle dont il a été question en 4.1.2.

4.2.4. Les approches plurielles à l'épreuve de la classe

Les difficultés ressenties lors de la mise en œuvre en classe de ces approches ne sont pas sans lien avec la fragilité de la position qu'elles occupent dans les programmes. Les réponses obtenues évoquent différents obstacles dont l'importance varie en fonction des contextes d'enseignement.

Un premier groupe de difficultés concerne l'enseignant lui-même et l'environnement dans lequel il exerce :

- Les contraintes institutionnelles sont souvent citées surtout dans les cas où l'enseignant a la capacité et la bonne volonté de les utiliser : « honnêtement même si je comprends l'usage de ces approches, je ne sais pas à quel point l'enseignant de FLE aura la liberté vis à vis de son institution » (Q13). Indifférente dans le meilleur des cas, l'institution se transforme parfois en un véritable frein pour l'enseignant :

  > En Colombie, j'ai travaillé dans le cadre d'une institution qui ‹ interdit ›, dans quelque sorte l'utilisation de l'espagnol en cours de FLE tant pour les enseignants

que pour les apprenants. Donc, il fallait faire attention afin d'éviter des soucis avec la direction (Q9).

- Dans d'autres cas, c'est l'absence de formation des enseignants qui est évoquée, ce qui est à mettre en relation avec le fait qu'elles sont considérées comme innovantes et encore peu connues. Ainsi le sentiment « d'être le ‹ seul › à connaître ça une fois sur place » (Q12) fait parfois baisser les bras même aux plus motivés. Ce constat souligne l'importance de prolonger le travail engagé en ce sens au-delà de la formation initiale afin de permettre aux enseignants en poste de les connaitre et de les exploiter dans leur pratique quotidienne.
- Parfois, les traditions scolaires et des préjugés anciens et récents semblent peser très lourd, tel le risque de passer « pour un ‹ mauvais › prof qui veut se mettre à utiliser la LM[10] en classe, ou ne pas enseigner la langue aux petits mais des choses sur la langue » (Q12).
- La personnalité de l'enseignant est souvent convoquée parmi les facteurs qui influent sur l'exploitation des acquis de ces approches. Si l'on se réfère aux traits de personnalité permettant de garantir le succès de cette entreprise, on peut même dessiner le profil de l'enseignant entrepreneur. Ainsi un « prof qui n'a pas froid aux yeux » (Q12) et qui est « ouvert d'esprit » (Q9, Q16, Q12) sera davantage prédisposé à avoir recours à ces approches dans son cours qu'un enseignant qui n'a pas les mêmes caractéristiques.

Le second groupe de difficultés tient aux approches plurielles elles-mêmes. Les étudiants qui se tournent vers celles-ci pour les interroger sont moins nombreux, mais lorsque cela a lieu, on leur reproche :

- Une théorisation trop poussée au détriment de la conception des outils permettant son application en classe pour l'approche interculturelle, ce qui conduit parfois les étudiants à la percevoir de façon figurée et non sans regret plutôt « comme des points de la constitution européenne que comme une façon d'enseigner la langue au quotidien et je trouve cela très dommage » (Q1).
- Des difficultés ayant trait à l'évaluation souvent confondue avec notation ou plutôt la contradiction entre une culture d'évaluation scolaire classique et des

---

10 Acronyme signifiant « langue maternelle ».

résultats d'une autre nature qui échappent à ce cadre-là. Ainsi pour ce qui est de l'interculturalité, la seule évaluation possible « semble être une mise en pratique, une concrétisation » (Q1).

5. Éléments conclusifs et prolongements

Cette enquête représente un moment de réflexion autour de la place des approches plurielles en formation initiale des enseignants de langue. Sur le plan éthique, le questionnement au cœur de cette contribution reflète la préoccupation commune aux enseignants-chercheurs de toujours s'interroger sur « la dimension politique de ce que nous faisons, de ce que nous ne faisons pas ou de ce que nous faisons mal » (Calvet 2014, 25). En ce sens, elle a souligné l'importance et la nécessité, dans le cadre des sociétés plurielles et en transformation permanente, d'inclure l'étude de la diversité linguistique et culturelle et les approches didactiques permettant de l'explorer, de la mobiliser et de l'exploiter en formation des enseignants de langue, initiale comme continue. Parallèlement, elle a mis en évidence une fois de plus le besoin toujours présent de travailler en formation sur les représentations des enseignants qui guident leurs actions en classe afin de les « faire émerger, identifier, discuter et faire discuter » (Clerc & Rispail 2008, 290).

Pour ce qui est de la perception des approches plurielles, elles sont à la fois acclamées, plébiscitées, appréciées, valorisées, interrogées, utilisées, court-circuitées, critiquées, remises en question ... Un entre-deux toujours dynamique et traversé de tensions à différents niveaux : principes et objectifs interculturels vs pistes et instruments pour leur mise en œuvre ; nécessité de travailler sur la pluralité linguistique en classe vs impossibilité de le faire, etc., caractérise leur(s) perception(s). L'analyse de la réception de chacune des approches prises séparément, notamment dans le cadre de cette enquête de l'éveil aux langues et de l'interculturel, permet d'améliorer les réponses de la part de la formation en ce sens respectivement en matière de (co-)construction d'outils pour l'évaluation pour le premier et d'activités concrètes pour la classe pour le second. Enfin, l'enquête conduit à réfléchir sur l'espace accordé à ces approches dans les textes officiels.

Ces éléments conclusifs peuvent être affinés en prolongeant l'analyse des résultats avec, d'un côté des éléments d'ordre quantitatif qui donneraient à voir en langage chiffré le poids de chaque argument avancé par les enquêtés, et d'un autre côté en considérant les réponses obtenues à la lumière des histoires de vie de chaque étudiant. Mais ces premiers résultats suggèrent en même temps une analyse des représentations relatives aux deux autres approches plurielles, l'intercompréhension et en particulier la didactique intégrée des langues[11] impliquant les langues que les élèves apprennent et les compétences dont ils disposent dans d'autres langues (cf. Candelier 2016, 110) afin d'envisager des pistes d'intervention[12] en formation initiale des enseignants et lors de la mise en œuvre effective de ces approches en classe.

Bibliographie

BLANCHET, Philippe. 2000. *La linguistique de terrain*. Rennes : Presses universitaires de Rennes.
BOTHOREL-WITZ, Arlette. 2005. « Introduction aux journées d'études ‹ Minorations, minorisations, minorités : dynamiques sociolinguistiques et socioculturelles › », dans : *Cahiers de sociolinguistique* 10, 9–15.
CALVET, Louis-Jean. 2005. « Mondialisation, langues et politique linguistique », dans : *Synergies Chili* 1, 1–11. https://gerflint.fr/Base/Chili1/Calvet.pdf, consultation : 17.03.2021.
CALVET, Louis-Jean. 2014. « Le sociolinguiste et le pouvoir politique », dans : Colonna, Romain. éd. *Les locuteurs et les langues : pouvoirs, non-pouvoirs et contre-pouvoirs*. Limoges : Lambert-Lucas, 21–31.
CANDELIER, Michel. 2008. « Approches plurielles, didactiques du plurilinguisme : le même et l'autre », dans : *Les cahiers de l'Acedle* 5/1, 65–90. https://journals.openedition.org/rdlc/6289, consultation : 17.03.2021.
CANDELIER, Michel. 2016. « Activités métalinguistiques pour une didactique intégrée des langues », dans : *Le français aujourd'hui* 192, 107–116.
CANDELIER, Michel & CASTELLOTTI, Véronique. 2013. « Didactique(s) du (des) plurilinguisme(s) », dans : Simonin, Jacky & Wharton, Sylvie. édd. *Sociolinguistique du contact. Dictionnaires des termes et concepts*. Lyon : ENS Éditions, 179–223.
CANDELIER, Michel & DE PIETRO, Jean-François. 2011. « Les approches plurielles : cadre conceptuel et méthodologie d'élaboration du Cadre de référence pour les approches plurielles », dans : Blanchet, Philippe & Chardenet, Patrick. édd. *Guide pour la recherche en didactique des langues*. Paris : AUF/Editions des archives contemporaines, 261–275.
CASTELLOTTI, Véronique. 2015. « Diversité(s), histoire(s), compréhension... Vers des perspectives relationnelles et alterdidactiques pour l'appropriation des langues », dans : *Recherches*

---

11 Enquête en cours (2021, cf. partie 3).
12 Dans ce cadre, l'équipe stéphanoise est engagée depuis quelques années dans une réflexion autour des gestes professionnels et des postures de l'enseignant de langue. À titre illustratif, cf. Totozani 2019 ; Totozani et al. 2016.

en didactique des langues et des cultures 12/1, 1–25. https://journals.openedition.org/rdlc/420, consultation : 17.03.2021.

CASTELLOTTI, Véronique & COSTE, Daniel & DUVERGER, Jean. 2008. *Propositions pour une éducation au plurilinguisme en contexte scolaire.* Paris : ADEB et Université François Rabelais de Tours.

CAUSA, Mariella. 2012. « Introduction. Le répertoire didactique : une notion complexe », dans : Causa, Mariella. éd. *Formation initiale et profils d'enseignants de langues. Enjeux et questionnements.* Bruxelles : De Boeck, 15–73.

CAVALLI, Marisa & COSTE, Daniel & CRISAN, Alexandru & VAN DE VEN, Piet-Hein. édd. 2009. *L'éducation plurilingue et interculturelle comme projet.* Strasbourg : Conseil de l'Europe.

CLERC, Stéphanie. 2011. *Vers une didactique de la pluralité sociolinguistique. Cheminement de la didactique du français langue étrangère à la sociodidactique des langues.* Habilitation à Diriger des Recherches, Vol. 1. Université de Provence.

CLERC, Stéphanie & RISPAIL, Marielle. 2008. « Former aux langues et aux langues des autres, une gageure ? », dans : *Etudes de linguistique appliquée* 151, 277–292.

CONSEIL DE L'EUROPE. 2000. *Un Cadre Européen Commun de Référence pour les langues : apprendre, enseigner, évaluer.* Paris : Les éditions Didier.

COSTE, Daniel. éd. 2013. *Les langues au cœur de l'éducation.* Bruxelles : E.M.E. & Intercommunications.

COSTE, Daniel & CAVALLI, Marisa & CRISAN, Alexandru & VAN DE VEN, Piet-Hein. édd. 2009. *L'éducation plurilingue et interculturelle comme droit.* Strasbourg : Conseil de l'Europe.

DELORY MOMBERGER, Christine & MABILON BONFILS, Beatrice. 2015. « L'école et la figure de l'altérité : peut-on penser et enseigner la diversité dans notre école ? », dans : *Les cahiers du CERFEE 37.* https://journals.openedition.org/edso/1195, consultation : 17.03.2021.

FACULTE ARTS LETTRES LANGUES DE L'UNIVERSITE JEAN MONNET SAINT-ÉTIENNE. 2020. Livret Master FLE 2020–2021. https://fac-all.univ-st-etienne.fr/_attachments/livrets-pedagogiques-article/Livret%20Master%20FLE.pdf?download=true, consultation : 17.03.2021.

GAJO, Laurent. 2006. « D'une société à une éducation plurilingue : constat et défi pour l'enseignement et la formation des enseignants », dans : *Synergies Monde* 1, 62–66.

GALISSON, Robert. 1990. « Où va la didactique du français langue étrangère ? », dans : *Etudes de linguistique appliquée* 79, 9–34.

GALISSON, Robert & COSTE, Daniel. édd. 1976. *Dictionnaire de didactique des langues.* Paris : Hachette.

KERVRAN, Martine. 2005. « La dimension plurilingue et pluriculturelle dans la formation des enseignants de langues », dans : *Les langues modernes* 4, 57–66.

PY, Bernard. 2005. « Quelle place attribuer à la linguistique dans la formation des enseignants de langues ? L'exemple de l'enseignement plurilingue », dans : Mochet, Marie-Anne & Barbot, Marie-José & Castellotti, Véronique & Chiss, Jean-Louis & Develotte, Christine & Moore, Danièle & Lesguillons, Mélanie. éd. *Plurilinguisme et apprentissages, Mélanges Daniel Coste.* Lyon : École normale supérieure, 113–121.

TOMC, Sandra & TOTOZANI, Marine & JEANNOT, Céline. 2012. « Biographie langagière et formation des enseignants de langue : l'émergence d'une identité professionnelle », dans : Rispail, Marielle & Jeannot, Céline & Tomc, Sandra & Totozani, Marine. édd. *Esquisses pour une école plurilingue. Réflexions sociodidactiques.* Paris : L'Harmattan, 101–118.

TOTOZANI, Marine. 2019. « Un ‹ maitre ignorant › pour faire émerger le sujet en classe de langue ? », dans : *Travaux de didactique de langue étrangère* 1, 1–21. https://revue-tdfle.

fr/articles/actes-1/165-un-maitre-ignorant-pour-faire-emerger-le-sujet-en-classe-de-langue, consultation : 17.03.2021.

TOTOZANI, Marine & TOMC, Sandra & JEANNOT, Céline. 2013. « De la réflexion sur les langues aux dynamiques identitaires », dans : Alao, Georges & Derivry-Plard, Martine & Suzuki, Elli & Yun-Roger, Soyoung. édd. *Didactique plurilingue et pluriculturelle : l'acteur en contexte mondialisé*. Paris : Éditions des achives contemporaines, 233–243.

TOTOZANI, Marine & Tomc, Sandra & LAPIQUE, Virginie. 2016. « Quels gestes professionnels langagiers pour l'accueil du plurilinguisme en classe ? », dans : *Cahiers de linguistique* 42/2, 127–135.

WEINREICH, Uriel. 1968. « Unilinguisme et multilinguisme », dans : Martinet, André. éd. *Le Langage. Encyclopédie de la Pléiade XXV*. Paris : Éditions Gallimard, 647–683.

ZARATE, Geneviève & DUMONT, Pierre. 2008. « ‹ Le plurilinguisme est-il une donnée incontournable des sociétés d'avenir ? › et autres questions insolites… », dans : Martinez, Pierre & Moore, Danièle & Spaëth, Valerie. édd. *Plurilinguismes et enseignements. Identités en construction*. Paris : Riveneuve éditions, 205–212.

Überzeugungen von Lehrpersonen über die Mehrsprachigkeitsdidaktik in der Schweizer Volksschule: eine Zwischenbilanz im Rahmen der Umsetzung der Fremdsprachenreform

Giuseppe Manno (Brugg-Windisch)

1. Einleitung[1]

Studien über die Überzeugungen der Lehrpersonen (*teachers' beliefs*) gewinnen in der heutigen Fremdsprachenforschung zunehmend an Bedeutung (vgl. Borg 2006; Caspari 2014; De Angelis 2011). Auch wenn diese Überzeugungen nicht unbedingt ein direktes Abbild der effektiven Unterrichtsaktivitäten darstellen (vgl. Borg 2003; Haukås 2016), so können sie einen Einfluss auf die Gestaltung des Unterrichts haben (vgl. Witte & Harden 2010, 1329–1330). Sie verhelfen auch zu einem besseren Verständnis der didaktischen Entscheidungen der Lehrpersonen (vgl. Haukås 2016, 3; Barras & Peyer & Lüthi 2019, 380).

In den letzten Jahren wurden zahlreiche Untersuchungen über die Umsetzung der Fremdsprachenreform (vgl. EDK 2004) in der Schweizer Volksschule durchgeführt (vgl. Manno & Egli Cuenat 2018, 224–225). Darunter befinden sich auch drei aktuelle Studien über Überzeugungen in zwei Sprachregionen (Deutsch- und Westschweiz): Schedel und Bonvin (2017), Barras et al. (2019), Le Pape Racine und Brühwiler (2020) liefern aufschlussreiche Anhaltspunkte über die Überzeugungen der Lehrpersonen bezüglich der neu eingeführten Mehrsprachigkeitsdidaktik sowie über theoretische und methodische Aspekte auf diesem Forschungsgebiet. Auf der Grundlage der kritischen Synthese dieser Ergebnisse werden Empfehlungen für weiterführende Forschung sowie für die Aus- und Fortbildung von Sprachlehrpersonen formuliert.

---

1 An dieser Stelle möchte ich Christine Le Pape Racine, Anna Schröder-Sura und Audrey Freytag Lauer für ihre wertvollen Rückmeldungen zu früheren Versionen des Artikels danken.

2. Theoretischer Hintergrund

2.1 Bildungspolitischer Kontext der Schweiz: Fremdsprachenreform und Neukonzeption des Fremdsprachenunterrichts

In der Schweiz sieht die Fremdsprachenreform (vgl. EDK 2004) als Teil des Schulharmonisierungsprojektes HarmoS (2007) vor, dass sich alle Schülerinnen und Schüler am Ende der obligatorischen Schulzeit in zwei Fremdsprachen gleichermassen verständigen können. Als wichtigste Massnahme wurde die erste Fremdsprache auf die 3. Klasse, die zweite Fremdsprache auf die 5. Klasse vorverlegt. Somit wurden zwei Fremdsprachen auf der Primarschule neu eingeführt (Modell 3/5): Deutsch vor Englisch (Westschweiz), Französisch vor Englisch (Nordwestschweiz, Wallis und Bern) und Englisch vor Französisch (Ost- und Zentralschweiz, Aargau). Die konkrete Umsetzung verlief unterschiedlich je nach Kanton und Sprachregion (vgl. Manno & Egli 2018, 222–224).

Es ging dabei nicht nur um die Einführung von zwei Fremdsprachen im Primarschulunterricht, sondern auch um eine Neukonzeption des Fremdsprachenunterrichts. Die Mehrsprachigkeitsdidaktik hat in die neuen Lehrpläne und mehrheitlich in die Lehrmittel Eingang gefunden, welche im Zuge der Fremdsprachenreformen der letzten fünfzehn Jahre entwickelt wurden (vgl. Egli Cuenat et al. 2010, 116–117; Manno & Egli Cuenat 2018, 222–223). Der Fremdsprachenunterricht soll sich demnach auf eine koordinierte und sprachenübergreifende Sprachendidaktik stützen. Es wird eine Koordination zwischen allen Sprachen, inklusive Schulsprache und Herkunftssprachen (horizontale Kohärenz) sowie die Förderung der stufenübergreifenden (vertikalen) Kohärenz angestrebt (vgl. Deutschschweizer Erziehungsdirektoren-Konferenz 2010–2014). Im bisher meist auf eine Sprache fokussierten Unterricht in L1 (Erst- bzw. Schulsprache), L2 (erste Fremdsprache), L3 (zweite Fremdsprache) usw. soll dort, wo es sinnvoll erscheint, nach Verbindungen gesucht werden, um Synergien zwischen den Sprachen des mehrsprachigen Repertoires eines Individuums herzustellen. Dies ist wichtig für die ambitionierten Ziele, die bis zum Ende der obligatorischen Schulzeit in beiden Fremdsprachen erreicht werden sollten (vgl. HarmoS 2007).

Dieser sprachenübergreifenden Konzeption kann die Mehrsprachigkeitsdidaktik gerecht werden (vgl. z. B. Wiater 2006; Reimann 2016; Martinez 2020). Sie zielt darauf ab, vom isolierten, additiven Lehren und Lernen bei gleichzeitigem

Unterricht von drei Sprachen wegzukommen und unter Berücksichtigung der jeweiligen Sprachenkonstellation interlinguale Verbindungen im individuellen mehrsprachigen Repertoire erfahrbar zu machen. Ausgehend von holistischen Modellen des mehrsprachigen Repertoires (vgl. z. B. Coste et al. ²2009; Jessner 2013) postuliert die Mehrsprachigkeitsdidaktik, dass das Lehren und Lernen von Sprachen durch die transversale Vernetzung bestehender Wissensbestände im Sinne einer Ökonomisierung des Ressourcenaufbaus optimiert werden kann (vgl. Neuner ²2005, 31–32).

Die Mehrsprachigkeitsdidaktik ist ein Set verschiedener Unterrichtsprinzipien und methodischer Ansätze (vgl. Martinez 2020, 421). Die *Pluralen Ansätze zu Sprachen und Kulturen* (vgl. Candelier 2008; Candelier & Schröder-Sura 2016) umfassen: *Language Awareness* (Begegnung mit Sprachen), die Interkomprehension von verwandten Sprachen, das interkulturelle Lernen und die integrative Sprachendidaktik. Zu den mehrsprachigkeitsdidaktischen Ansätzen gehören je nach Kontext ebenso Formen bilingualen Sachfachunterrichts bzw. die Immersion (vgl. Gajo et al. 2020), die Förderung von Sprach- und Sprachlernbewusstheit sowie der Aufbau von sprachenübergreifenden Sprachlern- und Verarbeitungsstrategien (vgl. Martinez ⁶2016). Neuerdings werden auch Konzepte wie Sprachmittlung bzw. Mediation (vgl. Martinez 2020) sowie *Translanguaging* (vgl. García & Otheguy 2020) zur Mehrsprachigkeitsdidaktik gezählt. Schliesslich werden „monolinguale" Ansätze wie die Inhalts- und Handlungsorientierung als Bestandteile dieser Didaktik betrachtet.

2.2   Zwischenbilanz Fremdsprachenreform EDK 2004

Wie alle curricularen Neuerungen braucht diese Fremdsprachenreform Zeit, um richtig zu greifen (vgl. Manno & Egli Cuenat 2018, 239). Die allgemeine Stossrichtung der Fremdsprachenreform stimmt hinsichtlich der Lernzielerreichung zwar vor allem für Englisch als erste oder zweite Fremdsprache (vgl. z. B. Konsortium ÜGK 2019; Peyer et al. 2016), es sind jedoch Optimierungen angebracht, da beispielsweise die vermuteten Vorteile für viele Tertiärsprachenlernende im Französischen als zweite Fremdsprache sich nicht automatisch bzw. auf Anhieb eingestellt haben (vgl. z. B. Manno et al. 2020, 332–333). Viele didaktische und inhaltliche Aspekte im Französischunterricht als zweite Fremdsprache sind trotz der grundlegenden Reform in der ersten Phase der Umsetzung unverändert geblieben, z. B. das fakultative und reduzierte Fortbildungsangebot für Lehrkräfte (vgl. Manno & Egli Cuenat 2018, 222 und 224). Die Lehrpersonen sind jedoch wichtige Akteure für das Gelingen von Schulentwicklungen. Sie bedürfen Unterstützung, damit Reformen greifen können (vgl. Hutterli 2012, 171).

2.3 Überzeugungen von Lehrpersonen als Komponente der Angebotsseite im Rahmen des Angebot-Nutzungs-Modells

Schulische Leistungen hängen von zahlreichen Einflussfaktoren ab (vgl. Hattie 2009). In Anlehnung an das Angebot-Nutzungs-Modell (vgl. Helmke & Weinert 1997; Reusser & Pauli ^{2}2014) wird angenommen, dass das Handeln von Lehrpersonen als unterrichtsbezogenes Kontextmerkmal den Unterricht massgeblich beeinflusst. In diesem Rahmenmodell werden drei Ebenen unterschieden: 1. Angebotsstrukturen im Sinne von Lerngelegenheiten, 2. Nutzungsformen dieser Lerngelegenheiten und 3. Lernergebnisse (vgl. Seidel & Reiss 2014). Der Unterricht stellt demnach ein von der Lehrperson geschaffenes Angebot dar, das je nach individuellen Lernaktivitäten mehr oder weniger genutzt werden kann (vgl. Helmke 2002, 262). Dabei spielen das professionelle Wissen der Lehrperson, ihre fachlichen und didaktischen Kompetenzen, ihre Motivation und ihre Überzeugungen usw. eine wichtige Rolle. Die Unterrichtsgestaltung hat jedoch keinen direkten Einfluss auf den Lernerfolg, denn das Angebot muss erst genutzt werden (Nutzungsseite). Dies hängt von soziodemografischen Merkmalen (z. B. Geschlecht, soziale Herkunft) sowie von den individuellen Voraussetzungen der Lernenden ab (z. B. Lernpotential, Intelligenz, Sprachlerneinstellung, motivationale Orientierungen) (vgl. Brühwiler & Helmke 2018). In diesem Beitrag stehen die Überzeugungen der Lehrpersonen als lehrseitige Variable im Zentrum des Interesses.

Studien über die Überzeugungen der Lehrpersonen (*teachers' beliefs*) gewinnen in der heutigen Fremdsprachenforschung zunehmend an Bedeutung. Ein Überblick zum Forschungsstand zu Überzeugungen findet sich beispielsweise bei Caspari (2014), Kienhues (2016), Bredthauer und Engfer (2018). „Überzeugungen" wird neben den benachbarten deutschen Begriffen verwendet wie „Einstellungen" (Venus 2017), „Vorstellungen", „Auffassungen" (Rück 2009), „Haltungen, Orientierungen, Meinungen, subjektive/intuitive/private Theorien" (Volgger

2010), „subjektive Sichtweisen, Innensicht" (Caspari 2014), „epistemische Kognition" (Kienhues 2016), „die teilweise synonym oder überlappend verwendet werden (Porsch 2015), weil sich bis anhin diese Begriffe nicht im allgemeinen Konsens abgrenzen lassen" (Le Pape Racine & Brühwiler 2020, 233).

Im vorliegenden Aufsatz wird der Begriff „Überzeugung" verwendet, der von Biedermann et al. (2015, 48) ausserhalb der Fremdsprachenforschung folgendermassen definiert wird:

> Überzeugungen sind implizit oder explizit für wahr gehaltene Annahmen über Zusammenhänge von Handlungsabsichten und Handeln, über Wirkungen dessen, was Menschen tun, über Wirkungen oder Formen des Erkennens usw. Sie sind meistens nicht empirisch erhärtet, sondern bestehen aus Annahmen, die sich auf (zuweilen singuläre) Erfahrungen, reflektierte Wissensfacetten, Übernahmen von Vorstellungen anderer Personen oder Transfers eigener Überzeugungen aus anderen Bereichen berufen.

Auch wenn die Überzeugungen aufgrund äusserer Bedingungen (Zeitgründe, Umfeld, fehlende Unterrichtsmaterialien usw., vgl. Barras et al. 2019, 382) kein Abbild der effektiven Unterrichtsaktivitäten darstellen müssen, so können sie die Unterrichtsgestaltung doch beeinflussen (vgl. Borg 2006; Witte & Harden 2010; Le Pape Racine & Brühwiler 2020) bzw. den Ausgangspunkt für didaktische Entscheidungen darstellen (vgl. Bredthauer & Engfer 2018; Caspari 2014). Sie ermöglichen ein besseres Verständnis der Entscheidungen der Lehrpersonen (vgl. Haukås 2016, 3; Barras et al. 2019, 380) und gelten für Forschende als „Prädiktoren für das Verhalten" der Lehrpersonen (Bredthauer & Engfer 2018, 2; vgl. auch Haukås 2016, 3). Deshalb wird den Überzeugungen grosse Relevanz für die Unterrichtsqualität zugeschrieben.

Die meisten Untersuchungen über Überzeugungen von Fremdsprachenlehrpersonen zeigen, dass diese den mehrsprachigkeitsdidaktischen Ansätzen gegenüber grundsätzlich positiv eingestellt sind. Gleichzeitig hält sich der Einsatz von mehrsprachigkeitsdidaktischen Elementen im Fremdsprachenunterricht in Grenzen (vgl. z. B. Haukås 2016, 9). Er beschränkt sich in der Regel darauf, dass die Lehrpersonen die ihnen bekannten bzw. schulischen Sprachen im Unterricht spontan miteinander vergleichen (vgl. z. B. Heyder & Schädlich 2014, 187; Barras & Peyer & Lüthi 2019, 380). Der geringe Anteil der sprachenübergreifenden Elemente im Unterricht sei vor allem durch zeitliche Beschränkungen bedingt: Bei wenigen Wochenlektionen müsse die zu unterrichtende Sprache bevorzugt werden (vgl. z. B. Haukås 2016, 11). Gemäss Barras et al. (2019, 382), die zahlreiche Studien zusammenfassen, gäbe es weitere Gründe: zu wenige Austauschmöglichkeiten zwischen den Sprachlehrpersonen (vgl. Haukås 2016, 11–12; Neveling 2013, 116–117); kognitive Überforderung der Lernenden (vgl. Bredthauer & Engfer 2018, 13; Neveling 2013, 116); unzureichende Sprachkompetenzen der Lernenden, um eine solide Transferbasis darzustellen (vgl. Neveling 2012, 222; 2013,104–105; Schedel & Bonvin 2017, 120 und 124). Auch bräuchte es mehr zur jeweiligen Stufe passende Unterrichtsmaterialien (vgl. Bredthauer & Engfer 2018, 10; Neveling 2012, 230). In anderen Untersuchungen werden folgende Begründungen vorgebracht: mangelnde Bewusstheit der Lehrpersonen des kognitiven Mehrwerts von Mehrsprachigkeit (vgl. De Angelis 2011, 229); überholte Vorstellungen über Transfer und Interferenzen (vgl. Neveling 2013, 124–125); Lehrplaninkompatibilität (vgl. Neveling 2013, 115); ungenügende Sprachkompetenzen der Lehrpersonen (vgl. Schedel & Bonvin 2017, 120) usw.

Nachfolgend werden drei Schweizer Studien vorgestellt, in denen Fremdsprachenlehrpersonen über ihre Überzeugungen befragt wurden. Diese Studien im Zuge der Umsetzung der Fremdsprachenreform (vgl. EDK 2004) in zwei Sprachregionen (Deutsch- und Westschweiz) liefern Anhaltspunkte über die Überzeugungen von Lehrpersonen bezüglich der Mehrsprachigkeitsdidaktik sowie über die damit verbundenen methodischen Fragen zur Erhebung von Überzeugungen.

3. Drei Schweizer Studien über die Überzeugungen von Fremdsprachenlehrpersonen

Die drei Studien über die Überzeugungen von Schweizer Fremdsprachenlehrpersonen bezüglich der Mehrsprachigkeitsdidaktik werden in chronologischer Reihenfolge präsentiert.

3.1 Lehrkraftperspektiven auf Sprachvergleiche: Schedel & Bonvin 2017

Diese Studie befasste sich mit der Methode der Sprachvergleiche im Tertiärsprachenunterricht aus der Perspektive von Fremdsprachenlehrpersonen in der französischen Schweiz (ohne Kanton Genf), um sowohl die Lehrmittel als auch die

Rahmenbedingungen und somit die Arbeit der Lehrpersonen zu verbessern. Anhand von Interviews mit Lehrpersonen auf der Primar- und Sekundarstufe I, die Englisch nach Deutsch als zweite Fremdsprache unterrichten, wurden ihre Erfahrungen mit den adaptierten Lehrmitteln, ihre Haltung hinsichtlich der Sprachvergleiche im Unterricht sowie mögliche Hindernisse für deren Umsetzung erhoben. Diese Befragung fand im Rahmen der obligatorischen Weiterbildung der Lehrpersonen statt (2011–2016, Mandatsprojekt der IRDP *Anglais dès la 7e en Suisse romande*).

Es wurden ein Fragebogen (N = 154) und teilweise auch Leitfadeninterviews (N = 78), individuell, im Tandem oder als Gruppengespräch eingesetzt (insgesamt somit N = 232). Die Interviews wurden mittels der qualitativen Inhaltsanalyse (vgl. Mayring 2003) untersucht. Zuerst wurden deduktiv die relevanten Interviewpassagen herausgefiltert. Im zweiten Schritt wurde induktiv ein Kategoriensystem für die Analyse gebildet. Danach wurden (Sub-)Kategorien festgelegt. Im dritten Schritt wurden drei Themenbereiche definiert: 1. Art und Häufigkeit der Anwendung von Sprachvergleichen durch die Lehrpersonen, 2. Probleme im Hinblick auf das Anstellen von Sprachvergleichen, 3. Bewertung der Sinnhaftigkeit der Sprachvergleiche und ihrer Lerneffekte (vgl. Schedel & Bonvin 2017, 119).

Es wurde festgestellt, dass es sich nicht nur um eine Haltungsfrage handelt, ob Lehrpersonen mehrsprachigkeitsdidaktische Prinzipien umsetzen, sondern auch, dass es von den individuellen sprachlichen Ressourcen abhängt (vgl. ebd., 120). Die befragten Englischlehrpersonen zeigten sich den Sprachvergleichen gegenüber tendenziell positiv und gaben an, diese relativ oft und spontan in ihrem Unterricht zu praktizieren. Dabei werde vor allem kontrastiv mit der für die Lernenden zweiten Fremdsprache Englisch und der Schulsprache Französisch gearbeitet, da manche Lehrpersonen wegen ungenügender Sprachkompetenzen nicht in der Lage seien, bei Sprachvergleichen auf die erste schulische Fremdsprache Deutsch (vgl. ebd.) bzw. ihre Herkunftssprache(n) zurückzugreifen. Die Verwandtschaft von Englisch und Französisch wirke sich, so die Lehrkräfte, positiv auf die Häufigkeit der Sprachvergleiche aus (vgl. ebd., 121).

Einige Lehrpersonen berichteten allerdings, „dass die schwächeren und jüngeren Lernenden mit den Sprachvergleichen kognitiv überfordert seien" (ebd., 122) und dass dieser Ansatz „praxisfremden Theoretikern" zuzuschreiben sei („ça me paraît être d'abord pensé par des théoriciens"; ebd., 122-123). Weitere Lehrpersonen gaben an, in ihrem Unterricht bewusst auf den Einbezug anderer Sprachen zu verzichten, „weil sie der Meinung sind, dass im Englischunterricht ausschliesslich die Zielsprache Englisch gesprochen werden solle" (ebd., 121-122). Zusammenfassend wird von den Autorinnen in Bezug auf die Sprachvergleiche im Tertiärsprachenunterricht festgehalten: „Die kritischen und die begeisterten Stimmen der Lehrkräfte halten sich [...] ungefähr die Waage" (ebd., 122).

3.2 Mehrsprachigkeitsdidaktik im schulischen Fremdsprachenunterricht: Barras et al. 2019

Diese Studie wurde im Rahmen des Projekts *Fremdsprachen lehren und lernen in der Schule im Zeichen der Mehrsprachigkeit* (2016–2019) durchgeführt. Die Untersuchung sah die Unterrichtsbeobachtung mehrsprachigkeitsdidaktischer Aktivitäten sowie die Erhebung von Einschätzungen von Lehrpersonen über Mehrsprachigkeitsdidaktik vor. Es ging um die Perspektive der Englisch- und/ oder Französischlehrpersonen der Primar- und Sekundarstufe I in mehreren Kantonen der Deutschschweiz. Die hier berücksichtigten Instrumente waren semistrukturierte Interviews mit 20 freiwilligen Lehrpersonen, die durch persönliche Kontakte und über einen Aufruf zur Teilnahme rekrutiert wurden:

> In den Interviews wurde versucht, zum einen die allgemeine Haltung der Lehrpersonen zur Mehrsprachigkeitsdidaktik im Fremdsprachenunterricht zu erheben und zum anderen ihre Einschätzung der zuvor eingesetzten mehrsprachigkeitsdidaktischen Aktivitäten zu erfassen. Dieses Vorgehen ermöglichte es, die Diskussion über die Mehrsprachigkeit nicht nur auf einer abstrakten, theoretischen Ebene zu führen, sondern die Aussagen der Lehrpersonen auch auf ganz konkrete Aktivitäten und Situationen im Unterricht zu beziehen (Barras et al. 2019, 385).

Es wurden folgende Forschungsfragen gestellt:

1. Inwiefern [...] setzen die Lehrpersonen in ihrem herkömmlichen Fremdsprachenunterricht Elemente der Mehrsprachigkeitsdidaktik ein bzw. unterrichten nach diesen Prinzipien?
2. Wie schätzen sie die mehrsprachigkeitsdidaktischen Aktivitäten ein, mit denen ihre Klassen während der gefilmten Lektionen gearbeitet haben?
3. Wie schätzen die Lehrpersonen den Stellenwert ein, den die mehrsprachigkeitsdidaktischen Aktivitäten im schulischen Fremdsprachenunterricht haben sollten? (ebd., 385)

Für die Analyse der Interviews wurden Kategorien wie „Einschätzung zum Einsatz der mehrsprachigkeitsdidaktischen Aktivitäten", „Stellenwert der Mehrsprachigkeitsdidaktik im Fremdsprachenunterricht", „mehrsprachigkeitsdidaktische Unterrichtsmaterialien" usw. herangezogen.

Bei den interviewten Lehrpersonen kam grundsätzlich eine positive Haltung gegenüber mehrsprachigen Aktivitäten zum Ausdruck (vgl. ebd., 392). Es wurde jedoch auf „mehrere Herausforderungen und Einschränkungen, die mit der Mehrsprachigkeitsdidaktik verbunden sind" (ebd., 397), hingewiesen. Gemäss ihren Aussagen setzten sie die Elemente dieser Didaktik eher punktuell ein, was primär auf zeitliche Beschränkungen zurückzuführen sei (vgl. ebd., 388).

Es wurde dabei ein uneinheitliches Verständnis des didaktischen Konzepts festgestellt: Die einen dachten an den Einbezug und die Valorisierung der Erstsprachen der mehrsprachigen Lernenden; für die anderen ging es vor allem um den Aufbau von Sprachlern- und Sprachgebrauchsstrategien (vgl. ebd., 391). Schliesslich sahen einige Lehrpersonen keinen Mehrwert für ihr Schulfach:

> Ich denke, wenn es dann gezielt darum geht, Französisch zu lernen, ist es dann wichtiger, an den Kompetenzen im Französisch oder im Englisch oder auch im Deutsch zu arbeiten, und ich würde halt doch die mehrsprachigkeitsdidaktischen Aktivitäten an zweiter [sic!] Stelle setzen. (Prim_LP3, 54) (ebd., 394).

3.3 Überzeugungen von Lernenden und Lehrpersonen zur Wirksamkeit von Sprachlernstrategien: Le Pape Racine & Brühwiler 2020

Le Pape Racine und Brühwiler (2020) haben die Überzeugungen der Lehrpersonen und Lernenden zur Wirksamkeit von Sprachlernstrategien bzw. Sprachvergleichen im Fremdsprachenunterricht am Übergang von der Primar- in die Sekundarstufe I im Kanton St. Gallen (Englisch L2, Französisch L3) sowie die Zusammenhänge zwischen Überzeugungen der Lehrpersonen mit ihren Aussagen zur Unterrichtsgestaltung untersucht. Die Lehrmittel sowie die Ausbildung der Lehrpersonen fokussierten erst ansatzweise mehrsprachigkeitsdidaktische Ansätze. Die Erhebungen fanden 2014–2015 im Rahmen des SNF-Projekts *Schulischer Mehrspracherwerb am Übergang zwischen Primarstufe und Sekundarstufe I* statt (vgl. Manno et al. 2020). Die untersuchte Stichprobe bestand aus Sprachlehrpersonen der 6. Klasse (N = 56) und der 7. Klasse (N = 72) sowie aus Lernenden dieser Klassenstufen (N = 310 im Längsschnitt).

Es wurden folgende Forschungsfragen formuliert:
1. Welche Sprachlernstrategien werden im Fremdsprachenunterricht für wirksam gehalten?
2. Verändern sich die Überzeugungen zur Wirksamkeit der Sprachlernstrategien am Stufenübergang?
3. Welche Zusammenhänge bestehen zwischen den Überzeugungen der Lehrpersonen und ihren Aussagen zur Unterrichtsgestaltung? (Le Pape Racine & Brühwiler 2020, 238–239)

Die Überzeugungen wurden mittels Fragebogen erfasst. Jedem Kompetenzbereich (Hören, Lesen, spontanes Sprechen, produktives Sprechen und Sprachvergleiche usw.) wurden Sprachlernstrategien zugeordnet, die auf einer konkreteren Handlungsebene beobachtbaren Aktivitäten entsprechen, um den Vergleich zwischen den Überzeugungen und dem deklarierten Einsatz der Lernstrategien zu ermöglichen. Insgesamt wurden sieben Skalen zu den Überzeugungen der Lernenden und Lehrpersonen über die Lernwirksamkeit bestimmter Sprachlernstrategien gebildet, auch eine Skala zu Sprachvergleichen (fünf Items, Cronbachs α der Lehrpersonen der 6. Klasse: .84 bzw. der 7. Klasse: .81), welche die Übertragung von Lese- und Schreibstrategien auf andere Sprachen sowie von Wortschatz- und Grammatikvergleichen betraf. Der Fragestamm für die Lehrpersonen lautete:

> Wie glauben Sie, dass die Schülerinnen und Schüler gut Fremdsprachen lernen, also Sprachen, die sie vor allem im Fremdsprachenunterricht in der Schule lernen? Die Schülerinnen und Schüler lernen gut, wenn sie ...
> - ein Wort oder mehrere mit Deutsch oder einer anderen Sprache vergleichen.
> - Lesestrategien von einer Sprache auf die andere übertragen.
> - die Grammatik zwischen Französisch und einer anderen Sprache vergleichen.
> - Parallelwörter in einer anderen Sprache suchen.
> - Schreibstrategien von einer Sprache auf die andere übertragen (ebd., 240–241).

Lehrpersonen und Lernende gaben auf einer vierstufigen Antwortskala an, wie stark sie den obigen Aussagen zustimmten: (1) stimmt nicht, (2) stimmt eher nicht, (3) stimmt eher, (4) stimmt genau.

Es wurde festgestellt, dass Sprachvergleiche von den Lehrpersonen als wirksame Sprachlernstrategien eingestuft werden (Mittelwert 6. Klasse: 3.24 bzw. 7. Klasse: 3.30; vgl. ebd., 242). Die Lehrpersonen zeigten sich von der Wirksamkeit der Sprachlernstrategien bzw. Sprachvergleichen überzeugter als die Lernenden (6. Klasse: 2.48 bzw. 7. Klasse: 2.58). Die Lehrpersonen der Sekundarstufe I gaben ausserdem an, den Unterricht in Französisch und in Englisch kongruenter zu ihren Überzeugungen zur Wirksamkeit der Sprachlernstrategien zu gestalten als die Primarlehrpersonen, was aber noch nicht heisst, dass es sich im Unterricht auch so niederschlägt (ebd., 246).

Hinsichtlich der Kongruenz der Überzeugungen von Lehrpersonenaussagen und der intendierten Unterrichtsgestaltung in der 6. Klasse zeigte sich, dass bei den Französischlehrpersonen Überzeugungen zur Wirksamkeit von Sprachlernstrategien mit ihrer Unterrichtsgestaltung nur beim Hörverstehen signifikant korrelierten. Im Zusammenhang mit den interlingualen Vergleichen war diese Korrelation jedoch weder im Französisch- ($r = .30$) noch im Englischunterricht ($r = .27$) signifikant. Das deutet auf eine Abweichung zwischen der angenommenen Wirksamkeit der Sprachvergleiche und der intendierten Unterrichtsgestaltung. Zusammenfassend kann zu dieser Studie festgehalten werden, dass selbst positive Überzeugungen von Lehrpersonen wegen externen Bedingungen nicht immer ihrer Unterrichtsgestaltung entsprechen (vgl. ähnliche Erkenntnisse bei Borg 2003; Haukås 2016; Bredthauer & Engfer 2018).

4. Kritische Synthese

Die vorgestellten Untersuchungen zeigen insgesamt vergleichbare Ergebnisse, aber ein uneinheitliches Bild bezüglich der Fragestellungen bzw. des Fokus, der untersuchten Sprachenkonstellationen und der Forschungsmethoden. Die untersuchten Fremdsprachenkombinationen waren einerseits eine Landessprache (Deutsch) vor Englisch; andererseits Englisch vor einer Landessprache (Französisch) oder umgekehrt. Die betroffenen Fremdsprachen bzw. ihre Verwandtschaft haben möglicherweise eine Auswirkung auf die sprachenübergreifenden Aktivitäten im Klassenzimmer (vgl. Manno ^{2}2005; Haukås 2016; Schedel & Bonvin 2017). Die befragten Lehrpersonen bezogen sich ferner nicht auf deckungsgleiche Domänen: eingesetzte sprachenübergreifende Aktivitäten in ihren Lektionen sowie allgemeiner Stellenwert der mehrsprachigkeitsdidaktischen Ansätze (vgl. Barras et al. 2019, 399); Sprachvergleiche im Fremdsprachenunterricht und mögliche Hindernisse für deren Umsetzung (vgl. Schedel & Bonvin 2017, 122–123); Überzeugungen zur Wirksamkeit und intendierte Häufigkeit interlingualer Sprachlernstrategien (vgl. Le Pape Racine & Brühwiler 2020, 247–249).

Hinsichtlich der Forschungsmethoden wurde in zwei Studien mit einem qualitativen Ansatz gearbeitet (Interviews), in der Untersuchung im Kanton St. Gallen (vgl. Le Pape Racine & Brühwiler 2020) kam hingegen ein quantitativer Ansatz mittels Fragebogen zur Anwendung. Im Gegensatz zu den beiden Studien in der Deutschschweiz war die Teilnahme an der Studie von Schedel und Bonvin (2017) nicht freiwillig. Barras et al. (2019) sehen in der Freiwilligkeit eine mögliche Verzerrung der Ergebnisse, denn die in ihrer Studie gewonnenen Erkenntnisse beruhen „auf Aussagen von Lehrpersonen, die den mehrsprachigkeitsdidaktischen Ansätzen im Fremdsprachenunterricht eher positiv gegenüberstehen" (ebd., 386).

Die Ergebnisse der drei Untersuchungen waren trotz der erwähnten Punkte vergleichbar: Viele der befragten Lehrpersonen waren von der Wirksamkeit der Mehrsprachigkeitsdidaktik überzeugt. Es lagen durchaus positive und originelle Aspekte vor (z. B. Zusammenlegung der Deutsch- und Englischstunde, um in 15-Minuten-Blöcken abwechselnd beide Sprachen zu unterrichten; vgl. Schedel & Bonvin 2017, 120). Es ist deshalb nicht ganz nachvollziehbar, weshalb in der Untersuchung von Schedel und Bonvin (2017) vor allem die Einwände und Skepsis der Lehrpersonen hervorgehoben wurden: „Dabei konzentrieren wir uns jedoch auf Faktoren, die dazu führen können, dass Lehrpersonen eine negative Einstellung gegenüber Sprachvergleichen aufweisen oder die Methode aus anderen Gründen ablehnen" (ebd., 118).

In der Studie im Kanton St. Gallen (vgl. Le Pape Racine & Brühwiler 2020, 241–242) zeigten sich die Lehrpersonen von der Wirksamkeit der Sprachlernstrategien bzw. der Sprachvergleiche sehr überzeugt. Die Lehrpersonen, die weniger von diesem Ansatz überzeugt waren, brachten verschiedene Argumente dagegen vor (z. B. Zeitfaktor, Überforderung der Lernenden, ihre mangelnden Fremdsprachenkenntnisse, fehlende Unterrichtsmaterialien). Selbst wenn Lehrpersonen von dieser Didaktik überzeugt waren, praktizierten sie gemäss ihren eigenen Aussagen sprachenübergreifende Aktivitäten nicht systematisch bzw. eher punktuell (vgl. Barras et al. 2019, 388).

In allen drei Studien wird die Diskrepanz zwischen den Überzeugungen und der effektiven Unterrichtsgestaltung thematisiert:

> Die subjektiven Auffassungen der Lehrpersonen müssen bekanntlich nicht unbedingt das wiedergeben, was tatsächlich im Unterricht passiert (Barras et al. 2019, 399).

An dieser Stelle ist jedoch zu betonen, dass es sich hierbei (nur) um subjektive Einschätzungen (*self-reported data*) handelt. Unsere Studie erfährt insofern ihre Grenzen, als dass wir keine Aussagen darüber treffen können, was in der Praxis letztendlich wirklich umgesetzt wird (Schedel & Bonvin 2017, 119).

In Anlehnung an Artelt (2000) und Haukås (2016) schrieben auch Le Pape Racine und Brühwiler (2020, 234), dass es nicht einfach sei zu eruieren, inwieweit Überzeugungen zu konkreten sprachlernstrategischen Handlungen führen. Schliesslich kommt bei all diesen Erkenntnissen eine gewisse Skepsis der befragten Lehrkräfte zum Ausdruck über die in den letzten Jahren effektive, systematische Umsetzung der Mehrsprachigkeitsdidaktik in den Schweizer Klassen. Dieser Umstand erstaunt nicht, wenn man bedenkt, dass zu einem hohen Anteil in den Klassen noch Lehrmittel eingesetzt waren, die keine Umsetzung der Mehrsprachigkeitsdidaktik ermöglichten und teilweise Lehrpersonen befragt wurden, die noch keine diesbezügliche Aus- und Weiterbildung erhalten hatten.

5. Ausblick 1: Erkenntnisse für zukünftige Forschung zu Überzeugungen
5.1 Schärfung der Definition von Überzeugungen

Zwischen den vorgestellten Studien wird einerseits ein nicht immer übereinstimmender Umgang, andererseits innerhalb der gleichen Studie ein teils schwankender Umgang mit der Terminologie festgestellt. Bei Barras et al. (2019) kommen nebst „Überzeugungen" auch „Haltungen", „Einstellungen", „Meinungen", „Einschätzungen", „subjektive Auffassungen" vor; Schedel und Bonvin (2017) verwenden ihrerseits „(subjektive) Sichtweisen", „Einstellungen", „Meinungen", „subjektive Perspektive", „Einschätzungen" usw. Obwohl sich die Abgrenzung zwischen den sich überlappenden Konzepten bekanntlich als schwierig erweist, sollte mindestens der Begriff „Überzeugungen" von „Einstellungen" (vgl. Manno [2]2005) unterschieden werden (vgl. Le Pape Racine & Brühwiler 2020, 233). Diese Abgrenzung scheint wichtig für die Vergleichbarkeit der Studien und für die Einordnung der Resultate.

In diesem Zusammenhang sollten die Überzeugungen von den Rahmenbedingungen unterschieden werden: Die Stundendotation, die fehlenden Unterrichtsmaterialien oder fächerübergreifenden Gefässe, die starke Trennung zwischen den einzelnen Disziplinen, die Möglichkeit, zwei Fremdsprachen zu unterrichten, die Klassengrösse usw. sind lediglich ungünstige Rahmenbedingungen (vgl. Borg 2003; Le Pape Racine & Brühwiler 2020; Haukås 2016), die von den Lehrpersonen vorgebracht werden, um ihren Verzicht auf die sprachenübergreifende Didaktik zu rechtfertigen. Diese Rahmenbedingungen könnten optimiert werden (Erhöhung der Stundendotation, Entwicklung von Unterrichtsmaterialien usw.), ohne dass dabei die entsprechenden Überzeugungen verändert würden. Inwiefern die vorgebrachten Argumente als Überzeugungen betrachtet werden können, ist nicht eindeutig auszumachen. Forschende sollten auf jeden Fall anstatt die Meinungen und die Aussagen der Lehrpersonen zu rapportieren, die zugrundeliegende – in der Regel negative – Überzeugung herauskristallisieren, z. B. „Nur wer zwei Fremdsprachen unterrichtet, schafft es, Sprachenvergleiche auch mit der anderen Fremdsprache anzustellen" oder „Die Zeit, die für sprachenübergreifende Aktivitäten eingesetzt wird, geht zulasten des eigentlichen Fremdsprachenunterrichts".

5.2 Überzeugungen von Lehrpersonen als Komponente der Angebotsseite im Rahmen des Angebot-Nutzungs-Modells

Die Studien über die Überzeugungen der Lehrpersonen müssten von einem umfassenden Lehr-Lernmodell wie dem Angebot-Nutzungs-Modell geleitet werden und die entsprechenden Variablen gleichzeitig untersuchen. Dies liesse den Stellenwert bzw. den Einfluss der Überzeugungen auf andere relevante Unterrichtsvariablen besser einordnen, z. B. Vergleich der Überzeugungen der Lehrpersonen mit jenen der Lernenden oder mit der intendierten oder effektiven Unterrichtspraxis. Aufgrund der nicht gegebenen Realitätsadäquanz weisen Schedel und Bonvin (2017, 119) zu Recht auf diese Lücke in ihrer Untersuchung hin:

> Um dies leisten zu können, müssten die Aussagen der Lehrpersonen mit Interaktionsdaten aus ihrem Unterricht verglichen und Abweichungen gezielt überprüft werden. Im Rahmen des o.g. Projekts wurden zwar auch Unterrichtsbeobachtungen in einigen wenigen Klassen durchgeführt, jedoch von anderen ProjektkollegInnen und nicht bei allen interviewten Lehrpersonen.

Barras et al. (2019, 378 und 384) haben einen solchen Bezug hergestellt, indem nach den gehaltenen Lektionen bzw. Unterrichtsbeobachtungen mit den betroffenen Lehrpersonen über ihre Überzeugungen gegenüber den mehrsprachigkeitsdidaktischen Aktivitäten sowie allgemein über den Stellenwert solcher Ansätze im Fremdsprachenunterricht diskutiert wurde. Bei Le Pape Racine und Brühwiler

(2020) stellte einerseits der Vergleich der Überzeugungen der Lehrpersonen zur Wirksamkeit von Sprachvergleichen mit jenen der Lernenden und andererseits die Zusammenhänge zwischen diesen Überzeugungen mit der intendierten Unterrichtsgestaltung eine valable Alternative zu den Unterrichtsbeobachtungen dar. Die erzielten Resultate bestätigten, dass (positive) Überzeugungen nicht ‚für bare Münze' genommen werden dürfen, wie dies beispielsweise in anderen Kontexten hervorgehoben wurde: In Norwegen befürworteten die Sprachlehrpersonen zwar Aktivitäten, die der Förderung der Mehrsprachigkeit dienten, aber weniger als ein Drittel führte solche effektiv durch (vgl. Haukås 2016, 12).

Obwohl bisher die Forschenden – mit wenigen Ausnahmen (vgl. z. B. Neveling 2013; Wischmeier 2012) – in der Regel nur ein Instrument einsetzten, werden zur Erfassung der Überzeugungen „zunehmend [...] quantitative Verfahren bzw. *mixed-methods*-Designs verwendet" (Caspari 2014, 30). Die Verbindung von Methoden qualitativer (z. B. Leitfaden-Interviews) und quantitativer Art (z. B. Fragebogen) scheint zielführend zu sein. Schliesslich stellt der multimodale Ansatz, der den klassischen Fragebogen durch die Visualisierung der Überzeugungen über Zeichnungen der Lehrpersonen ergänzt, ein vielsprechendes Instrument dar (vgl. Kalaja & Melo-Pfeifer 2019).

5.3   Negative Überzeugungen als Ausgangspunkt für Reflexionen

Negative Überzeugungen, die im Rahmen der Untersuchungen festgestellt wurden, sollten den Ausgangspunkt von Reflexionen und Interventionen darstellen, anstatt Argumente liefern, um die Umsetzung der Mehrsprachigkeitsdidaktik in Frage zu stellen. Schedel und Bonvin (2017, 122) betonen beispielsweise die Bedeutung einer positiven Haltung der Lehrpersonen gegenüber den Sprachvergleichen für die Motivation der eigenen Lernenden.

Selbstverständlich muss bei den negativen Überzeugungen unterschieden werden, welche überhaupt modifizierbar sind und welche eher nicht, denn es sollten realistische Ziele verfolgt werden. Obwohl Überzeugungen dynamisch sind, gelten sie als veränderungsresistent (vgl. Rossa 2017, 203; Le Pape Racine & Brühwiler 2020, 234). Zu den schwer modifizierbaren Überzeugungen gehören unseres Erachtens beispielsweise die grundlegende Ablehnung von Reformen sowie der funktionalen Mehrsprachigkeit und das Ideal der absoluten Einsprachigkeit im Fremdsprachenunterricht.

Zu den eher modifizierbaren negativen Überzeugungen zählen hingegen z. B. die Annahme der Lehrpersonen, dass sie für die Sprachvergleiche auch nicht unterrichtete Fremdsprachen oder die Herkunftssprachen ihrer Schülerinnen und Schüler beherrschen müssten; die angenommene sprachliche und kognitive Überforderung der schwachen Lernenden; mehrsprachigkeitsdidaktische Aktivitäten als Selbstzweck oder als Fremdkörper im eigenen Unterricht usw. Vor allem die letzten Punkte zeugen von einem approximativen bzw. verzerrten Verständnis der Mehrsprachigkeitsdidaktik, dem es entgegenzuwirken gilt, um das Gelingen dieser didaktischen Weiterentwicklung nicht zu gefährden.

6. Ausblick 2: Aus- und Fortbildung der Lehrpersonen

Überzeugungen können die Aufnahme neuer Erkenntnisse erschweren (vgl. Le Pape Racine & Brühwiler 2020, 234). Gemäss der Metastudie von Bredthauer und Engfer (2018, 16) entsprachen die Überzeugungen von Lehrpersonen im deutschsprachigen Kontext in wesentlichen Punkten mehrheitlich nicht den aktuellen wissenschaftlichen Erkenntnissen. Wischmeier (2012, 184) stellte ausserdem in bayrischen Klassen fest, dass Grundschullehrkräfte keine klare Vorstellung vom Sprachenerwerb oder von Mehrsprachigkeit hatten. Ohne ein fundiertes Wissen folgen Lehrpersonen tendenziell ihren Überzeugungen (vgl. auch Haukås 2016). Melo-Pfeifer (2019, 14) weist, in Anlehnung an Caspari (2016, 308), darauf hin, dass die Überzeugungen der praktizierenden Lehrpersonen von ihrer individuellen Berufsbiographie sowie von der subjektiven Wahrnehmung institutioneller Rahmenbedingungen abhängen.

Melo-Pfeifer (2019, 15) schreibt, dass sich monolinguale Überzeugungen von angehenden Fremdsprachenlehrpersonen nur verändern lassen, wenn sie sich mit alternativen (als plausibel erscheinenden) mehrsprachigen Theorien und Methoden befassen und sie z. B. in der Umsetzung in Praktika als nützlich für den Fremdsprachenunterricht wahrnehmen. Für amtierende Lehrpersonen wird eine nachhaltige Praxisunterstützung für die Modifizierung von tief verankerten Routinen empfohlen: „situierte, problem- und handlungsorientierte – inkl. videobasierte [...] Fortbildungsformate" (Reusser & Pauli ²2014, 655), um über Handlungsalternativen neue Handlungsroutinen einzuüben (vgl. Le Pape Racine & Brühwiler 2020, 250). Allgemein sollte auf zeitlich umfangreichere und kontinuierlichere Weiterbildungen gesetzt werden (z. B. Jungmann et al. 2013, 114). Eine Metastudie des Schweizerischen Zentrums für die Sekundastufe II bestätigt schliesslich, dass sich über Weiterbildungen Überzeugungen von Lehrpersonen allgemein modifizieren lassen und so ein verändertes unterrichtspraktisches Handeln bewirken. Die Veränderung tief verankerter Überzeugungen sei jedoch ein langwieriger Prozess (vgl. ZEM/CES 2018, 13–14).

Literaturverzeichnis

ARTELT, Cordula. 2000. „Wie prädiktiv sind retrospektive Selbstberichte über den Gebrauch von Lernstrategien für strategisches Lernen?", in: *Zeitschrift für Pädagogische Psychologie* 14, 72–84.

BARRAS, Malgorzata & PEYER, Elisabeth & LÜTHI, Gabriela. 2019. „Mehrsprachigkeitsdidaktik im schulischen Fremdsprachenunterricht: Die Sicht der Lehrpersonen", in: *Zeitschrift für Interkulturellen Fremdsprachenunterricht* 24/2, 377–403.

BIEDERMANN, Horst & STEINMANN, Sybille & OSER, Fritz. 2015. „«Glaubensbestände und Glaubenswandel»: zur Transformation von konstruktions- und transmissionsorientierten Lehr- Lernüberzeugungen in der Lehrpersonenausbildung", in: *Beiträge zur Lehrerinnen- und Lehrerbildung* 33/1, 46–68.

BORG, Simon. 2003. „Teacher cognition in language teaching: A review of research on what language teachers think, know, believe, and do", in: *Language Teaching* 36/2, 81–109.

BORG, Simon. 2006. *Teacher Cognition and Language Education: Research and Practice*. London: Bloomsbury Academic.

BREDTHAUER, Stefanie & ENGFER, Hilke. 2018. *Natürlich ist Mehrsprachigkeit toll! Aber was hat das mit meinem Unterricht zu tun?*, 1–20. https://kups.ub.uni-koeln.de/8092/, Zugriff: 06.03.2021.

BRÜHWILER, Christian & HELMKE, Andreas. 2018. „Determinanten der Schulleistung", in: Rost, Detlef H. ed. *Handwörterbuch Pädagogische Psychologie*. Weinheim: Beltz, 78–92.

CANDELIER, Michel. 2008. „Approches plurielles, didactiques du plurilinguisme : le même et l'autre", in: *Les Cahiers de l'Acedle* 5/1, 65–90.

CANDELIER, Michel & SCHRÖDER-SURA, Anna. 2016. „Mehrsprachigkeitsdidaktik et Didactique du plurilinguisme : Structure du champ et terminologie – Quelques repères", in: *Synergies Pays germanophones* 9, 33–46.

CASPARI, Daniela. 2014. „Was in den Köpfen von Fremdsprachenlehrer(inne)n vorgeht, und wie wir versuchen, es herauszufinden. Eine Übersicht über Forschungsarbeiten zu subjektiven Sichtweisen von Fremdsprachenlehrkräften (2000 – 2013)", in: *Fremdsprachen Lehren und Lernen* 43/1, 20–35. https://elibrary.narr.digital/article/99.125005/flul201410020, Zugriff: 06.03.2021.

CASPARI, Daniela. 2016. „Die Lehrenden", in: Burwitz-Melzer, Eva & Mehlhorn, Grit & Riemer, Claudia & Bausch, Karl-Richard & Krumm, Hans-Jürgen. edd. *Handbuch Fremdsprachenunterricht.* Tübingen: UTB, 305–311.
COSTE, Daniel & MOORE, Danièle & ZARATE, Geneviève. ²2009. *Plurilingual and Pluricultural Competence.* Strasburg: Council of Europe, Language Policy Division.
DE ANGELIS, Gessica. 2011. „Teachers' beliefs about the role of prior language knowledge in learning and how these influence teaching practices", in: *International Journal of Multilingualism* 8/3, 216–234. DOI: 10.1080/14790718.2011.560669.
DEUTSCHSCHWEIZER ERZIEHUNGSDIREKTOREN-KONFERENZ. 2010–2014. *Lehrplan 21.* Bern: Schweizerische Konferenz der Kantonalen Erziehungsdirektoren. https://www.lehrplan21.ch, Zugriff: 06.03.2021.
EDK = SCHWEIZERISCHE KONFERENZ DER KANTONALEN ERZIEHUNGSDIREKTOREN. 2004. *Sprachenunterricht in der obligatorischen Schule: Strategie der EDK und Arbeitsplan für die gesamtschweizerische Koordination.* Bern: Schweizerische Konferenz der Kantonalen Erziehungsdirektoren.
EGLI CUENAT, Mirjam & MANNO, Giuseppe & LE PAPE RACINE, Christine. 2010. „Lehrpläne und Lehrmittel im Dienste der Kohärenz im Fremdsprachencurriculum der Volksschule", in: *Beiträge zur Lehrerbildung* 28/1, 109–124.
GAJO, Laurent & STEFFEN, Gabriela & VUKSANOVIĆ, Ivana & FREYTAG LAUER, Audrey. 2020. *Immersion et enseignement de la langue orienté vers le contenu : continuités, ruptures, défis.* Freiburg: Wissenschaftliches Kompetenzzentrum für Mehrsprachigkeit.
GARCÍA, Ofelia & OTHEGUY, Ricardo. 2020. „Plurilingualism and translanguaging: commonalities and divergences", in: *International Journal of Bilingual Education and Bilingualism* 23/1, 17–35.
HARMOS. 2007. *Interkantonale Vereinbarung über die Harmonisierung der obligatorischen Schule.* Bern: Schweizerische Konferenz der Kantonalen Erziehungsdirektoren. https://edudoc.ch/record/24711/fi les/HarmoS_d.pdf, Zugriff: 06.03.2021.
HATTIE, John A. C. 2009. *Visible Learning. A synthesis of over 800 meta-analyses relating to achievement.* London: Routledge.
HAUKÅS, Åsta 2016. „Teachers' beliefs about multilingualism and a multilingual pedagogical approach", in: *International Journal of Multilingualism* 13/1, 1–18.
HELMKE, Andreas. 2002. „Unterrichtsqualität und Unterrichtsklima: Perspektiven und Sackgassen", in: *Unterrichtswissenschaft* 30/3, 261–277.
HELMKE, Andreas & WEINERT, Franz E. 1997. „Bedingungsfaktoren schulischer Leistungen", in: Weinert, Franz E. ed. *Psychologie des Unterrichts und der Schule.* Göttingen: Hogrefe-Verlag, 71–176.
HEYDER, Karoline & SCHÄDLICH, Birgit. 2014. „Mehrsprachigkeit und Mehrkulturalität – eine Umfrage unter Fremdsprachenlehrkräften in Niedersachsen", in: *Zeitschrift für Interkulturellen Fremdsprachenunterricht: Didaktik und Methodik im Bereich Deutsch als Fremdsprache* 19/1, 183–201.
HUTTERLI, Sandra. ed. 2012. *Koordination des Sprachunterrichts in der Schweiz. Aktueller Stand – Entwicklungen – Ausblick.* Bern: Schweizerische Konferenz der kantonalen Erziehungsdirektoren (EDK).
JESSNER, Ulrike. 2013. „Third language learning", in: Bryam, Michael & Hu, Adelheid. edd. *Routledge Encyclopedia of Language Teaching and Learning.* Oxon: Routledge, 724–728.
JUNGMANN, Tanja & KOCH, Katja & ETZIEN, Maria. 2013. „Effektivität alltagsintegrierter Sprachförderung bei ein- und zwei- bzw. mehrsprachig aufwachsenden Vorschulkindern", in: *Frühe Bildung* 2/3, 100–121.
KALAJA, Paula & MELO-PFEIFER, Silvia. ed. 2019. *Visualising Multilingual Lives More Than Words.* Clevedon: Multilingual Matters.

KIENHUES, Dorothe. 2016. „Heute hier, morgen dort: Die kurzfristige Beinflussbarkeit epistemischer Kognition", in: Mayer, Anne-Kathrin & Rosmann, Tom. edd. *Denken über Wissen und Wissenschaft. Epistemologische Überzeugungen als Gegenstand psychologischer Forschung*. Lengerich: Pabst, 157–172.

KONSORTIUM ÜGK. ed. 2019. *Überprüfung der Grundkompetenzen. Nationaler Bericht der ÜGK 2017: Sprachen 8. Schuljahr*. Bern und Genf: EDK und SRED. http://uegkschweiz.ch/wp-content/uploads/2019/05/UGK_2017_DE.pdf, Zugriff: 06.03.2021.

LE PAPE RACINE, Christine & BRÜHWILER, Christian. 2020. „Überzeugungen von Schüler/innen und Lehrpersonen zur Wirksamkeit von Sprachlernstrategien im Fremdsprachenunterricht am Übergang von der Primarstufe in die Sekundarstufe I", in: Manno, Giuseppe & Egli Cuenat, Mirjam & Le Pape Racine, Christine & Brühwiler, Christian. edd. *Schulischer Mehrsprachenerwerb am Übergang zwischen Primarstufe und Sekundarstufe I*. Münster: Waxmann, 227–255.

MANNO, Giuseppe. [2]2005. „Spracheinstellungen und Tertiärsprachendidaktik. Das Frühenglische in der Deutschschweiz: eine Chance für den Französischunterricht zum Neuanfang?", in: Hufeisen, Britta & Neuner, Gerhard. edd. *Mehrsprachigkeitskonzept – Tertiärsprachenlernen – Deutsch nach Englisch*. Graz/München: Council of Europe/ECML, 157–176.

MANNO, Giuseppe & EGLI CUENAT, Mirjam. 2018. „Sprachen- und fächerübergreifende curriculare Ansätze im Fremdsprachenunterricht in der Schweiz: Curricula in zwei Bildungsregionen und Resultate aktueller empirischer Studien in der Deutschschweiz", in: *Zeitschrift für Fremdsprachenforschung* 29/2, 217–243.

MANNO, Giuseppe & EGLI CUENAT, Mirjam & LE PAPE RACINE, Christine & BRÜHWILER, Christian. edd. 2020. *Schulischer Mehrsprachenerwerb am Übergang zwischen Primarstufe und Sekundarstufe I*. Münster: Waxmann.

MARTINEZ, Hélène. [6]2016. „Lernerstrategien und Lerntechniken", in: Burwitz-Melzer, Eva & Mehlhorn, Grit & Riemer, Claudia & Bausch, Karl-Richard & Krumm, Hans-Jürgen. edd. *Handbuch Fremdsprachenunterricht*. Tübingen/Basel: Francke, 372–376.

MARTINEZ, Hélène. 2020. „Mehrsprachigkeit und ihre methodischen Implikationen", in: Hallet, Wolfgang & Königs, Frank G. & Martinez, Hélène. edd. *Handbuch Methoden im Fremdsprachenunterricht*. Stuttgart: Klett/Kallmeyer, 420–423.

MAYRING, Philipp. [8]2003. *Qualitative Inhaltsanalyse: Grundlagen und Techniken*. Weinheim: Beltz.

MELO-PFEIFER, Silvia M. 2019. „‚Ich werde Fremdsprachen lehren, also (wer) bin ich?' – Berufsbezogene Überzeugungen künftiger Fremdsprachenlehrerinnen und Lehrer für Französisch und Spanisch in der ersten Phase der Lehrerausbildung (Bachelor)", in: *Zeitschrift für Romanische Sprachen und ihre Didaktik* 13/2, 9–33.

NEUNER, Gerhard. [2]2005. „Mehrsprachigkeitskonzept und Tertiärsprachendidaktik", in Hufeisen, Britta & Neuner, Gerhard. edd. *Mehrsprachigkeitskonzept – Tertiärsprachendidaktik – Deutsch nach Englisch*. Graz/München: Council of Europe/ECML, 13–34. http://archive.ecml.at/documents/pub112G2003.pdf, Zugriff: 06.03.2021.

NEVELING, Christiane. 2012. „Sprachenübergreifendes Lernen im Spanischunterricht aus der Perspektive von Lehrerinnen und Lehrern: eine Fragebogen-Studie", in: Leitzke-Ungerer, Eva & Blell, Gabriele & Vences, Ursula. edd. *English-Español: Vernetzung im kompetenzorientierten Spanischunterricht*. Stuttgart: ibidem, 219–235.

NEVELING, Christiane. 2013. „Kiosco, televisión, tomate – das, was automatisch klar ist. Eine Interview-Studie zum sprachenübergreifenden Lernen im Spanischunterricht aus Lehrerperspektive", in: *Zeitschrift für Romanische Sprachen und ihre Didaktik* 7/2, 97–129.

PEYER, Elisabeth & ANDEXLINGER, Mirjam & KOFLER, Karolina & LENZ, Peter. 2016. *Projekt Fremdsprachenevaluation BKZ. Schlussbericht zu den Sprachkompetenztests*. Freiburg: Institut für Mehrsprachigkeit.

PORSCH, Raphaela. 2015. „Unterscheiden sich Mathematiklehrkräfte an Grundschulen mit und ohne Fach-Lehrbefähigung hinsichtlich ihrer berufsbezogenen Überzeugungen?", in: *mathematica didactica* 38, 5–32.

REIMANN, Daniel. 2016. „Aufgeklärte Mehrsprachigkeit – Sieben Forschungs- und Handlungsfelder zur (Re-)Modellierung der Mehrsprachigkeitsdidaktik", in: Rückl, Michaela. ed. *Sprachen & Kulturen vermitteln und vernetzen. Beiträge zu Mehrsprachigkeit und Inter-/Transkulturalität im Unterricht, in Lehrwerken und in der Lehrer/innen/bildung*. Münster: Waxmann, 15–33.

REUSSER, Kurt & PAULI, Christine. ²2014. „Berufsbezogene Überzeugungen von Lehrerinnen und Lehrern", in Terhart, Ewald & Bennewitz, Hedda & Rothland, Martin. edd. *Handbuch der Forschung zum Lehrerberuf*. Münster: Waxmann, 642–661.

ROSSA, Henning. 2017. „You teach what you believe in. BELT – Beliefs about Effective Language Teaching", in Wilden, Eva & Porsch, Raphaela. edd. *The Professional Development of Primary EFL Teachers*. Münster: Waxmann, 197–208.

RÜCK, Nicola. 2009. *Auffassungen vom Fremdsprachenlernen monolingualer und plurilingualer Schülerinnen und Schüler*. Kassel: University Press.

SCHEDEL, Larissa & BONVIN, Audrey. 2017. „„« Je parle pas l'allemand. Mais je compare en français »: LehrerInnenperspektiven auf Sprachvergleiche", in: *Zeitschrift für Interkulturellen Fremdsprachenunterricht* 22/2, 116–127.

SEIDEL, Tina & REISS, Kristina 2014. „Lerngelegenheiten im Unterricht", in: Seidel, Tina & Krapp, Andreas. edd. *Pädagogische Psychologie*. Weinheim/Basel: Beltz, 253–276.

VENUS, Theresa. 2017. „Schülereinstellungen zum Französischen als Schulfremdsprache: Erste empirische Befunde einer Fragebogenstudie", in: *Zeitschrift für Interkulturellen Fremdsprachenunterricht* 22/1, 122–138.

VOLGGER, Marie-Luise. 2010. „«Wenn man mehrere Sprachen kann, ist es leichter, eine weitere zu lernen...». Einblicke in die Mehrsprachigkeitsbewusstheit lebensweltlich mehrsprachiger FranzösischlernerInnen", in: *Zeitschrift für Interkulturellen Fremdsprachenunterricht* 15/2, 169–198.

WIATER, Werner. 2006. „Didaktik der Mehrsprachigkeit", in: Wiater, Werner. ed. *Didaktik der Mehrsprachigkeit. Theoriegrundlagen und Praxismodelle*. Stamsried: Ernst Vögel, 57–72.

WISCHMEIER, Inca. 2012. „Primary school teachers' beliefs about bilingualism", in: König, Johannes. ed. *Teachers' Pedagogical Beliefs*. Münster: Waxmann,171–190.

WITTE, Arnd & HARDEN, Theo. ²2010. „Die Rolle des Lehrers/der Lehrerin im Unterricht des Deutschen als Zweit- und Fremdsprache", in: Krumm, Hans-Jürgen & Fandrych, Christian & Hufeisen, Britta & Riemer, Claudia. edd. *Deutsch als Fremd- und Zweitsprache. Ein internationales Handbuch*. Berlin: de Gruyter, 1324–1340.

ZEM/CES: SCHWEIZERISCHES ZENTRUM FÜR DIE MITTELSCHULE. 2018. *Monitoringbericht. Weiterbildung Lehrpersonen und Schulkader Mittelschulen*. Bern, 36 Seiten. Zugriff: https://www.zemces.ch/download/pictures/68/km9rkq6tf61ng5r0zjgtbkpz8cx94t/monitoringbericht_181214.pdf, Zugriff: 06.03.2021.

Mehrsprachigkeitsdidaktische Bausteine in der ersten Ausbildungsphase zukünftiger Französischlehrkräfte – Einblicke in Konzeption und empirische Erprobung

Svenja Haberland (Münster)

1. Einführung

When learners are not aware of the benefits of multilingualism and 'when children are not encouraged in the school situation to rely on their different languages and language knowledge as positive resources' [...] multilingualism may not provide any advantage (Moore 2006, 136; nach Haukås 2016, 1).

Sprachliche Heterogenität versteht sich als zentrales Merkmal moderner und globalisierter Gesellschaften und stellt damit eine bedeutende Ausgangslage für den institutionellen Fremdsprachenunterricht dar (vgl. z. B. Elsner 2011, 27; Gogolin et al. 2020, 2–3). Jede bzw. jeder Lernende bringt ein individuelles sprachliches Repertoire in den (Fremdsprachen-)Unterricht mit, welches als wertvolle Ressource für das Lehren und Lernen weiterer Sprachen aufgefasst werden kann. Diese individuelle Mehrsprachigkeit, hier zunächst verstanden als Sprachkenntnisse und Spracherfahrungen eines Individuums (vgl. z. B. Europarat 2001, 17; Riehl 2014, 12), kann bei bewusstem und gezieltem Einbezug Unterrichtssituationen bereichern, Lernprozesse ökonomisieren, Offenheit für Sprachenvielfalt generieren sowie Motivation für lebenslanges Sprachenlernen stiften (vgl. z. B. Wiater 2006, 60). Konsolidiert wird dieses Potenzial durch zahlreiche bildungspolitische Forderungen, welche die unterrichtliche Förderung von Mehrsprachigkeit für unabdingbar erklären (vgl. z. B. Candelier et al. 2009, 7–8; Europarat 2001, 14, 16; Europarat 2018, 159–164; KMK 2012, 22; Ministerium 2014, 18). Lehrende sind somit dazu angehalten, ihren Unterricht an Prinzipien der Mehrsprachigkeitsdidaktik auszurichten und die mehrsprachigen Repertoires ihrer Lernenden systematisch, durchgängig und reflektiert zu integrieren.

Demgemäß kommt (Fremdsprachen-)Lehrkräften eine Schlüsselrolle in der Bewusstmachung und Förderung von individueller Mehrsprachigkeit zu, was durch die vorangestellte Äußerung Moores untermauert wird. Der aktuelle fachdidaktische Diskurs weist darauf hin, dass Lehrkräfte zwar überwiegend eine positive Einstellung gegenüber Mehrsprachigkeit haben und Bemühungen an den Tag legen, diese durch entsprechende Ansätze zu fördern, die systematische und durchgängige Implementierung von Mehrsprachigkeitsdidaktik jedoch noch nicht der unterrichtlichen Realität entspricht (vgl. z. B. Bermejo Muñoz 2019, 110–111; Bredthauer & Engfer 2018, 9–10; Heyder & Schädlich 2014, 193–196).

An diesem Punkt setzt das Promotionsprojekt an, das diesem Beitrag zugrunde liegt. Es zielt darauf ab, angehende Lehrkräfte der ersten Ausbildungsphase umfassend und im Einklang mit ihren bestehenden Studienstrukturen auf die Förderung individueller Mehrsprachigkeit und die Umsetzung mehrsprachigkeitsdidaktischer Ansätze im Fremdsprachenunterricht vorzubereiten. Durch eine mehrsprachigkeitsdidaktische Intervention initiiert, soll Studierenden romanischer Schulfremdsprachen ein positives Kompetenzempfinden ermöglicht werden, damit sie am Ende ihres Studiums ihrer Rolle als Schlüsselperson nachkommen und Mehrsprachigkeit auch tatsächlich systematisch fördern wollen. Konkret wird in vorliegendem Beitrag nach einer terminologischen Standortbestimmung ein Teil der erwähnten Intervention vorgestellt, welcher nach Prinzipien des *Design-Based Research* für eine fachdidaktische Vorlesung entwickelt und einem ersten empirischen Design-Experiment unterzogen wurde. Nach Darlegung des Verlaufs sowie Beschreibung der verwendeten Untersuchungsinstrumente sollen erste aussagekräftige Ergebnisse diskutiert werden, um darauf basierend einen Ausblick auf weitere Ziele zu geben.

2. Terminologische Standortbestimmung

Einem allgemeinen Verständnis folgend ist der Terminus „Mehrsprachigkeit" als Dachbegriff aufzufassen, welcher das Vorhandensein mehrerer Sprachen in unterschiedlichen Bereichen und Dimensionen meint[1] und im Fachkonsens durch eine starke Pluralität geprägt ist (vgl. Meißner & Fäcke 2019, 1). Da das diesem Beitrag

---

1 In Anlehnung an Riehl (2014, 9) beschreibt Mehrsprachigkeit „[…] verschiedene Formen von gesellschaftlich oder institutionell bedingtem und individuellem Gebrauch von mehr als einer Sprache", sodass der Begriff in die Unterformen „gesellschaftliche Mehrsprachigkeit", „institutionelle Mehrsprachigkeit" und „individuelle Mehrsprachigkeit" untergliedert werden kann (siehe auch Gogolin & Lüdi 2015, n. pag.).

zugrundeliegende Forschungsprojekt u. a. intendiert aufzuzeigen, wie angehende Lehrkräfte durch die Bewusstmachung und Reflexion ihrer eigenen Mehrsprachigkeit sensibilisiert werden können, schülerseitige Mehrsprachigkeit systematischer und reflektierter in den Fremdsprachenunterricht zu integrieren, wird hinfort Mehrsprachigkeit als Eigenschaft von Individuen betrachtet und unter dem Terminus „individuelle Mehrsprachigkeit" subsumiert (vgl. z. B. Berthele 2010, 225–226). Diese liegt vor, wenn Individuen über Sprachkenntnisse und Spracherfahrungen in mehr als zwei Sprachen verfügen, welche vernetzt in einem mehrsprachigen Repertoire gespeichert sind. Benanntes Repertoire besteht konkret aus einer Sammlung sprachlicher und außersprachlicher Ressourcen, die die jeweilige Person flexibel im Gedächtnis abrufen und zur Problemlösung situationsabhängig einsetzen kann (vgl. z. B. Bermejo Muñoz 2019, 14; Berthele 2010, 226–227; Lüdi & Py 2009, 157). Dabei müssen nicht alle im Repertoire befindlichen Sprachen notwendigerweise auf einem hohen Kompetenzniveau beherrscht werden, denn „als mehrsprachig darf schon bezeichnet werden, wer auf Basis der Kenntnis seiner Muttersprache eingeschränkte Kenntnisse in wenigstens zwei weiteren Sprachen entweder in gleichen oder verschiedenen Diskursbereichen hat" (Bertrand & Christ 1990, 208). Die Fähigkeit, in verschiedenen (kommunikativen) Situationen reflektiert auf dieses System zurückzugreifen sowie vorhandenes sprachliches, didaktisches und kulturelles Wissen zielführend zu aktivieren, um Phänomene in einer (neuen) Zielsprache und -kultur einordnen und festigen zu können, bildet eine integrierte Kompetenz, welche mit dem Terminus „mehrsprachige und plurikulturelle Kompetenz" konkretisiert werden kann (vgl. Europarat 2001, 18–22; Gogolin & Lüdi 2015, n. pag.). Der zentrale Grundpfeiler der Mehrsprachigkeitsdidaktik besteht darin, diese Fähigkeit konsequent auszubilden:

> Die Didaktik der Mehrsprachigkeit ist die Wissenschaft und Lehre vom kombinierten und koordinierten Unterrichten und Lernen mehrerer Fremdsprachen innerhalb und außerhalb der Schule. Ihr primäres Ziel ist die Förderung der Mehrsprachigkeit durch Erarbeitung sprachenübergreifender Konzepte zur Optimierung und Effektivierung des Lernens von Fremdsprachen sowie durch die Erfahrung des Reichtums der Sprachen und Kulturen (Wiater 2006, 60).

Dem lernenden Subjekt und seiner funktionalen Kommunikationskompetenz wird somit eine Vorrangstellung eingeräumt. Es wird im Rahmen lernerorientierter und individualisierter unterrichtlicher Verfahren dazu angeregt, aktiv Verbindungen zu den eigenen sprachlichen und außersprachlichen Kompetenzen[2] herzustellen, um eine umfassende mehrsprachige Handlungskompetenz auszubilden (vgl. Sauer & Saudan 2008, 4) und das Lernen zu optimieren. Benannte mehrsprachige Handlungskompetenz spezifiziert Rückl (2020, 117) hierbei als die Fähigkeit „mehr als eine Sprache für vielfältige Kommunikationszwecke zu nutzen" bzw. „unterschiedliche Kompetenzen in unterschiedlichen Sprachen auf unterschiedlichen Niveaus zu erwerben". Da Sprachenlernen als lebenslanger und von individuellen Intentionen abhängiger Prozess gesehen wird, versteht sich die Motivation für die selbstständige und ausdauernde Auseinandersetzung mit Sprache(n) als übergreifende Zielsetzung mehrsprachigkeitsdidaktischer Verfahren. Zur Erreichung dieser Prämissen gilt es, bei der Implementierung von Mehrsprachigkeitsdidaktik einige grundlegende Prinzipien zu berücksichtigen:

- die Zentrierung auf Fragen der Sprachtypologie, der Sprachfamilien, der Sprachähnlichkeiten, der Sprachparallelen […],
- die curriculare Abstimmung hinsichtlich der Inhalte, Ziele, Methoden und Medien zwischen zu lernenden (Schulfremd-)Sprachen, […]
- die Nutzung der Beziehungen zwischen Sprachen für das Lernen (vgl. Transfer, Interferenz),
- das Erarbeiten interlingual nutzbarer Elemente (Wortschatz, Formen) und Strategien für das Verstehen unbekannter fremdsprachlicher Texte (vgl. Inferenz),
- lernerorientierte Methoden und Individualisierung beim Sprachenlernen […] (Wiater 2006, 60).

Im Einklang mit diesen Prinzipien und den bildungspolitischen Forderungen, individuelle Mehrsprachigkeit wertzuschätzen, in den Unterricht einzubeziehen und für das Lernen weiterer Fremdsprachen produktiv zu nutzen, wurden ab den 1990er/2000er-Jahren zahlreiche mehrsprachigkeitsdidaktische Konzepte und Modelle[3] entwickelt (vgl. Reimann 2016, 58), welche Lehrkräften teilweise konkrete Umsetzungsvorschläge an die Hand geben. Jedoch werden diese zum einen nur punktuell genutzt und zum anderen stellt die wachsende sprachliche Heterogenität in den Klassenzimmern Lehrkräfte vor neue Herausforderungen, sodass es

---

2 Gemeint sind alle dem Individuum verfügbaren Kompetenzen in Erst-, Zweit-, Herkunfts- und/oder Fremdsprachen sowie dessen interkulturelle kommunikative Kompetenz, Sprachbewusstheit und Sprachlernkompetenz.
3 Vgl. z. B. Candelier et al. 2009; Krumm & Reich 2011.

sich an dieser Stelle als lohnenswert erweist, unter Rückbezug auf empirische Studien der fremdsprachlichen Fachdidaktik, einen Blick in die Unterrichtsrealität zu werfen und der Frage nachzugehen, wie die Umsetzung mehrsprachigkeitsdidaktischer Verfahren im realen Bildungskontext gelingt und an welcher Stelle ggf. ein fachdidaktischer Handlungsbedarf besteht.

3. Dichotomie zwischen lehrendenseitigen Einstellungen und Handlungen

Ergebnisse aktueller fremdsprachendidaktischer Studien machen deutlich, dass ein Widerspruch zwischen positiven lehrendenseitigen Einstellungen zu Mehrsprachigkeit(-sdidaktik) und der kaum erfolgenden Umsetzung entsprechender Ansätze in der Unterrichtspraxis besteht: Ein Großteil der Lehrkräfte zeigt eine Wertschätzung für schulisch wie außerschulisch erworbene Mehrsprachigkeit, ist sich der potenziellen Vorteile für das Erlernen oder Festigen einer Zielsprache bewusst und tritt mehrsprachigkeitsdidaktischen Verfahren offen gegenüber, nutzt diese jedoch oftmals nur unsystematisch und spontan im Rahmen der Fremdspracheninstruktion (vgl. Bredthauer & Engfer 2018, 9–10; Heyder & Schädlich 2014, 193–196). Im Falle einer Implementierung ist zu beobachten, dass oftmals nur Lexik und Grammatik fokussiert werden und Sprachenvergleiche vorrangig in Bezug auf die Zielsprache sowie das Deutsche Anwendung finden (vgl. Heyder & Schädlich 2014, 194). Werden weitere Sprachen hinzugenommen, sind dies meist Schulfremdsprachen, während schülerseitige Herkunftssprachen in der Regel wenig Berücksichtigung erfahren (vgl. Bermejo Muñoz 2019, 110–111; Bredthauer & Engfer 2018, 10–12).

Eruiert man die Beweggründe für diese Handlungsweisen, so wird dies von Lehrkräften vornehmlich durch fehlende sprachliche Expertise ihrerseits sowie vermeintliche Nachteile für nicht lebensweltlich mehrsprachige Lernende gerechtfertigt (vgl. Bredthauer & Engfer 2018, 12), was suggeriert, dass besonders in Bezug auf die Förderung von Herkunftssprachen sowie die systematische Umsetzung mehrsprachigkeitsdidaktischer Verfahren ein verstärkter Handlungsbedarf besteht. Weitere, wiederholt vorgebrachte Erklärungsansätze sind, dass die Aus-, Fort- und Weiterbildung von Lehrkräften Mehrsprachigkeitsdidaktik nicht umfassend genug behandele und reflektiere (vgl. z. B. Bredthauer & Engfer 2018, 16–

17; Königs 2006, 216–219; Meißner 2001, 114), es an konkreten und einheitlichen Kompetenzformulierungen in den Bereichen Wissen, Fertigkeiten und Einstellungen mangele (vgl. Bredthauer 2018a, 284) und Lehrkräfte unzureichend in der Fähigkeit geschult würden, Sprachlernprozesse der Schülerinnen und Schüler (fortan SuS) zu erkennen, zu analysieren und dem Unterricht zuzuführen (vgl. Meißner 2019, 150). In diesem Sinne postulierte Meißner bereits 2001 die Forderung nach einer „Didaktik der Mehrsprachigkeit", welche als fundamentaler Bestandteil in die Fremdsprachenlehrkräftebildung integriert werden solle (vgl. ebd. 2001, 114). Dies wird durch aktuelle Desiderate untermauert, die (immer noch) einen Bedarf an einer integrativen Thematisierung von Mehrsprachigkeit(-sdidaktik) in der Ausbildung von Lehrkräften herausstellen (vgl. z. B. Bredthauer 2018a, 284).

Um diesen Desideraten zu begegnen, schlagen sich in einigen Bildungsinstitutionen bereits Ansätze nieder, die Studierenden mehrsprachigkeitsbezogene Angebote und Zusatzqualifikationen unterbreiten (vgl. z. B. Bredthauer 2018b; ÖSZ 2014; Universität Regensburg o. J.). Diese Maßnahmen zentrieren sich jedoch größtenteils auf Deutsch als Zweit-/Fremdsprache, zeichnen sich durch inhaltliche und strukturelle Vielfalt aus und sind meist ein fakultativer Zusatz zum Hauptstudium. Eine Systematisierung und integrative Ausweitung auf die Ausbildung von Lehrkräften der romanischen Schulfremdsprachen lässt sich somit als relevanter Gegenstand, zukunftsweisende Zielsetzung und gleichzeitige fremdsprachendidaktische Herausforderung festmachen. Aus diesem Handlungsdruck resultiert das Forschungsprojekt, das im Folgenden vorgestellt wird. In dessen Rahmen wurde nach Prinzipien des *Design-Based Research* ein mehrsprachigkeitsdidaktisches Lehr-Lernkonzept für das Studium romanischer Schulfremdsprachen entworfen und in einem ersten Zyklus erprobt.

4. Forschungsmethode: Kurzdarstellung des *Design-Based Research*-Ansatzes und Verortung des zugrundeliegenden Projektes

Der *Design-Based Research*-Ansatz (fortan DBR) versteht sich als recht junge Forschungsmethode, welche sich mit der Jahrtausendwende aus einem Interesse an einer stärkeren Theorie-Praxis Verzahnung in der Bildungsforschung schrittweise im Fachkonsens etabliert hat (vgl. van den Akker et al. 2006, 3–4) und in der fremdsprachlichen Fachdidaktik z. B. in Arbeiten von Kurtz (2001), Grünewald et al. (2014) sowie Gödecke (2020) Anwendung fand.

In Anlehnung an Prediger und Link (2012, 36) lässt sich DBR als Forschungsansatz definieren, „der fachbezogene Unterrichtspraxis theoriegeleitet beforscht und sich nicht nur zum Ziel setzt, eben diese Praxis zu optimieren, sondern den forschungsbezogenen Anspruch besitzt, zugehörige Theorien dezidiert weiter zu entwickeln". Forschungsarbeiten, die sich dieser Methode verschreiben, intendieren somit, theoretisch und/oder praktisch abgeleitete Probleme in der Bildungspraxis zu bearbeiten und eine „Brücke [...] zwischen Erkenntnissen [...] fachdidaktischer Forschung und deren Anwendung in realen Bildungssituationen" zu schlagen (Rohrbach-Lochner 2019, 19–20). In diesem Sinne wird bei Anwendung des DBR ausgehend von einem Desiderat bzw. Handlungsdruck eine wirksame Intervention, ein „Design", erarbeitet, welches das Ziel verfolgt, in den realen Bildungskontext einzugreifen und diesen nachhaltig zu optimieren, um daraus wissenschaftliche Theorien abzuleiten (vgl. ebd., 19). Das aus theoretischen Grundlagen erarbeitete Design nimmt einen zentralen Stellenwert im Forschungsprozess ein und wird kontinuierlichen zyklischen Erprobungen bzw. „design experiments" (Brown 1992) im „real-world-setting" (Wang & Hannafin 2005, 8) unterzogen. Dafür wird es, meist in Kooperation mit den im Bildungskontext praktizierenden Personen, methodisch kontrolliert durchgeführt, evaluiert sowie reflektiert und zu einem Re-Design überarbeitet (vgl. Peters & Roviró 2017, 29; Reinmann 2005, 61–62). Diese zyklischen Erprobungen werden vollzogen, bis die Forschenden zu einer Erkenntnissättigung gelangen, die in einem – auch in anderen Kontexten einsetzbaren – Referenzdesign oder einer lokalen Theorie zum Lehren und Lernen mündet. Basierend auf der dargelegten Methodologie soll im Folgenden eine Verortung des zugrundliegenden Forschungsprojektes im DBR-Ansatz erfolgen. Hierfür wird zunächst das Ausgangsdesign einer Intervention beschrieben. Daraufhin erfolgt die Darlegung des ersten Erprobungszyklus der konzipierten mehrsprachigkeitsdidaktischen Bausteine inklusive der eingesetzten Erhebungsinstrumente sowie der Auswertungsverfahren. Dies wird gefolgt von einer Ergebnispräsentation und -diskussion.

4.1. Auszüge aus der Konzeptarbeit eines Ausgangsdesigns

Mit dem Ziel der Gestaltung des Ausgangsdesigns mehrsprachigkeitsdidaktischer Bausteine erfolgte zunächst die Auseinandersetzung mit dem Fachdiskurs auf theoretischer und empirischer Ebene in Form einer intensiven Literaturrecherche sowie -rezeption zu den Aspekten „Mehrsprachigkeit", „Mehrsprachigkeitsdidaktik", „mehrsprachige und plurikulturelle Kompetenz" sowie „Lehrkompetenz". Dadurch sollte der dargelegte Handlungsdruck genau eruiert sowie konkrete Ziele, Inhalte und Kompetenzebenen für die zu konzipierende Intervention ermittelt werden. Da das Ausgangsdesign im realen Bildungskontext an der Westfälischen Wilhelms-Universität Münster erprobt werden sollte, kam es daraufhin zu einer Analyse der dortigen Ausgangslage anhand der Sichtung von Modulbeschreibungen, dem Fachdidaktikkonzept und vorhandenen Seminarplänen. Daran anschließend wurden basierend auf Lehrkräfteprofessionalisierungsmodellen der Erziehungswissenschaft (vgl. z. B. Terhart 1995, 2005) und der fremdsprachlichen Fachdidaktik (vgl. z. B. Byram 1997) Schnittstellen für Lernzielebenen identifiziert, wobei sich die Bereiche „Wissen (*savoir*)", „Einstellungen und Haltungen (*savoir être*)" sowie „Fertigkeiten (*savoir faire*)" als Oberkategorien herauskristallisierten. Zur inhaltlichen Ausgestaltung der Lernziele wurden einschlägige Referenzrahmen und Curricula (vgl. z. B. Candelier et al. 2009; Krumm & Reich 2011) gesichtet sowie bereits vorhandene mehrsprachige bzw. mehrsprachigkeitsdidaktische Zertifikats- und Zusatzmaßnahmen deutschsprachiger Universitäten (vgl. z. B. Universität Regensburg o. J.) exzerpiert, miteinander verglichen und für die angestrebte Intervention systematisiert. Daraus konnten thematisch kategorisierte Lernziele aus zwei Perspektiven erarbeitet werden: „Eigene Mehrsprachigkeit" und „Ich als Lehrkraft". Diese Perspektivenunterscheidung liegt darin begründet, dass ein Wissen über und eine Offenheit für die *eigene* Mehrsprachigkeit sowie die Fähigkeit, diese aus der Perspektive einer Lehrkraft anzuwenden, als wichtige Ausgangsvoraussetzung für die Förderung schülerseitiger Mehrsprachigkeit betrachtet wird. Untermauert wird dies mit der Erkenntnis, dass eine Umsetzung entsprechender Verfahren oftmals mit der subjektiv empfundenen Sinnhaftigkeit korreliert (vgl. Bredthauer & Engfer 2018, 7). Eine Auswahl der definierten Lernziele lässt sich wie folgt darstellen:

„Eigene Mehrsprachigkeit"	Wissen (*savoir*)	Fertigkeiten (*savoir faire*)	Einstellungen / Haltungen (*savoir être*)
Kategorie	Die Studierenden können ...	Die Studierenden können ...	Die Studierenden sind offen ...
Mehrsprachige Identität	... ihre eigene Mehrsprachigkeit als Teil ihrer Identität beschreiben.	... die eigene Mehrsprachigkeit analysieren sowie Potenziale und Herausforderungen erklären.	... ihre eigene Mehrsprachigkeit sowie deren Potenziale und Herausforderungen anzuerkennen und zu reflektieren.
Mehrsprachigkeit und Sprachen-Lernen	... ihre eigene Sprachlernkompetenz unter Einbezug ihrer eigenen Sprachlernbiographie beschreiben.	... die eigene Sprachlernkompetenz und -biographie analysieren.	... ihre eigene Sprachlernkompetenz und -biographie zu reflektieren.

Tabelle 1: Thematisch kategorisierte Lernziele aus der Perspektive „Eigene Mehrsprachigkeit"

„Ich als Lehrkraft"	Wissen (*savoir*)	Fertigkeiten (*savoir faire*)	Einstellungen / Haltungen (*savoir être*)
Kategorie	Die Studierenden können ...	Die Studierenden können ...	Die Studierenden sind offen ...
Grundlegende Begrifflichkeiten	... Mehrsprachigkeitsdidaktik definieren und spezifische Ansätze (z. B. Interkomprehensionsdidaktik) und Methoden benennen und beschreiben.	... mehrsprachigkeitsdidaktische Ansätze und Methoden in ihrer Unterrichtsplanung und ersten unterrichtspraktischen Versuchen anwenden.	... mehrsprachigkeitsdidaktische Ansätze und Methoden im Rahmen der Unterrichtsgestaltung als relevant anzuerkennen.
Fehler- und Fehlerkorrektur im Kontext von Mehrsprachigkeit	... mehrsprachige Transferoperationen beschreiben, „positiven" und „negativen Transfer" definieren und Interferenzfehler auf negativen Transfer zurückführen.	... Interferenzfehler identifizieren, auf lernendenseitige Mehrsprachigkeit zurückführen und im Rahmen ihrer Bewertung entsprechend berücksichtigen.	... produktiv mit Interferenzfehlern umzugehen und aus Mehrsprachigkeit resultierende Fehler als natürlich/unvermeidbar anzuerkennen und diese gemeinsam mit den SuS lernprozessorientiert zu reflektieren.

Tabelle 2: Thematisch kategorisierte Lernziele aus der Perspektive „Ich als Lehrkraft"

Infolge der Erarbeitung eines umfänglichen Lernzielkataloges kam es schließlich zu einer Verteilung der Lernziele auf verschiedene, an der Universität Münster bereits bestehende Veranstaltungen. Zunächst wurde dafür die im Master of Education obligatorische Vorlesung „Einführung in die Didaktik der romanischen Sprachen" einer inhaltlichen Analyse unterzogen und es wurden unter Absprache mit der dozierenden Person der Veranstaltung relevante Anknüpfungspunkte eruiert und Inhalte eingepflegt, was sich unter Rückbezug auf den Vorlesungsplan wie folgt exemplarisch an den ersten drei Sitzungen illustrieren lässt (Anknüpfungspunkte sind durch Unterstreichung gekennzeichnet):

	Vorlesungsinhalte	Ergänzende, mehrsprachigkeitsbezogene Inhalte	Mehrsprachigkeitsdidaktische Bausteine
1	Die romanischen Sprachen als Schulfächer Entwicklung in Deutschland, aktuelle Lernendenzahlen, Gründe für die Wahl, bildungspolitische Vorgaben	Häufigste Sprachenfolge im deutschen Schulsystem und daraus erwachsende Potenziale; ausgewählte Formen der Mehrsprachigkeit: individuelle Mehrsprachigkeit, schulische Mehrsprachigkeit	Baustein 1: Schulische Mehrsprachigkeit
2	Fremdsprachliche Fachdidaktik und Fremdsprachendidaktische Prinzipien Wissenschaftliche Disziplin und Bezugswissenschaften; Geschichte der methodischen Entwicklung; aktuelle Tendenzen	Mehrsprachigkeitsdidaktik als Bezugswissenschaft der Fachdidaktik; Ausprägungen der Mehrsprachigkeitsdidaktik: Plurale Ansätze zu Sprachen und Kulturen	Baustein 2: Mehrsprachigkeitsdidaktik
3	Korrektur sprachlicher Fehler Verfügbarkeit sprachlicher Mittel; Fehleranalyse – Definition eines Fehlers/Arten eines Fehlers	Mehrsprachige Transferoperationen; positiver Transfer, negativer Transfer; Interferenzfehler	Baustein 3: Fehler- und Fehlerkorrektur im Kontext von Mehrsprachigkeit

Tabelle 3: Auszüge aus dem Vorlesungsplan unter Ergänzung von Inhalten

Nachdem in der Vorlesung zehn Ansatzpunkte für eine integrative Intervention ermittelt werden konnten, kam es zu einer Einbettung der identifizierten Inhalte in die Rahmenbedingungen der fokussierten Veranstaltung: Es wurde eruiert, dass die mit 3 von 15 Modulpunkten gewichtete Pflichtvorlesung eine Präsenzzeit von 30 Stunden (2 SWS) sowie eine Nachbereitungszeit bzw. ein Selbststudium von 60 Stunden (4 SWS) vorsah. Mit der Lehrenden der Veranstaltung wurde sich darauf geeinigt, dass die vorlesungsbegleitende Intervention 10–15 Minuten der wöchentlichen Präsenzzeit (90 Minuten) sowie 45–60 Minuten der wöchentlichen Nachbereitungszeit (180 Minuten) in Anspruch nehmen sollte. Daraufhin wurden die mehrsprachigkeitsdidaktischen Bausteine[4], die sich überblicksartig wie folgt darstellen lassen, inhaltlich und methodisch ausgestaltet:

Abbildung 1: Ausgangsdesign für eine fachdidaktische Einführungsvorlesung

Im Sommersemester 2020 sollte schließlich eine erste Implementierung derer im Präsenzformat der Vorlesung stattfinden, jedoch musste das Konzept kurzfristig an die Bedingungen der Covid-19-Pandemie angepasst werden. Die ausgearbeiteten Bausteine wurden der Dozierenden der Vorlesung deshalb vor Beginn der Intervention in Form eines vertonten PowerPoint-Foliensatzes sowie zusätzlichen Arbeitsmaterialien im digitalen Format weitergegeben und in die universitätsinterne Lernplattform eingestellt, sodass die Studierenden diese in einem Zeitraum von 10 Wochen asynchron und parallel zu den von der Lehrenden bereitgestellten Vorlesungsinhalten bearbeiten konnten. Folglich konnten die Bausteine im ersten Erprobungszyklus nicht, wie ursprünglich geplant, von der Dozierenden selbst integrativ zu den eruierten Vorlesungsinhalten dargeboten werden, was jedoch im Folgezyklus durch die Neuvertonung der Gesamtvorlesung optimiert wurde. Im

---

4 Dem Format einer Vorlesung entsprechend, wurden Lernziele der Ebenen *savoir* und *savoir être* fokussiert. Seit dem Wintersemester 2020/21 werden in fachdidaktischen Seminaren zusätzlich praxisorientiere Mehrsprachigkeitsbausteine eingesetzt, welche v. a. die Ebenen *savoir faire* und *savoir être* berücksichtigen.

Laufe des ersten Erprobungszyklus stand die Dozierende jedoch in stetigem Austausch mit der Forschenden und gab semesterbegleitend Feedback zu Inhalten und Umsetzbarkeit.

Um zu veranschaulichen, wie ein mehrsprachigkeitsdidaktischer Baustein konkret aufgebaut ist und im Einklang mit den Vorlesungsinhalten dargeboten werden kann, wird im Folgenden Baustein 2 „Mehrsprachigkeitsdidaktik" exemplarisch vorgestellt: Zunächst wird jeder mehrsprachigkeitsdidaktische Baustein mittels einer PowerPoint-Folie eingeleitet, auf der die sitzungsspezifischen Lernziele, die Anknüpfungspunkte an die Veranstaltung, die zu behandelnden Inhalte, die intendierten Methoden und Sozialformen sowie die benötigten Materialien und Medien transparent gemacht werden:

Lernziele	• Die Studierenden können Mehrsprachigkeitsdidaktik als Bezugswissenschaft der Fachdidaktik definieren, Ziele dieser benennen sowie relevante didaktische Verfahren zu deren Implementierung unter Einbezug von Beispielen beschreiben (z. B. Interkomprehension). • Die Studierenden sind offen, mehrsprachigkeitsdidaktische Ansätze und Methoden im Rahmen der Unterrichtsgestaltung als relevant anzuerkennen.
Anknüpfungspunkt	Fremdsprachliche Fachdidaktik und Fremdsprachendidaktische Prinzipien (VL 2): Bezugswissenschaften fremdsprachlicher Fachdidaktik; aktuelle Tendenzen
Inhalte	Mehrsprachigkeitsdidaktik als Bezugswissenschaft der Fachdidaktik; Ausprägungen der Mehrsprachigkeitsdidaktik: Plurale Ansätze zu Sprachen und Kulturen (*Éveil aux langues*, Integrierte Sprachendidaktik, Interkomprehension, Interkulturelles Lernen)
Sozialformen	Dozierendenvortrag, Gruppendiskussion, Einzelarbeit
Material/ Medien	Laptop, PowerPoint, Internetzugang und Link/QR-Code zu Umfragetool (www.menti.com), Reflexionsbogen (Word-Datei)

Tabelle 4: Exemplarische Darstellung einer Einführungsfolie

Daran anschließend folgen inhaltlich ausgearbeitete PowerPoint-Folien, die von den Lehrenden direkt in die Veranstaltung übernommen werden können:

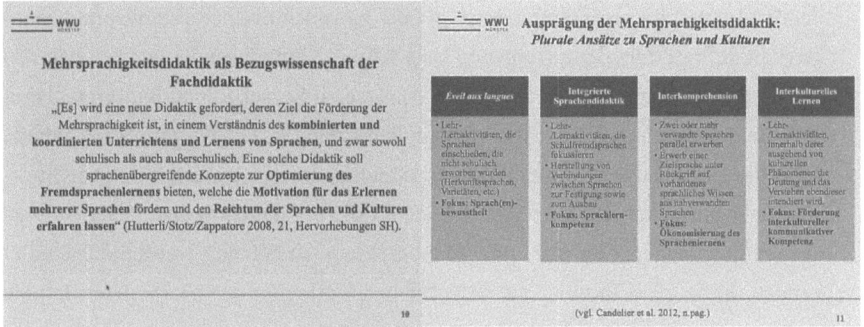

Abbildung 2: Inhaltsfolien 1 (links) und 2 (rechts) zu Baustein 2

Im – nur für die vortragende Person sichtbaren – Notizteil sind diese Folien mit weiteren inhaltlichen und methodischen Hinweisen versehen. Außerdem werden für jeden Baustein ein Literaturverzeichnis sowie weiterführende Materialien (z. B. Links, Texte, Arbeitsblätter etc.) dargeboten.

Bei der Implementierung von Baustein 2 referiert die Dozierende – in Anknüpfung an die Vorlesungsinhalte „Bezugswissenschaften" und „aktuelle Tendenzen" – eingangs über den Paradigmenwechsel vom „monolingualen Habitus" (vgl. z. B. Boeckmann 1997; Gogolin 1994) zum mehrsprachigkeitsorientierten Fremdsprachenunterricht. Darauf aufbauend erfolgt eine Vorwissensabfrage zum Terminus „Mehrsprachigkeitsdidaktik" (Impuls: „Wie würden Sie den Begriff Mehrsprachigkeitsdidaktik definieren?") mit Hilfe des digitalen Tools „Mentimeter" und eine kurze Besprechung der Ergebnisse mit den Studierenden. Daraufhin wird ein Zitat präsentiert, welches Ziele und Prinzipien der Mehrsprachigkeitsdidaktik beschreibt:

> [Es] wird eine neue Didaktik gefordert, deren Ziel die Förderung der Mehrsprachigkeit ist, in einem Verständnis des kombinierten und koordinierten Unterrichtens und Lernens von Sprachen, und zwar sowohl schulisch als auch außerschulisch. Eine solche Didaktik soll sprachenübergreifende Konzepte zur Optimierung des Fremdsprachenlernens bieten, welche die Motivation für das Erlernen mehrerer Sprachen fördern und den Reichtum der Sprachen und Kulturen erfahren lassen (Hutterli et al. 2008, 21).

Die Dozierende leitet die Studierenden zunächst an, das Zitat (siehe Inhaltsfolie 1 in Abbildung 2) selbstständig zu rezipieren und in eigenen Worten zentrale Aspekte der Mehrsprachigkeitsdidaktik wiederzugeben. Um einen Lebensweltbezug herzustellen, wird nach Beispielen oder Erfahrungen mit dem sprachenübergreifenden Lernen im eigenen schulischen oder außerschulischen Fremdsprachenunterricht gefragt. Die darauffolgende Inhaltsfolie 2 knüpft an die erarbeiteten Aspekte an und thematisiert die Pluralen Ansätze zu Sprachen und Kulturen als relevante Ausprägungen der Mehrsprachigkeitsdidaktik. Die dargebotenen Inhalte trägt die Dozierende vor und nutzt zur Veranschaulichung weiterführende Informationen aus dem Notizteil wie Beispiele für die Implementierung dieser Ansätze im Fremdsprachenunterricht. Als Nachbereitung der Sitzung werden die Studierenden durch zwei Impulse zur schriftlichen Reflexion der bearbeiteten Inhalte aus den zwei benannten Perspektiven angeleitet:

Perspektive 1: „Eigene Mehrsprachigkeit"
- Beschreiben Sie, inwiefern mehrsprachigkeitsdidaktische Ansätze Teile Ihres schulischen oder universitären Sprachenlernens formten bzw. formen, und reflektieren Sie, ob Ihr eigener Sprachenunterricht Ihre individuelle Mehrsprachigkeit ausreichend berücksichtigt (hat).

Perspektive 2: „Ich als Lehrkraft"
- Nehmen Sie unter Einbezug eigener Erfahrungen kritisch Stellung zu folgender These: „Sprachen müssen isoliert vermittelt und gelernt werden, da es sonst zu Mischungen und zu einer unzureichenden Ausbildung der Einzelsprache kommt" (eigene Formulierung in Anlehnung an Boeckmann 1997; Gogolin 1994).

4.2. Forschungsfragen und Erhebungsinstrumente

Im Sommersemester 2020 wurde das Ausgangsdesign der dargelegten Intervention im Rahmen der Vorlesung „Einführung in die Didaktik der romanischen Sprachen" einem ersten zyklischen Design-Experiment im „real-world-setting" (Wang & Hannafin 2005, 8) an der Westfälischen Wilhelms-Universität Münster unterzogen. Begleitet wurde die Intervention von einem Eingangsfragebogen, den wöchentlich eingereichten Reflexionsaufgaben (=Lernartefakte) sowie einem Abschlussfragebogen. Die durch die Reflexionsaufgaben generierten und mittels qualitativer Inhaltsanalyse ausgewerteten (vgl. Mayring 2010) Daten sollen Aufschluss darüber geben, über welche subjektiven Theorien (*savoir être*) bezüglich Mehrsprachigkeit(-sdidaktik) die Studierenden im Verlauf der Intervention verfügen, wie die präsentierten Inhalte diese beeinflussen und welche individuellen Lern- und Reflexionsprozesse durch die Bausteine initiiert werden. Eine Darlegung und Auswertung der Reflexionsaufgaben muss aufgrund der Seitenbegrenzung des vorliegenden Beitrages jedoch ausgeklammert werden. Im Folgenden werden daher ausschließlich die beiden Fragebögen fokussiert, mittels derer die Beantwortung folgender Forschungsfragen angestrebt wird:

1. Über welches Vorwissen und über welche Einstellungen/Haltungen zu Mehrsprachigkeit(-sdidaktik) verfügen die Studierenden vor der Intervention?
2. Welche Stärken und Schwächen ergeben sich aus Sicht der Studierenden in Bezug auf die Anwendbarkeit des Ausbildungskonzepts?
3. Wie wirkt sich das Konzept auf das Kompetenzempfinden der Studierenden aus, Mehrsprachigkeit zu fördern?
4. Wie kann das Konzept basierend auf der empirischen Erprobung weiterentwickelt werden?

Unter Fokussierung der zentralen Forschungsfragen gilt es nachfolgend, die beiden Fragebögen hinsichtlich ihrer Zielsetzung, ihres Aufbaus sowie ihrer Auswertungsmethoden zu beschreiben, um daran anschließend aussagekräftige Ergebnisse zu präsentieren.

4.2.1. Erhebungsinstrumente: Eingangsfragebogen

Der Eingangsfragebogen wurde den Studierenden vor Beginn der Intervention über ein Online-Fragebogentool zur Verfügung gestellt. Neben der Ermittlung biographischer Informationen war es die primäre Zielsetzung des Fragebogens, festzustellen, über welches themenspezifische Vorwissen (*savoir*) sowie über welche Einstellungen, Haltungen und Gefühle (*savoir être*) die Studierenden vor der Darbietung der mehrsprachigkeitsdidaktischen Bausteine verfügten (Forschungsfrage 1). Orientiert wurde sich bei der Konzeption des Fragebogens an allgemeingültigen Prinzipien der Fragebogenkonstruktion (vgl. z. B. Daase et al. 2014, 103–109) sowie an relevanten Referenzfragebogenstudien im fremdsprachendidaktischen Diskurs (vgl. z. B. Bermejo Muñoz 2019, 121–135; Koch 2017, 31–44). Demgemäß war der Fragebogen in drei Blöcke gegliedert, welche sowohl geschlossene als auch offene Items beinhalteten:

- Block A. Biographische Informationen (geschlossene und offene Fragen)
- Block B. Vorwissen (offene Aufforderungen zur Definition/Beschreibung spezifischer Inhalte)

- Block C. Empfindungen und Selbsterfahrungen (offene Aufforderungen zur Beschreibung von Gefühlen und Meinungen zu spezifischen Impulsen)

Da DBR-basierter Forschung typischerweise der *Mixed-Methods*-Ansatz zugrunde liegt (vgl. z. B. Rohrbach-Lochner 2019, 22), bildete dieser, im eingebetteten Design, ebenfalls die Grundlage der Konzeption und Auswertung beider Fragebögen. Im Zuge dessen wurde bei der Datenauswertung eine Triangulation von überwiegend qualitativen Elementen mit erhobenen quantitativen Daten durchgeführt. Die Auswertung von Block A des Eingangsfragebogens erfolgte mittels deskriptiver Statistik unter Darstellung von Häufigkeiten. Die Ergebnisse des Blocks B wurden, basierend auf einer qualitativen Inhaltsanalyse mit deduktiver Kategorienbildung (vgl. Mayring 2010), mit zuvor formulierten Erwartungshorizonten abgeglichen, bepunktet und den vordefinierten Niveaus „fundiertes Vorwissen", „mittleres Vorwissen" und „geringes Vorwissen" zugeordnet, damit für einzelne Studierende ein Vorwissensprofil generiert werden konnte und darauf basierend auch das Vorwissen der Gesamtgruppe quantitativ abgebildet werden konnte. Analog wurden die Ergebnisse von Block C ebenfalls mittels qualitativer Inhaltsanalyse, jedoch mit induktiver Kategorienbildung ausgewertet, um die Einstellungen bzw. subjektiven Theorien einzelner Studierender in ihren Ausprägungen darzustellen, um sie später mit den Reflexionsaufgaben zusammenzuführen, sowie quantitativ Häufigkeiten zu den Einstellungen der Gesamtgruppe abzuleiten.

4.2.2. Erhebungsinstrumente: Abschlussfragebogen

Nach Ende der Intervention wurde ebenfalls über ein Online-Tool ein Abschlussfragebogen bereitgestellt. Dieser wurde mit der Zielsetzung dargeboten, die semesterbegleitende Intervention im Hinblick auf Stärken und Schwächen hinsichtlich Anwendbarkeit zu bewerten und seitens der Studierenden eine Selbsteinschätzung zum subjektiven Kompetenzempfinden nach der Intervention zu erhalten (Forschungsfragen 2 und 3). Das durch den Fragebogen generierte Datenmaterial sollte zu einem ersten Re-Design führen, d. h. einer Optimierung des eingesetzten Designs (Forschungsfrage 4). Entsprechend dieser Zielsetzungen umfasste der Fragebogen offene und geschlossene Items und war – angelehnt an relevante Referenzfragebogenstudien (vgl. z. B. Gödecke 2020, 179–183) – in folgende vier Blöcke gegliedert:

- Block 1. Bewertung des Gesamtkonzepts (offene Aufforderungen zur Darlegung der persönlichen Meinung)
- Block 2. Bewertung der einzelnen Bausteine (4-stufige Skala und offene Aufforderungen zur Präzisierung)
- Block 3. Selbsteinschätzung (5-stufige Skala[5] und offene Aufforderungen zur Präzisierung)
- Block 4. Abschluss (offene Fragen)

Die geschlossenen Items aus Block 2 sowie die Selbsteinschätzung in Block 3 wurden mittels quantitativer Verfahren (deskriptive Statistik mit Darstellung von Häufigkeiten) ausgewertet, um einen Überblick über die Bewertung der Einzelbausteine sowie die Selbsteinschätzung der Gesamtgruppe zu erlangen. Bei den offenen Items (Block 1, Block 2, Block 4) wurden schließlich mittels qualitativer Inhaltsanalyse induktiv Kategorien gebildet (vgl. Mayring 2010), um individuelle Statements zur Beantwortung der Forschungsfrage zu reduzieren, zu vergleichen und im Zusammenhang zu interpretieren.

5. Ergebnispräsentation
5.1. Eingangsfragebogen[6]

Die quantitative Auswertung der geschlossenen Items von Block A ergab, dass 65 Personen (n=65) an der Befragung teilgenommen haben, wobei es sich um Studierende der Fächer Französisch (32 %), Italienisch (9 %) und Spanisch (69 %) handelte.[7] 89 % der Probandinnen und Probanden bezeichneten sich selbst als mehrsprachig und gaben an, dass sie mindestens zwei Fremdsprachen im institutionellen Kontext erlernt haben (100 %) und weitere Sprachen im privaten Umfeld nutzten (45 %), sodass auf eine für die Intervention günstige Ausgangslage

---
5   Siehe Ergebnispräsentation für genaue Ausdifferenzierung der Skalen.
6   Bei der Ergebnispräsentation der Blöcke B und C werden aus Kapazitätsgründen lediglich ausgewählte Items des Gesamtfragebogens präsentiert. Hierbei werden jene Items fokussiert, die sich dienlich an den in Kapitel 3 dargelegten Forschungsstand rückbinden lassen und die im Hinblick auf die in 4.1. formulierten Forschungsfragen die aussagekräftigsten Ergebnisse liefern.
7   Bei der Angabe der Fächer kam es zu Doppelnennungen, da einige Studierende zwei romanische Sprachen studierten.

im Hinblick auf das Vorhandensein sowohl schulischer als auch lebensweltlicher Mehrsprachigkeit geschlossen werden konnte. Auf die Fragestellung, ob die Studierenden bereits eine Veranstaltung zur Mehrsprachigkeit oder Mehrsprachigkeitsdidaktik besucht hatten (77 % „nein") bzw. ob die Themen in einer sonstigen besuchten Veranstaltung thematisiert wurden (72 % „nein"), äußerte sich ein Großteil negativ, was als Beleg für das in Kapitel 3 herausgestellte Defizit in diesem Bereich herangezogen werden kann. Dabei ist jedoch zu berücksichtigen, dass Romanistik-Studierende an der Westfälischen Wilhelms-Universität Münster nach einem Bachelor of Arts die Vorlesung, im Rahmen derer die Befragung durchgeführt wurde, klassischerweise als erste Fachdidaktik-Veranstaltung im ersten Mastersemester belegen.

Die Auswertung von Block B zum Vorwissen der Studierenden ergab, dass knapp die Hälfte (47 %) der Studierenden in der Lage war, den Begriff „Mehrsprachigkeit" (mindestens) in Grundzügen zu definieren und Potenziale sowie mögliche negative Aspekte lernendenseitiger Mehrsprachigkeit für das Lernen einer Fremdsprache herauszustellen. Als Potenziale wurden die Ähnlichkeiten zwischen Sprachen und der daraus resultierende positive Transfer sowie die Wertschätzung von (herkunftsbedingter) Mehrsprachigkeit im Unterrichtskontext angeführt. Mögliche negative Aspekte umfassten u. a. aus Mehrsprachigkeit resultierende Sprachmischungen/-verwechslungen, negativen Transfer sowie spezifische Herausforderungen für Lehrkräfte im Umgang mit sprachlich heterogenen Lerngruppen. Die Frage, ob, und wenn ja, welche Verfahren zur Förderung von Mehrsprachigkeit bereits bekannt sind, verneinten 75 % der Befragten. In Einzelfällen konnten Sprachenvergleiche, z. B. in Form von mehrsprachigen Wörterbüchern und Hypothesengrammatiken, umschrieben werden. Die Analyse der Daten zu Block B führte, unter Rückbezug auf die zugrunde gelegten Bewertungskriterien, zur Schlussfolgerung, dass 32 % der Studierenden vor Beginn der Intervention über ein mittleres (24 %) oder fundiertes (8 %) Vorwissen zum Thema „Mehrsprachigkeit" verfügten (68 % lieferten hingegen basale oder inkorrekte Definitionen). Sie konnten zudem mögliche Potenziale (76 %) und Hemmnisse (54 %) schülerseitiger Mehrsprachigkeit für den Fremdsprachenunterricht benennen, wenn auch nicht – wie durch das Item gefordert – erklären. Vorrangig fehlte es den Studierenden allerdings an Wissen zu konkreten Verfahren, Ansätzen und

Methoden der Mehrsprachigkeitsdidaktik, was es unter Einsatz der Mehrsprachigkeitsbausteine zu adressieren galt.

Bezüglich der in Block C fokussierten Einstellungen, Haltungen und Empfindungen ließ sich feststellen, dass 99 % der Studierenden lernendenseitige Mehrsprachigkeit und Verfahren zu deren Förderung als positiv und lernförderlich beurteilten und diese auch in ihr zukünftiges Unterrichtshandeln integrieren wollten, z. B. durch den Aufbau auf Vorwissen der Lernenden oder die Nutzung der aus Sprachverwandtschaften resultierenden Ähnlichkeiten. Dies deckt sich beispielsweise mit Ergebnissen von Bredthauer und Engfer (2018, 7–8) sowie Heyder und Schädlich (2014, 194). Im Rahmen der nachfolgenden Items wurden die Studierenden mit konkreten unterrichtspraktischen Situationen konfrontiert und mittels Imaginationsübungen angewiesen, ihre Gefühlslage mit einem Adjektiv zu umschreiben und dazu Stellung zu nehmen. So wurde den Studierenden beispielsweise in Situation 1 eine sprachlich sehr heterogene Lerngruppe beschrieben, wobei sie sich aus der Perspektive der Lehrkraft vorstellen sollten, ihren Fremdsprachenunterricht kontinuierlich unter Einbezug der individuellen Sprachenkenntnisse und Spracherfahrungen zu gestalten. Als Reaktion auf diesen Impuls dominierte, entgegen der zuvor sehr positiven Einstellungen, die Nennung der Adjektive „überfordert" (24 %), „herausfordernd" (16 %) und „verunsichert" (11 %), was vornehmlich damit begründet wurde, dass im Studium Mehrsprachigkeit noch zu wenig thematisiert worden sei und es an Wissen über Methoden zum Umgang mit dieser sowie an konkreten Praxiserfahrungen mangele.

Die Auswertung der Daten zu Block C führte zur Schlussfolgerung, dass die Studierenden lernendenseitiger Mehrsprachigkeit positiv gegenüberstehen und diese in ihrem zukünftigen Fremdsprachenunterricht durchaus adressieren möchten. Allerdings löst die Vorstellung eine sprachlich heterogene Gruppe zu bedienen bzw. mehrsprachigkeitsdidaktische Ansätze zu implementieren Gefühle der Überforderung, Herausforderung bzw. Unsicherheit bei den Studierenden aus, was zunächst auf ein negatives Kompetenzempfinden schließen lässt. In diesem Kontext äußerten die Studierenden den Wunsch, dass Mehrsprachigkeit und Mehrsprachigkeitsdidaktik eine kontinuierliche Einbindung ins Studium erfahren sollten und Dozierende die Studierenden „von Anfang des Studiums damit konfrontieren" (HRMIWN08[8]) sowie „mit Möglichkeiten [versorgen sollten], wie man typische [...] Herkunftssprachen in seinen Unterricht einbeziehen kann" (WRROKT22). Es besteht das Bedürfnis einer Fremdsprachendidaktik, die für Mehrsprachigkeit sensibilisiert und Veranstaltungen anbietet, welche mit Mehrsprachigkeit einhergehende Unterrichtssimulationen und -planungen sowie Methoden, Ansätze, Texte und Medien thematisiert, mit denen zukünftig ein mehrsprachiger Unterricht gewährleistet und gestaltet werden kann. Durch die Einbindung der (theorie- wie praxisorientierten) Mehrsprachigkeitsbausteine in bestehende Studienstrukturen (Vorlesung und Seminar) soll der Versuch unternommen werden, diesen Wünschen zu begegnen. Inwiefern dies in einem ersten Erprobungszyklus in der Vorlesung aus Sicht der Studierenden gelungen ist, wird im Rahmen der nachfolgenden Darlegung der Ergebnisse des Abschlussfragebogens überprüft.

5.2. Abschlussfragebogen

Die qualitative Auswertung von Block 1 unter Einbezug quantitativer Ergebnisse aus Block 2 legte zunächst offen, dass die durchschnittliche Bearbeitungs- und Nachbereitungszeit der Mehrsprachigkeitsbausteine wöchentlich 60–90 Minuten einnahm, was die zuvor intendierte Zeit in einigen Fällen um ca. 30 Minuten überschritt, jedoch von 38 % der Studierenden als angemessen empfunden wurde. 62 % empfanden den Aufwand hingegen als zu hoch und stellten heraus, dass die Bausteinserie durch die getrennte Darbietung von den Vorlesungsaufzeichnungen der Dozierenden als „Zusatz zur Vorlesung" (WSULWM31; SNFRGN25) empfunden wurde. Diese Rückmeldungen wurden im Rahmen des Re-Designs zum Anlass genommen, die Mehrsprachigkeitsbausteine stärker – und wie ursprünglich geplant – in die normale Vorlesung einzubinden. Die Vorlesung wurde im Wintersemester 2020/21 entsprechend verändert, damit die Inhalte direkt am identifizierten Anknüpfungspunkt präsentiert werden.

---

8 Zur Anonymisierung der Daten wurden die Studierenden zu Beginn der Studie aufgefordert, einen personalisierten Teilnahmecode zu generieren, welchen sie bei jeglichen studienbezogenen Einreichungen angaben. Direktzitate der Studierenden werden in diesem Beitrag mit dem entsprechenden Teilnahmecode gekennzeichnet.

Bezüglich der integrativen Einbindung der Aspekte Mehrsprachigkeit und Mehrsprachigkeitsdidaktik in eine fachdidaktische Vorlesung empfanden 78 % der Probandinnen und Probanden ein solches Format als sinnvoll und würden dieses einer Gesamtveranstaltung zur Thematik vorziehen, da sie direkte Verbindungen zu den Vorlesungsinhalten herstellen konnten. Jedoch wurde der Wunsch geäußert, die dargebotenen Impulse tiefgehender zu diskutieren und die Möglichkeit einer praxisbezogenen Auseinandersetzung im Seminarkontext zu bekommen. Dies führte zu der Schlussfolgerung, dass der bereits im Eingangsfragebogen geäußerte Wunsch nach Praxisorientierung bei erneuter Implementierung noch stärkere Berücksichtigung finden sollte (s. u.).

In Bezug auf die Frage, was den Studierenden bei der Bearbeitung der Mehrsprachigkeitsbausteine gut und weniger gut gefallen hat, wurden besonders die wöchentlichen, angeleiteten Reflexionsimpulse als positiv und gewinnbringend hervorgehoben (50 %) sowie damit einhergehend der Perspektivenwechsel von der selbstbezogenen („Eigene Mehrsprachigkeit") auf die professionsbezogene („Ich als Lehrkraft") Ebene. In diesem Kontext wurde angeführt, dass Reflexionen im Universitätskontext häufig gefordert, aber nicht kontinuierlich umgesetzt würden, sodass die Mehrsprachigkeitsbausteine die Chance gäben, das Reflektieren zu üben und „sich selbst und die eigenen Kompetenzen zu hinterfragen" (KNUWMR06). Gleichzeitig wurde jedoch von anderen Studierenden kritisiert, dass zu häufig Reflexionsimpulse gegeben würden und diese Redundanzen aufwiesen. Letzteres wurde im Rahmen des Re-Designs geprüft und überarbeitet.

Weiterhin wurde positiv hervorgehoben, dass durch die Intervention ein guter Einblick in die Mehrsprachigkeitsdidaktik gegeben worden sei und besonders jene Mehrsprachigkeitsbausteine profitabel gewesen seien, „in denen konkrete Aufgaben für SuS vorgestellt wurden [...], da sie [...] Anregungen für die Praxis gegeben haben" (BDMORT1303). Diese Tendenz konnte auch mit Blick auf Block 2 bestätigt werden, innerhalb dessen die Einzelbausteine unter Anwendung einer vierstufigen Skala (Skalierung: „gewinnbringend", „eher gewinnbringend", „eher nicht gewinnbringend", „nicht gewinnbringend") bewertet wurden. Hier stuften die Studierenden besonders jene Bausteine als „gewinnbringend" ein, die konkrete Tools, Aufgabenstellungen oder Methoden beinhalteten, während theoriefokussierende Bausteine eher im unteren Spektrum verortet wurden. Diese Ergebnisse wurden zum Anlass genommen, für den Folgedurchgang 10 praxisorientierte Mehrsprachigkeitsbausteine zu konzipieren, welche auf den Vorlesungsinhalten aufbauen und im Rahmen eines Seminars implementiert worden sind.

Unter Rückbezug auf die Fragestellung, inwiefern sich die Studierenden nach Bearbeitung der mehrsprachigkeitsdidaktischen Bausteinserie auf die Förderung von Mehrsprachigkeit in heterogenen Lerngruppen vorbereitet fühlen, gaben 90 % an, ein besseres Kompetenzempfinden als vor Beginn der Intervention zu erleben. Dabei wurde im Rahmen der individuellen Begründungen hervorgehoben, dass die Studierenden sich besonders im Hinblick auf Theoriewissen, methodisch-didaktische Aspekte sowie Strategien zur Förderung von Mehrsprachigkeit gut ausgestattet fühlen, was unter Rückbezug auf die im Eingangsfragebogen formulierten Unsicherheiten positiv zu werten ist. Auch wurde geäußert, dass durch die Bearbeitung der Bausteinserie Sensibilität sowie eine Bewusstheit für Mehrsprachigkeit im Fremdsprachenunterricht geschaffen worden sei, die Potenziale von Mehrsprachigkeit für das Fremdsprachenlernen seien deutlicher geworden und die Studierenden seien motiviert, sich mit der Thematik weiter auseinanderzusetzen. Die Analyse der Blöcke 1 und 2 legte offen, dass die Mehrsprachigkeitsbausteine die Studierenden mit neuem theoretischem und methodischem Wissen ausstatteten, eine Reflexion anregten und bei ihnen eine Sensibilität für Mehrsprachigkeit sowie eine Motivation zu deren Förderung evozierten.

In Block 3 wurden den Studierenden schließlich 23 Lernziele auf der Ebene *savoir* in unterschiedlicher Komplexität (Operatoren: benennen, beschreiben, definieren, erklären) präsentiert, zu welchen sie unter erneuter Anwendung einer fünfstufigen Skala (Skalierung: „trifft zu", „trifft eher zu", „trifft eher nicht zu" „trifft nicht zu", „konnte ich vorher schon"[9]) ihre individuellen Kompetenzempfindungen darlegen sollten. Die quantitative Analyse förderte zutage, dass die überwiegende Mehrheit der Studierenden ihr Kompetenzempfinden bei 19 von 23 Bausteinen im positiven Bereich (50 % „trifft zu" und 31 % „trifft eher zu") ansiedelten. Es konnte beobachtet werden, dass sich die Studierenden besonders bei

---

9 Im Gegensatz zur vorherigen Skala wurde hier ein fünftes Element „konnte ich vorher schon" eingefügt, da einige Studierende die Intervention bereits mit Vorwissen zu spezifischen Thematiken begannen und die Ergebnisse nicht verfälscht werden sollten.

der Definition relevanter Termini (z. B. individuelle Mehrsprachigkeit definieren: 83 % „trifft zu") sowie der Benennung behandelter Aspekte (z. B. digitale Werkzeuge zur Förderung von Mehrsprachigkeit benennen: 75 % „trifft zu") sicher fühlten und bei der Beschreibung bzw. Erklärung methodisch-didaktischer Aspekte ein geringeres Kompetenzempfinden vorlag (z. B. beschreiben, wie man produktiv mit Interferenzfehlern umgehen kann: 42 % summiert auf die Bereiche „trifft eher nicht zu" und „trifft nicht zu"). Dies führt unter Einbezug der vorherigen Ergebnisse zur Schlussfolgerung, dass die Studierenden nach Bearbeitung der Bausteinserie ein gesteigertes Kompetenzempfinden im Bereich *savoir* sowie eine Selbstwirksamkeit im Hinblick auf die Förderung von Mehrsprachigkeit ausmachen konnten und eine Motivation generiert wurde, die rezipierten Inhalte praktisch umzusetzen.

6. Fazit und Ausblick

Resümierend zeigen die generierten Daten u. a. auf, dass die befragten angehenden Lehrkräfte der Schulfremdsprachen Französisch, Italienisch und Spanisch bereits vor der Intervention eine prinzipiell positive Einstellung gegenüber der Mehrsprachigkeit von Lernenden hatten und eine Sensibilität für deren Potenziale beim Lernen einer neuen Sprache an den Tag legten. Darüber hinaus zeigten die Studierenden eine Bereitschaft bzw. Motivation, das mehrsprachige Repertoire ihrer zukünftigen Schülerinnen und Schüler wertzuschätzen, einzubeziehen und zu fördern, was im Einklang mit den in Kapitel 3 zitierten Studien steht. Sie waren im Hinblick auf ihren zukünftigen Fremdsprachenunterricht also bereits vor Bearbeitung der mehrsprachigkeitsdidaktischen Bausteine durchaus offen und gewillt, der eingangs postulierten Rolle als Schlüsselperson in der Förderung und Bewusstmachung (vgl. Moore 2006, 136) von Mehrsprachigkeit durch den Einsatz mehrsprachigkeitsdidaktischer Verfahren nachzukommen.

Jedoch ging dieser vornehmlich positive Blick auf Mehrsprachigkeit(-sdidaktik) auch mit Unsicherheiten, gesteigerten Herausforderungen und fehlendem Wissen über praktische Umsetzungsmöglichkeiten – also einem geringen Kompetenzempfinden – einher, sodass sich letztlich auch im universitären Kontext als Ausgangslage eine Dichotomie zwischen positiven Einstellungen zu Mehrsprachigkeit und fehlenden Handlungsperspektiven in der Förderung derer feststellen ließ.

Die vorgestellte DBR-basierte Intervention, deren Herzstück lehrveranstaltungsintegrative mehrsprachigkeitsdidaktische Bausteine bilden, versteht sich als eine mögliche Erwiderung auf diese Dichotomie sowie des – auch durch die eigens erhobenen Daten untermauerten – Desiderates einer „Didaktik der Mehrsprachigkeit" (Meißner 2001, 114) in der Lehrkräftebildung. Die nach einem ersten Erprobungszyklus generierten Daten förderten dabei u.a. zutage, dass Studierende die integrative Einbindung von Mehrsprachigkeit(-sdidaktik) in eine Einführungsvorlesung als wichtig und sinnvoll empfanden und sie nach Bearbeitung der Intervention insgesamt ein gesteigertes Kompetenzempfinden in Bezug auf theoretisches Grundlagenwissen sowie eine Motivation und Sensibilität für die Förderung von Mehrsprachigkeit im zukünftigen Fremdsprachenunterricht erlangen konnten. Allerdings wurde in zahlreichen Fällen auch der Wunsch geäußert, die durch die Vorlesung integrativ vermittelten theoretischen Aspekte, auch methodisch und praktisch weiterzudenken und z.B. im Rahmen eines begleitenden Seminares mehrsprachigkeitsdidaktische Ansätze und Aufgabenformate zu erproben, zu diskutieren sowie im Rahmen von Unterrichtsplanungen umzusetzen, um so mehr Selbstwirksamkeit zu erleben.

Die entwickelte mehrsprachigkeitsdidaktische Bausteinserie wurde basierend auf den generierten Daten überarbeitet und u.a. durch 10 seminarspezifische Praxisbausteine ergänzt. Nach zwei weiteren Erprobungszyklen mit anschließender Überarbeitung soll die Intervention in ein Referenzdesign überführt werden, welches dann auch an anderen Universitäten[10] zum Einsatz kommen und einen Beitrag zur mehrsprachigkeitsdidaktischen Ausgestaltung des Studiums unter Einbezug studentischer Bedürfnisse leisten kann.

---

10 Das an der Universität Münster entwickelte Ausgangsdesign der seminarspezifischen Praxisbausteine konnte im Wintersemester 2020/21 bereits erfolgreich in ein Seminar an der Leibniz Universität Hannover integriert werden.

Literaturverzeichnis

BERMEJO MUÑOZ, Sandra. 2019. *Berücksichtigung schulischer und lebensweltlicher Mehrsprachigkeit im Spanischunterricht. Eine empirische Studie.* Trier: WVT.

BERTHELE, Raphael. 2010. „Mehrsprachigkeitskompetenz als dynamisches Repertoire – Vorüberlegungen zu einer integrierten Sprachendidaktik", in: Bitter Bättig, Franziska & Tanner, Albert. edd. *Sprachen lernen – durch Sprache lernen.* Zürich: Seismo, 225–239.

BERTRAND, Yves & CHRIST, Herbert. 1990. „Vorschläge für einen erweiterten Fremdsprachenunterricht", in: *Neusprachliche Mitteilungen aus Wissenschaft und Praxis* 43/4, 208–213.

BOECKMANN, Klaus-Börge. 1997. „Multilingualität und Multikulturalität als Herausforderung für ein monozentrisches Selbstverständnis im Deutsch als Fremd- und Zweitsprache-Unterricht", in: *Jahrbuch Deutsch als Fremdsprache – Intercultural German Studies* 23. München: Iudicium, 315–328.

BREDTHAUER, Stefanie. 2018a. „Mehrsprachigkeit an deutschen Schulen – eine Zwischenbilanz", in: *DDS – Die Deutsche Schule* 110/3, 275–286.

BREDTHAUER, Stefanie. 2018b. „,Aber diese verschiedenen Sprachen, die Teil der Klasse waren, wurden nie beachtet.' – Grundlagen mehrsprachigkeitsdidaktischer Kompetenzen in der Lehramtsausbildung", in: *Die Hochschullehre – Interdisziplinäre Zeitschrift für Studium und Lehre* 4, 553–568.

BREDTHAUER, Stefanie & ENGFER, Hilke. 2018. „Natürlich ist Mehrsprachigkeit toll! Aber was hat das mit meinem Unterricht zu tun?" Köln: Kölner Universitäts Publikations Server. https://kups.ub.uni-koeln.de/8092, Zugriff: 11.02.2021.

BROWN, Anne L. 1992. „Design experiments: Theoretical and methodological challenges in creating complex interventions in classroom settings", in: *The Journal of the Learning Sciences* 2/2, 141–178.

BYRAM, Michael. 1997. *Teaching and Assessing Intercultural Communicative Competence.* Clevedon, UK: Multilingual Matters.

CANDELIER, Michel & CAMILLERI Grima, Antoinette & CASTELOTTI, Véronique & DE PIETRO, Jean-François & LÖRINCZ, Ildikó & MEIßNER, Franz-Joseph & SCHRÖDER-SURA, Anna & NOGUEROL, Artur. 2009. *Referenzrahmen für Plurale Ansätze zu Sprachen und Kulturen.* Graz: Europäisches Fremdsprachenzentrum des Europarates. https://archive.ecml.at/mtp2/publications/C4_RePA_090724_IDT.pdf, Zugriff: 11.02.2021.

DAASE, Andrea & HINRICHS, Beatrix & SETTINIERI, Julia. 2014. „Befragung", in: Settinieri, Julia & Demirkaya, Sevilen & Feldmeier, Alexis & Gültekin-Karaçok, Nazan & Riemer, Claudia. edd. *Empirische Forschungsmethoden für Deutsch als Fremd- und Zweitsprache.* Paderborn: Ferdinand Schöningh, 103–122.

ELSNER, Daniela. 2011. „Developing multiliteracies, plurilingual awareness & critical thinking in the primary language classroom with multilingual virtual talkingbooks", in: *Encuentro* 20, 27–38.

EUROPARAT. 2001. *Gemeinsamer europäischer Referenzrahmen für Sprachen. Lernen, Lehren, Beurteilen.* Berlin: Langenscheidt.

EUROPARAT. 2018. *Common European Framework of Reference for Languages: Learning, Teaching, Assessment. Companion Volume with New Descriptors.* Strasbourg: Council of Europe.

GÖDECKE, Georgia. 2020. *Gestaltung eines e-Portfolios in der Fremdsprachenlehrkräfteausbildung zur Förderung fachspezifischer Reflexionskompetenz – eine empirische Studie.* Trier: WVT.

GOGOLIN, Ingrid. 1994. *Der monolinguale Habitus an multilingualen Schulen*. Münster et al.: Waxmann.
GOGOLIN, Ingrid & HANSEN, Antje & MCMONAGLE, Sarah & RAUCH, Dominique. 2020. „Mehrsprachigkeit und Bildung – zur Konzeption des Handbuchs, in: ebd. edd. *Handbuch Mehrsprachigkeit und Bildung*. Wiesbaden: Springer VS, 1–12.
GOGOLIN, Ingrid & LÜDI, Georges. 2015. „Mehrsprachigkeit: Was ist Mehrsprachigkeit? In vielen Sprachen sprechen". München: Goetheinstitut. https://www.goethe.de/de/spr/mag/20492171.html, Zugriff: 16.02.2021.
GRÜNEWALD, Andreas & BÄKER, Christian & BERMEJO MUÑOZ, Sandra & HETHEY, Meike & ROVIRÓ, Bàrbara. 2014. „Forschendes Studieren in der Didaktik der romanischen Sprachen an der Universität Bremen: Design-Based Research", in: *Zeitschrift für Fremdsprachenforschung* 25/2, 237–253.
HAUKÅS, Åsta. 2016. „Teachers' beliefs about multilingualism and a multilingual pedagogical approach", in: *International Journal of Multilingualism* 13/1, 1–18.
HEYDER, Karoline & SCHÄDLICH, Birgit. 2014. „Mehrsprachigkeit und Mehrkulturalität – eine Umfrage unter Fremdsprachenlehrkräften in Niedersachsen", in: *Zeitschrift für Interkulturellen Fremdsprachenunterricht – Didaktik und Methodik im Bereich Deutsch als Fremdsprache* 19/1, 183–201.
HUTTERLI, Sandra & STOTZ, Daniel & ZAPPATORE, Daniela. 2008. *Do you parlez andere lingue?*. Zürich: Pestalozzianum.
KMK = SEKRETARIAT DER STÄNDIGEN KONFERENZ DER KULTUSMINISTER DER LÄNDER IN DER BUNDESREPUBLIK DEUTSCHLAND. ed. 2012. *Bildungsstandards für die erste Fremdsprache (Englisch/Französisch) für die Allgemeine Hochschulreife*. München: Luchterhand.
KOCH, Corinna. 2017. *Texte und Medien in Fremdsprachenunterricht und Alltag. Eine empirische Studie per Fragebogen mit einem Schwerpunkt auf Comics*. Stuttgart: ibidem.
KÖNIGS, Frank G. 2006. „Mehrsprachigkeit und Lehrerbildung: Zum Spannungsfeld zwischen inhaltlicher Notwendigkeit und struktureller Machbarkeit", in: Martinez, Hélène & Reinfried, Marcus. edd. *Mehrsprachigkeitsdidaktik gestern, heute und morgen – Festschrift für Franz-Joseph Meißner zum 60. Geburtstag*. Tübingen: Narr, 215–225.
KRUMM, Hans-Jürgen. & REICH, Hans. 2011. *Curriculum Mehrsprachigkeit*. http://o-esz.at/download/cm/CurriculumMehrsprachigkeit2011.pdf, Zugriff: 11.02.2021.
KURTZ, Jürgen. 2001. *Improvisierendes Sprechen im Fremdsprachenunterricht. Eine Untersuchung zur Entwicklung spontansprachlicher Handlungskompetenz in der Zielsprache*. Tübingen: Narr.
LÜDI, Georges & PY, Bernard. 2009. „To be or not to be ... a plurilingual speaker", in: *International Journal of Multilingualism* 6/2, 154–167.
MAYRING, Philipp. 2010. *Qualitative Inhaltsanalyse. Grundlagen und Techniken*. 11., aktualisierte und überarb. Aufl. Weinheim: Beltz.
MEIßNER, Franz-Joseph. 2001. „Mehrsprachigkeitsdidaktik im Studium von Lehrenden fremder Sprachen", in: Königs, Frank G. ed. *Impulse aus der Sprachlehrforschung. Marburger Vorträge zur Ausbildung von Fremdsprachenlehrerinnen und -lehrern*. Tübingen: Narr, 111–130.
MEIßNER, Franz-Joseph. 2019. „Mehrsprachigkeitsdidaktik als Gegenstand der Lehrerbildung", in: ebd. & Fäcke, Christiane. edd. *Handbuch Mehrsprachigkeits- und Mehrkulturalitätsdidaktik*. Tübingen: Narr Francke Attempto, 147–153.

MEIßNER, Franz-Joseph & FÄCKE, Christiane. 2019. „Einleitung", in: ebd. edd. *Handbuch Mehrsprachigkeits- und Mehrkulturalitätsdidaktik*. Tübingen: Narr Francke Attempto, 1–16.
MINISTERIUM = MINISTERIUM FÜR SCHULE UND BILDUNG DES LANDES NORDRHEIN-WESTFALEN. 2014. *Kernlehrplan für die Sekundarstufe II Gymnasium/Gesamtschule in Nordrhein-Westfalen. Spanisch*. https://www.schulentwicklung.nrw.de/lehrplaene/lehrplan/139/KLP_GOSt_Spanisch.pdf, Zugriff: 11.02.2021.
MOORE, Danièle 2006. „Plurilingualism and strategic competence in context", in: *International Journal of Multilingualism* 3/2, 125–138.
ÖSZ = ÖSTERREICHISCHES SPRACHEN-KOMPETENZ-ZENTRUM. 2014. *Basiskompetenzen Sprachliche Bildung für alle Lehrenden: Deutsch als Unterrichtssprache – Deutsch als Zweitsprache – alle mitgebrachten und schulisch erlernten (Bildungs-)Sprachen – Sprache/n in den Sachfächern. Ein Rahmenmodell für die Umsetzung in der Pädagog/innenbildung*. Graz: ÖSZ.
PETERS, Maria & ROVIRÓ, Bàrbara. 2017. „Fachdidaktischer Forschungsverbund FaBiT: Erforschung und Wandel im Fachunterricht mit dem Bremer Modell des Design-Based Research", in: Komoss, Regine & Doff, Sabine. edd. *Making Change Happen. Wandel im Fachunterricht analysieren und gestalten*. Wiesbaden: Springer VS, 19–32.
PREDIGER, Susanne & LINK, Michael 2012. „Fachdidaktische Entwicklungsforschung – Ein lernprozessfokussierendes Forschungsprogramm mit Verschränkung fachdidaktischer Arbeitsbereiche", in: Bayrhuber, Horst & Harms, Ute & Muszynski, Bernhard & Ralle, Bernd & Rothgangel, Martin & Schön, Lutz-Helmut & Vollmer, Helmut J. & Weigand, Hans-Georg. edd. *Formate Fachdidaktischer Forschung. Empirische Projekte – historische Analysen – theoretische Grundlegungen*. Münster et al.: Waxmann, 29–46.
REIMANN, Daniel. 2016. „Mehrsprachigkeitsdidaktik – Fremdsprachen und Herkunftssprachen an Schulen in NRW – Theorie, Empirie und Praxis", in: *UNIKATE* 49, 57–67.
REINMANN, Gabi. 2005. „Innovation ohne Forschung? Ein Plädoyer für den Design-Based Research-Ansatz in der Lehr-Lernforschung", in: *Unterrichtswissenschaft* 1, 52–69.
RIEHL, Claudia M. 2014. *Mehrsprachigkeit: Eine Einführung*. Darmstadt: WBG.
ROHRBACH-LOCHNER, Friederike. 2019. *Design-Based Research zur Weiterentwicklung der chemiedidaktischen Lehrerausbildung zu Schülervorstellungen: Entwicklung und Evaluation eines an Forschendem Lernen orientierten Seminarkonzepts*. Berlin: Logos Verlag.
RÜCKL, Michaela. 2020. „,Mehrsprachige Handlungskompetenz' und ,interkulturelle Bildung' als Leitziele eines demokratiebildenden Fremdsprachenunterrichts", in: Ammerer, Heinrich & Geelhaar, Margot & Palmstorfer, Rainer. edd. *Demokratie Lernen in der Schule. Politische Bildung als Aufgabe für alle Unterrichtsfächer*. Münster/NewYork: Waxmann.
SAUER, Esther & SAUDAN, Victor. 2008. *Aspekte einer Didaktik der Mehrsprachigkeit. Vorschläge zur Begrifflichkeit*. http://www.passepartout-sprachen.ch, Zugriff: 11.02.2021.
TERHART, Ewald. 1995. „Lehrerbiographien", in: König, Eckard & Zedler, Peter. edd. *Bilanz qualitativer Forschung, Bd. 2: Methoden*. Weinheim: Deutscher Studienverlag, 225–264.
TERHART, Ewald. 2005. „Pädagogische Qualität, Professionalisierung und Lehrerarbeit", in: *Vierteljahrschrift für wissenschaftliche Pädagogik* 81, 79–97.
UNIVERSITÄT REGENSBURG. o. J. *Zusatzausbildung Mehrsprachigkeitsberatung*. https://www.uni-regensburg.de/sprache-literatur-kultur/germanistik-daz/forschungsstelle, Zugriff: 11.02.2021.
VAN DEN AKKER, Jan & GRAVEMEIJER, Koeno & MCKENNEY, Susan & NIVEEN, Nienke. 2006. *Educational Design Research*. London: Routledge.

WANG, Feng & HANNAFIN, Michael J. 2005. „Design-Based Research and Technology-Enhanced Learning Environments", in: *Educational Technology Research & Development* 53/4, 5–23.

WIATER, Werner. 2006. „Didaktik der Mehrsprachigkeit", in: ebd. ed. *Didaktik der Mehrsprachigkeit. Theoriegrundlagen und Praxismodelle.* München: Vögel, 57–72.

Forschendes Lernen und Förderung von Mehrsprachigkeit im Rahmen einer *simulation globale* im Lehramtsstudium Französisch
Laura-Joanna Schröter (Göttingen)

1. Einleitung

(Angehende) Lehrerinnen und Lehrer finden sich mit einer stetig komplexer werdenden (fremdsprachlichen) Unterrichtspraxis konfrontiert – speziell mit Blick auf (lebensweltliche) Mehrsprachigkeit (vgl. García García et al. 2020; Hu 2004; Gogolin 2004). Während die europäischen, nationalen und länderspezifischen bildungspolitischen Rahmentexte Mehrsprachigkeit als Ziel des Fremdsprachenunterrichts beschreiben (vgl. z. B. Europarat 2001, 17; Niedersächsisches Kultusministerium 2017, 5), wird das Potenzial lebensweltlicher Mehrsprachigkeit für fremdsprachliche Lehr-Lernprozesse kaum konkretisiert. So lautet der momentane Konsens des Niedersächsischen Kultusministeriums (2017, 5) des Fachs Französisch für die gymnasiale Sekundarstufe I, der dieses Potenzial nur leicht streift, wie folgt: „Das Erlernen der französischen Sprache unterstützt nicht nur die Erweiterung der Kompetenzen in bereits erlernten Sprachen, sondern erleichtert auch den Erwerb weiterer romanischer Sprachen". Hier ist nicht von lebensweltlichen, sondern von romanischen Sprachen die Rede – angespielt wird deutlich auf „Schulfremdsprachen", wenngleich manche romanische Sprachen auch lebensweltlich und herkunftssprachlich relevant sein können. Ob diese hiermit ebenfalls gemeint sind, bleibt offen. Wie vor diesem Hintergrund die Förderung von Mehrsprachigkeit konkret schulisch verwirklicht werden kann, darauf sollten angehende Lehrerinnen und Lehrer bereits im Rahmen ihrer Ausbildung vorbereitet werden. Dies genauer zu betrachten, ist das Ziel dieses Beitrags, der sich auf ein hochschuldidaktisches Lehr-Lern-Konzept bezieht, das Bestandteil der Göttinger Lehrkräftebildung ist.

Das Projekt „Forschungskompetenzen Lehr-Lern-Labore"[1] setzt an der genannten Beobachtung an und beschäftigt sich mit konkreten Ansätzen zur Förderung von Mehrsprachigkeit im Fremdsprachenunterricht im Rahmen der Lehrkräftebildung. Der vorliegende Beitrag bearbeitet somit die Frage, wie angehende Fremdsprachenlehrkräfte in ihrer Ausbildung darauf vorbereitet werden können, neben zielsprachlichen auch mehrsprachige Kompetenzen – im Sinne der Nutzung des gesamten sprachlichen Repertoires einer Lerngruppe – zu stärken. Das Projekt nimmt an, dass sich im Kontext der Professionalisierung von Französischlehramtsstudierenden mehrsprachigkeitsorientierte Ansätze handlungs- und forschungsbezogen näherbringen lassen und hält diese Herangehensweise in einem praktischen Konzept fest: Seit dem Wintersemester 2019/2020 entwerfen, erproben und beforschen Französischlehramtsstudierende eine selbstentwickelte *simulation globale*, die Mehrsprachigkeit zu realisieren versucht. Dies erfolgt als Teil eines Mastermoduls zum Forschungspraktikum[2] und wird im Kurs „Vivre dans un immeuble plurilingue: (Begegnungs-)Situationen in einer *simulation globale* in Zusammenarbeit mit dem YLAB[3]" vorbereitet, begleitet und reflektiert. Im Folgenden geht es darum vorzustellen, wie derartige Lehr-Lern-Konzepte gestaltet werden können.

Der Artikel gliedert sich anknüpfend an den Beitragstitel in drei Teile: Nach einer Einführung in die universitäre Begleitveranstaltung wird im ersten Teil das zugrundeliegende Mehrsprachigkeitsverständnis nachgezeichnet. Gegenstand des zweiten Abschnitts ist die *simulation globale* als pädagogischer Rahmen. Durch die Verbindung der beiden Elemente soll Mehrsprachigkeit als Gegebenheit anerkannt und im Setting der *simulation globale* als Teil des Französischlernens zum

---

1 Das Format ist in das Teilprojekt „Forschungskompetenzen Lehr-Lern-Labore" (2019-2021) des Schlözer-Programms-Lehrerbildung an der Universität Göttingen integriert, das im Rahmen der Qualitätsoffensive Lehrerbildung von Bund und Ländern aus Mitteln des Bundesministeriums für Bildung und Forschung gefördert wird.
2 Im Rahmen dieses Blockpraktikums mit 2 SWS erfolgt eine Sensibilisierung für empirische Unterrichtsforschung (vgl. dazu Abschnitt 2).
3 Beim YLAB (Y sprich: *why*) handelt es sich um das geisteswissenschaftliche Schülerlabor der Universität Göttingen, welches seit dem Jahr 2013 den verschiedenen Abteilungen der Göttinger (Fremdsprachen-)Didaktik und ihren Studentinnen und Studenten als Möglichkeit zur Verfügung steht, handlungsorientierte Lerngelegenheiten für den (Sprach-)Unterricht zu kreieren, mit Schülerinnen und Schülern durchzuführen und zu beforschen.

Gegenstand für Planung und Forschung gemacht werden. Im Projekt wird angenommen, dass forschendes Lernen die Förderung von Mehrsprachigkeit im Sinne der Erreichung bildungspolitischer Ziele (vgl. Europarat 2001, 17) begünstigen kann. In diesem Zusammenhang wird im dritten Teil die Frage beleuchtet, wie forschendes Lernen im Göttinger Projekt im Zusammenhang mit Mehrsprachigkeit und der Methode der *simulation globale* erfahren wird.

2. Die universitäre Begleitveranstaltung: Ziele und Inhalte

Die Lehrveranstaltung „Vivre dans un immeuble plurilingue: (Begegnungs-)Situationen in einer *simulation globale* in Zusammenarbeit mit dem YLAB" ist Teil des Master of Education des Fachs Französisch an der Universität Göttingen und kann von den Studierenden als Wahlpflichtveranstaltung im Rahmen eines Praktikumsmoduls, das als Forschungspraktikum angeboten wird, absolviert werden. Das Forschungspraktikumsmodul im Fach Französisch soll die angehenden Lehrkräfte befähigen,

> Französischunterricht, d.h. schulische Vermittlungsprozesse in Bezug auf die französische Sprache, Literatur und Kultur nach allgemein- und fachdidaktischen Kategorien zu analysieren. Darüber hinaus erlangen sie profunde Kenntnisse und Kompetenzen in der empirisch arbeitenden Sprachlehrforschung, der fachdidaktischen Forschung, insbesondere in den Bereichen Sprache, Literatur, Medien, Kultur, Interkulturalität und Mehrsprachigkeit sowie in der Lehrerhandlungsforschung unter Berücksichtigung individueller Förderbedarfe (Georg-August-Universität Göttingen 2020, 5417).

Die Besonderheit des Moduls und gleichzeitig des Kurses ist die Verknüpfung von fachdidaktischen Themen mit der Lehrerhandlungsforschung, was im Kontext der Veranstaltung im Rahmen des forschenden Lernens verwirklicht wird und eine handlungsorientierte Praktikumsphase mit einer empirisch-forschenden Herangehensweise an Fremdsprachenunterricht verbindet. Dafür setzen die Studierenden kleine Forschungsprojekte *aus* der Praxis heraus und *für* die Unterrichtspraxis um (vgl. Bennit 2016). Normalerweise sind im Studium professionalisierende Anteile entweder reflexiv und planerisch angelegt („Wie bereite ich Unterricht vor?") oder ausschließlich im Feld verortet (etwa Praktika). Der Ansatz ist hier, beides aufeinander zu beziehen, und zwar gleichzeitig und nicht nachgeschaltet.[4] Durch die Verortung im Bereich des *Fach*studiums Französisch, wird zudem deutlich, dass das *Fach* im Mittelpunkt steht.

Die Veranstaltung „Vivre dans un immeuble plurilingue" teilt sich in vier 4,5-stündige Blockseminare, die zwei Semesterwochenstunden und den dazugehörigen Vor- und Nachbereitungszeiten entsprechen. Die Lehrveranstaltung deckt drei zentrale Inhalte ab: die Bearbeitung fremdsprachendidaktischer und linguistischer Texte zum Thema „Mehrsprachigkeit" (z. B. Kramsch 1998; Hu 2004; Busch 2013; Block 2014; García & Wei 2015), die Planung, Durchführung und Reflexion einer *simulation globale* (z. B. Debyser & Yaiche 1996; Surkamp 2008; Mertens 2017) sowie Beobachtungen (z. B. de Boer & Reh 2012; Schramm & Schwab 2016) und die Qualitative Inhaltsanalyse (z. B. Mayring 2000) als Orientierungsangebote im Rahmen des forschenden Lernens (vgl. Huber 2013). In kleinen Workshops werden handlungsorientierte und dramapädagogische Übungen für die *simulation globale* getestet und diskutiert (etwa eine Traumreise und Improvisationsaktivitäten) sowie Datenerhebungen und -auswertungen zum Gegenstand „Mehrsprachigkeit" anhand von vorhandenem (z. B. Videodaten) sowie von den Studierenden selbst erhobenem Material (beispielsweise Feldnotizen und Beobachtungsprotokolle zu Alltagssituationen) geübt. In *Microteachings* werden die drei Seminarinhalte in Form von Erprobungen konzipierter Situationen für die *simulation globale* abschließend im Seminarkontext verbunden und in unterschiedlichen Rollen (etwa Beobachterinnen und Beobachter sowie Schülerinnen und Schüler) von den Studierenden durchgespielt und reflektiert.

2.1 Mehrsprachigkeit als inhaltlich-theoretische Grundlage

Der Begriff „Mehrsprachigkeit" wird im fremdsprachendidaktischen Bereich in unterschiedlichen Diskursen mit verschiedenen Fragestellungen verwoben (vgl. García García et al. 2020 und insbesondere den Beitrag von Schädlich 2020 als Beispiel für die Verflechtung fachdidaktischer und linguistischer Diskurse, wie

---

4 Diese Gleichzeitigkeit kann durchaus als Fluch oder Segen verstanden werden, verweist jedoch auf grundsätzliche Strukturen der Lehrkräftebildung, in denen verschiedene Elemente eine Berechtigung haben, aber nicht für alle Ansätze passenden Strukturen vorhanden sind (etwa: Praxisphasen und die Stärkung von Forschungskompetenzen als Ziel), sodass der Wunsch nach einer Verknüpfung (hier als vermuteter Vorteil) plausibel erscheint.

sie im Seminar Berücksichtigung finden; Reimann 2016). Das Niedersächsische Kerncurriculum (2017, 5) bezeichnet Französisch immerhin an einer weiteren Stelle als „Brückensprache" für das Lernen weiterer Sprachen. Die Überführung mehrsprachigkeitsorientierter Überlegungen in fremdsprachliche Aktivitäten und deren konkrete Umsetzung in schulunterrichtlichen Zusammenhängen der Lehrkräftebildung wurden bislang jedoch kaum genauer ausgeführt. Vor allem die Ebene der Unterrichtsgestaltung, die im Zusammenhang mit der Methode der *simulation globale* handlungs- und schülerorientierte sprachliche Aushandlungsprozesse (vgl. Kramsch & Zhang 2018; Kramsch 2009) in den Blick nimmt und verschiedene sprachliche Vorkenntnisse in kommunikativen Prozessen berücksichtigen soll, ist bisher wenig eingebunden worden. Dies wird zum Anlass genommen, exemplarisch mehrsprachigkeitsorientierte Überlegungen der Fremdsprachenforschung hinsichtlich ihrer Bedeutung für das Projekt „Forschungskompetenzen Lehr-Lern-Labore" zu besprechen. Stark gemacht wird ein übergeordneter Perspektivenwechsel auf Mehrsprachigkeit „als integratives Repertoire der Lernenden, mit Hilfe dessen sprachlich gehandelt wird" (Hu 2019, 17; vgl. zu den Prinzipien der Mehrsprachigkeitsförderung auch Dirim 2020). Im Folgenden wird versucht, sich, anknüpfend an eine Passage des *Gemeinsamen Europäischen Referenzrahmens für Sprachen* (im Folgenden GER), der neben dem *Referenzrahmen für Plurale Ansätze zu Sprachen und Kulturen* (RePA) die Basis des hier vorgestellten Konzepts darstellt, dem Begriff „Mehrsprachigkeit" anzunähern.

Der Begriff „Mehrsprachigkeit" beschreibt nicht nur die Kenntnisse verschiedener Sprachen, sondern legt einen besonderen Schwerpunkt darauf, dass die verschiedenen sprachlichen und kulturellen Kenntnisse und Erfahrungen „nicht in strikt voneinander getrennten mentalen Bereichen gespeichert [werden], sondern [...] gemeinsam eine kommunikative Kompetenz [bilden]" (GER 2001, 17). Der *Referenzrahmen für Plurale Ansätze* (im Folgenden RePA) greift diese Überlegungen auf und präzisiert „plurale Ansätze" für sprachliche Lehr-Lernprozesse als „sprachübergreifende Lehr- und Lernverfahren, die *mehrere* Sprachen bzw. sprachliche Varietäten und/oder Kulturen sowie einen übergreifenden Kompetenzbegriff einbeziehen" (Candelier et al. 2009, 5; Hervorhebung im Original). Ausgeführt werden vier Ausformungen dieser pluralen Ansätze: die Interkomprehension, *éveil-aux-langues*-Ansätze, integriertes Fremdsprachenlernen und Interkulturelles Lernen (vgl. ebd.). Bevor im Folgenden die Studierenden als zukünftige Lehrkräfte im Fokus stehen, soll zunächst der Blick auf die Lernenden gerichtet werden. Der Referenzrahmen geht von der Besonderheit aus, die Schülerinnen und Schüler als „sozial Handelnde" (Europarat 2001, 21) zu verstehen:

> Auch wenn kein Sprachmittler zur Verfügung steht, können solche Menschen [hier: die Französischlernenden] trotzdem bis zu einem gewissen Grad kommunizieren, indem sie ihren ganzen Vorrat an linguistischem Wissen ins Spiel bringen und mit alternativen Formen des Ausdrucks in verschiedenen Sprachen oder Dialekten experimentieren und dabei paralinguistische Mittel nutzen (Mimik, Gestik, Gesichtsausdruck usw.) und ihre Sprache radikal vereinfachen (Europarat 2001, 17).

Die Vorstellung, Fremdsprachenlernende als bereits fähige ‚Könner' zu begreifen, ist für das Projekt ein zentraler Punkt. Anknüpfend an dieses Verständnis stützt sich das Konzept auf eine handlungsorientierte Herangehensweise an Sprachenlernen, die die Schülerinnen und Schüler anknüpfend an den GER im Mittelpunkt ihrer Lernprozesse verortet. Im Fremdsprachenunterricht wird häufig *über* Sprachen *gesprochen*, im Projekt ist jedoch das mehrsprachige *Handeln* der Lernenden das unmittelbare Ziel. Französischlernen wird im Kontext des Projekts „Forschungskompetenzen Lehr-Lern-Labore" als eine Transformation von dem verstanden, was den Schülerinnen und Schülern bereits bekannt ist, und zwar ausgehend von all ihren Sprachkenntnissen sowie ihrer Fantasie (etwa im Kontext der Ausgestaltung der fiktiven Charaktere im Rahmen der *simulation globale*). Konkret wird demgemäß (sprachlicher) Sinn ausgehend von dem kreiert, was die Lernenden schon (sprachlich) kennen und können. Sprachenlernen bedeutet somit im Kontext des Projekts, Unbekanntes (beispielsweise unbekannte Strukturen der Zielsprache sowie anderer Sprachen) in Interaktionen (hier: initiiert durch die angehenden Lehrkräfte im Rahmen der *simulation globale*) zuzulassen und auch zur Kenntnis zu nehmen (z. B. in Nachbesprechungen, die sprachliche Reflexion fokussieren). Mit den Worten von Caspari und Schädlich (2020, 43), geht es dabei jedoch nicht darum, dass Situationen entstehen, in denen

> jeder/jede spricht „wie ihm der Schnabel gewachsen ist", sondern darum, vorhandenes Sprachkönnen und Mitteilungsabsichten aufzugreifen und über inhaltsbezogene Aushandlungsprozesse auszudifferenzieren. [Angehende] Lehrkräfte ermöglichen und steuern dabei die Interaktion im Sinne einer „Maximierung" von Bedeutungsaushandlungen.

Ein weiterer zentraler Punkt des Konzepts ist es, dass die handelnden Schülerinnen und Schüler mit der von ihnen gewählten Sprache nicht zurückgewiesen werden: Anstelle zu schweigen und nichts zu sagen (etwa, weil bislang nicht bekannt ist, wie etwas auf Französisch gesagt wird), soll die Übermittlung von Botschaften, die auf Französisch im ersten Anlauf nicht gelingen, von den Studierenden nicht gestoppt werden. Es geht vielmehr darum, den Schülerinnen und Schülern im Kontext der *simulation globale* Platz zum Aushandeln zu lassen, um schließlich Sprache hervorzubringen – so lange, bis (wieder) Französisch entsteht. Ziel ist es, dass die Lernenden so viel Französisch wie möglich sprechen. Dabei können jedoch andere Sprachen sowie Erfahrungen mit anderen Sprachen funktional von den Lernenden eingesetzt werden. Das Konzept fördert demnach Sprachgebrauch unter Berücksichtigung der Ressourcen des gesamten Repertoires, die den Schülerinnen und Schülern bereitstehen. Diese Ressourcen spielen z. B. bei der Ausgestaltung ihrer Charaktere im Rahmen der *simulation globale*[5] sowie beim Bewältigen der Situationen eine wichtige Rolle und werden individuell abgerufen und nach Bedarf genutzt. Aus fachdidaktischer und linguistischer Sicht handelt es sich um eine Vielzahl von Prinzipien und Ansätzen (z. B. *translanguaging* als eine im Seminar behandelte Praxis (vgl. u. a. García & Wei 2015)), die die Studierenden in der Begleitveranstaltung diskutieren und anschließend je nach geplanter Lehr-Lern-Situation für die *simulation globale* unterschiedlich ausformen und realisieren. Welche Aspekte des Themas die Studierenden besonders hervorheben und wie und zu welchem Zweck sie diese für die Kontexte der *simulation globale* transformieren, ist den angehenden Fremdsprachenlehrkräften freigestellt.

2.2 Die *simulation globale* als methodischer Rahmen

Unter einer *simulation globale* wird „ein inhaltsbezogenes Unterrichts- bzw. Lernarrangement [verstanden], in dem Lernende über einen längeren Zeitraum hinweg [...] einen thematischen Rahmen sprachlich handelnd ausgestalten" (Mertens 2017,

---

5 Z. B. griff eine Schülerin ihre letzten Ferienerlebnisse in Schweden für die Ausgestaltung ihrer fiktiven Rolle auf und erlebte als Malia Lindström verschiedene Situationen im Kontext der *simulation globale*.

304; vgl. auch Surkamp 2008; Arendt 1997). Seit dem Jahr 2017 sind Globale Simulationen als mögliches Projekt im niedersächsischen Kerncurriculum für die Oberstufe im Kapitel 2.2.2, „Kursarten und Anforderungsniveaus", im Abschnitt 2.2.2.1 „Einführungsphase – Französisch als fortgeführte Fremdsprache" verankert (vgl. Niedersächsisches Kultusministerium 2017, 10). Zwischen Film-, Musik- und Literaturprojekten angesiedelt, gilt die *simulation globale* in der Sekundarstufe II als eine mögliche projektartige Lernmöglichkeit. Mit Küster (2010, 92) geht das Projekt „Forschungskompetenzen Lehr-Lern-Labore" davon aus, dass Globalsimulationen „auf unterschiedlichen Spracherwerbsniveaus einsetzbar [sind], grundlegende produktive und rezeptive Kompetenzen sollten allerdings vorhanden sein". In diesem Zusammenhang stellt das hier interessierende Projekt einen Versuch dar, die Unterrichtsmethode auch für die Unter- und Mittelstufe zu erschließen und richtet sich an Schülerinnen und Schüler ab Klasse acht (vgl. zur Einbindung in die Sekundarstufe I auch Sprenger & Surkamp 2020).

Im Rahmen des Kurses entwickeln Französischlehramtsstudierende eine *simulation globale*, die sie dann mit Göttinger Französischlernenden weiter ausdifferenzieren. Mit „un lieu-thème" sowie „des identités fictives" weisen Debyser & Yaiche (1996, 10) der Globalen Simulation darüber hinaus zwei bestimmende Prinzipien zu, die im Rahmen des Kurses „Vivre dans un immeuble plurilingue" mit dem Thema „Mehrsprachigkeit" und einem *immeuble*[6] als Handlungsort für die fiktiven Rollen gefüllt werden. Dabei wird das Augenmerk auf die Lernenden gelegt: „[D]ie Schülerinnen und Schüler sollen angeregt werden, ihre Lernprozesse selbstständig mitzugestalten und Strategien zum kreativen Sprachhandeln zu entwickeln" (vgl. Sippel 2003, 105). Die Rolle der Schülerinnen und Schüler „is no longer to listen and regurgitate information but to pull content together, negotiate meaning, reflect on learning" (Dupuy 2006, 206). Als sanktionsarmer Raum konzipiert (vgl. Surkamp 2008, 12), treten korrigierendes und metasprachlich steuerndes Handeln der Lehrpersonen in den Hintergrund. Die Lehrkräfte unterstützen stattdessen die fremdsprachliche inhaltliche Kommunikation und halten diese aufrecht, wofür jedes Mittel recht ist (unter Umständen auch eine Korrektur, aber nicht hauptsächlich, vgl. dazu Europarat 2001, 17; Block 2014, 56).

---

6 Vgl. Schröter zur Publikation angenommen für eine genauere Auseinandersetzung mit dem projektspezifischen *immeuble*.

Fokussiert wird dabei die inhaltliche Übermittlung von im *immeuble* entstehenden Mitteilungsbedürfnissen: Französischlernende erproben sich in verschiedenen Situationen (etwa in einer simulierten Metro-Fahrt durch Paris in einer komplexitätsreduzierten Umgebung im Göttinger Schülerlabor YLAB), um in der Zielsprache handlungsfähig zu werden.[7] Die Ausgestaltung des (sprachlichen) Handlungsraumes wird im Projekt mit Hilfe verschiedener Materialien und Requisiten unterstützt (etwa durch einen von den Studierenden selbstgebastelten Metroschalter). Die (sprachliche) Ausgestaltung erfolgt dabei durch die Studierenden und Lernenden gleichermaßen:

> [A]ls Mitakteurinnen [und Mitakteure] für die Initiierung und Aufrechterhaltung fremdsprachlicher Interaktionen, als Planende, als Koordinatorinnen [und Koordinatoren], als Sprachvorbilder und Motivierende oder auch als Bewohnerinnen [und Bewohner] der fiktiven Welt und somit als Interaktionspartnerinnen (Funck & et al. eingereicht)

sind die angehenden Lehrkräfte Teil des Geschehens. Dabei handelt es sich um eine Erweiterung einer klassischen *simulation globale*, wodurch auch Professionalisierungsaspekte berührt werden: Die Studierenden erproben sich in Lehrerinnen- und Lehrerrollen, die durch die Bekleidung der hinzukommenden Rolle als Forschende untypisch sind. Dadurch können sie aber neue Aspekte ihrer Lehrerinnen- und Lehrerpersönlichkeit entdecken und kritisch reflektieren. Auch der andere Raum, das Schülerlabor, lässt darüber reflektieren, was als (zukünftige) Lehrperson in der Schule eventuell als typisch empfunden wird und was hier – außerhalb der Schule jedoch trotzdem in lehrender Rolle – anders ist bzw. sein kann.

Obwohl keine *simulation globale* der anderen gleicht (vgl. z. B. die Themen „La vie à Paris" und „La résidence d'hiver à Grenoble" des Wintersemesters 2019/2020 oder auch „La vie à la Réunion" des Sommersemesters 2020), bleiben der Inhalt „Mehrsprachigkeit" und der Kontext des *immeuble* identisch: Die beiden „wesentlichen Planungsachsen" (ebd., 304), d. h. das Thema und der Ort, werden im Konzept mit einem *immeuble plurilingue* ausgefüllt, der als Bezugspunkt fungiert, der von den Lehramtsstudierenden und den Schülerinnen und

---

7 Z. B. hört man in einer simulierten Pariser Metrostation Menschen von einer Sprache zu einer anderen wechseln (etwa von Französisch zu Englisch und von Englisch zu Deutsch), um gemeinsam Bedeutung (z. B. einen Ticketkauf) zu konstruieren (vgl. dazu das Konzept des *translanguaging*; García & Wei 2015).

Schülern gemeinsam im Göttinger Schülerlabor entwickelt wird, aber auch verlassen werden kann (etwa durch einen Raumwechsel im Schülerlabor *YLAB* für eine Fahrt mit der Metro). Dabei ermöglicht den Studierenden die grundsätzliche Konsistenz in Form des Inhalts und des Settings, an (Forschungs-)Erkenntnisse ihrer Kommilitoninnen und Kommilitonen anzuknüpfen.

3. Zum Prinzip des forschenden Lernens in der Lehrkräftebildung

In der Lehrkräftebildung ist forschendes Lernen seit einiger Zeit ‚im Trend', eine einheitliche Definition gibt es bislang jedoch nicht. Beobachtbar ist, dass Lehr-Lernprojekte häufig die Definition von Huber (2009, 11) heranziehen und sie als Grundlage für ihre Konzeptausgestaltungen behandeln. Auch das Projekt „Forschungskompetenzen Lehr-Lern-Labore" bedient sich dieser Annäherung:

> Forschendes Lernen zeichnet sich von anderen Lernformen dadurch aus, dass die Lernenden den Prozess eines Forschungsvorhabens, das auf die Gewinnung von auch für Dritte interessanten Erkenntnissen gerichtet ist, in seinen wesentlichen Phasen – von der Entwicklung der Fragen und Hypothesen über die Wahl und Ausführung der Methoden bis zur Prüfung und Darstellung der Ergebnisse in selbstständiger Arbeit oder in aktiver Mitarbeit in einem übergreifenden Projekt – (mit)gestalten, erfahren und reflektieren.

Ziel der Lehrveranstaltung ist es, Französischlehramtsstudierende an der Universität Göttingen anhand des Themas „handlungsorientierte Mehrsprachigkeit" in Grundlagen des forschenden Lernens einzuführen. Da der Kurs dem Anspruch der Entfaltung eines forschend-reflexiven Habitus bei angehenden Lehrkräften (vgl. Huber 2009, 9–35) innerhalb eines Semesters nur bedingt gerecht werden kann und angenommen wird, dass zuvor nicht unbedingt forschen gelernt worden ist, kann es sich für die Studierenden nur um eine Einführung handeln. Mit dem Ziel, „ihr Theoriewissen für die Analyse und Gestaltung des Berufsfeldes nutzbar zu machen und auf diese Weise ihre Lehrtätigkeit nicht wissenschaftsfern, sondern in einer forschenden Grundhaltung auszuüben" (Wissenschaftsrat 2001, 41, zit. nach Fichten 2013, o. S.), wird das Konzept als ein Baustein umgesetzt, der dazu beitragen soll, Forschungskompetenzen angehender Fremdsprachenlehrkräfte zu stärken.

Diese erste Auseinandersetzung mit dem Prinzip des forschenden Lernens zielt darauf ab, von eigenen Forschungsinteressen geleitet ein eigenes kleines Projekt auf die Beine zu stellen:

> Sie [die Studierenden] sollen selbstständig ein sie interessierendes Problem aufgreifen bzw. ein Thema wählen und die Strategie der Problembearbeitung selbst bestimmen, d. h. eine Forschung (weitgehend) eigenverantwortlich durchführen (Fichten 2013, o. S.).

Das forschende Lernen als Gesamtrealisierung eines Projekts stellt eine große Herausforderung für die Studierenden dar, weshalb hier ein konkretes Setting vorgegeben wird. Um eine gewinnbringende Realisierung zu gewährleisten, liegt dem Projekt eine Form von forschendem Lernen zugrunde, die durch ausgewählte inhaltliche (hier: Mehrsprachigkeit) und methodische (hier: teilnehmende Beobachtung) Schwerpunkte gekennzeichnet ist.

Einführungen in Methoden der empirischen Unterrichtsforschung erhalten die angehenden Lehrkräfte an der Universität Göttingen vorrangig im Rahmen bildungswissenschaftlicher Studienanteile. Gleichwohl ist es wichtig, Verfahrensweisen wie Unterrichtsbeobachtungen auch zum Inhalt fachdidaktischer Seminare[8] zu machen. Im Kontext des Projekts „Forschungskompetenzen Lehr-Lern-Labore" wird demzufolge ein Orientierungsangebot umgesetzt, mit dem Ziel, einen beispielhaften methodischen Ansatz kennen zu lernen, diesen in einem geschützten Rahmen auszuprobieren und sich mit seinen Möglichkeiten und Grenzen auseinanderzusetzen. Später müssen die Studierenden als Lehrerinnen und Lehrer angesichts der Komplexität von Mehrsprachigkeit und der Unsicherheit pädagogischer Situationen ausgehend von den Lernenden immer wieder neu reflektieren, was für welche Sprachlernsituationen funktional angemessen ist. Voraussetzung dafür ist eine Fokussierung auf Unterrichtsbeobachtung, die es ermöglichen soll, Herausforderungen im Unterrichtsalltag zu erkennen (etwa die Heterogenität der Lernenden), fachdidaktisch-fachwissenschaftlich begründete Lehr-Lern-Formate (z. B. eine *simulation globale* zum Thema „Mehrsprachigkeit") und entsprechendes Unterrichtsmaterial zu entwickeln und kontinuierlich anzupassen. Die Entwicklung und Beobachtung handlungsorientierter sowie

---

8 Vgl. dazu die Master-Übung „Einführung in die Forschungsmethoden der Fremdsprachendidaktik" der Fremdsprachendidaktiken Englisch, Französisch und Spanisch an der Universität Göttingen, in der an Fremdsprachenforschung entlang Methodenwissen vermittelt wird.

mehrsprachigkeitsorientierter Szenarien kann in diesem Zusammenhang als Praxisübung genutzt werden. In den bisherigen Durchgängen konnten dem Orientierungsangebot entsprechende Forschungsvorhaben zu Fragestellungen wie „Inwiefern beeinflusst der bilinguale Unterricht in Englisch das Spracherleben im Französischunterricht im Rahmen einer *simulation globale?*" sowie vom Angebot abweichende selbstentwickelte und subjektiv-relevante Forschungsvorhaben von den Studierenden verzeichnet werden, z. B. Beobachtungen zum Thema „Aufgaben" oder eine Fragebogenstudie zum Thema „Emotionen" im Rahmen der *simulation globale*. Am Beispiel des Projekts einer Studentin, die Französisch und Englisch studiert, soll ein Eindruck von derartigen Forschungsprojekten vermittelt werden.

In ihrer Arbeit zum bilingualen Fachunterricht beschäftigt sie sich u. a. mit der Frage, wie eine Schülerinnen- und Schülergruppe, die im Rahmen des Regelunterrichts in mehreren Sachfächern englischsprachig unterrichtet wird und besonders von der englischen Sprache umgeben zu sein scheint, im Kontext der *simulation globale* mit Französisch als zweiter Fremdsprache umgeht. Dafür wurden in zwei regulären Doppelstunden des Französischunterrichts in der Schule, die zur Einführung des Handlungsortes und der fiktiven Identitäten genutzt wurden, sowie im Schülerlabor *YLAB*, wo die Durchführung stattfand, Beobachtungen durchgeführt. Während der und im Anschluss an die Einführungs- sowie Durchführungsphase wurden Beobachtungsprotokolle erstellt. Dabei wurde sich u. a. gegen eine Befragung der Schülerinnen und Schüler entschieden, da nicht die Selbstwahrnehmung, sondern ihre tatsächlichen Praktiken das Interesse bildeten. Die entstandenen Protokolle wurden anschließend gemäß der Qualitativen Inhaltsanalyse ausgewertet. Ein interessantes Ergebnis, welches die Studentin im Kontext der inhaltlichen Reflexion mit Bezug zu ihrer Fragestellung und dargestellten Theorie festhält, besteht darin, dass

> die SuS, die beobachtet wurden, in ihrem Spracherleben von der englischen Sprache unterschiedlich stark beeinflusst zu sein scheinen. Daraus, dass sie in mehreren Fächern englischsprachig unterrichtet werden, ergibt sich ein Identifikationspotenzial, aus dem einige SuS eine große Selbstsicherheit ziehen und ein sprachliches Machtgefälle gegenüber denen konstruieren können, die nicht Englisch sprechen. Es ist möglich, dass das Spracherleben dieser SuS im Französischen dadurch gedämpft wird, dass sie nicht über die selben [sic!] Kompetenzen, und somit über den selben sozialen Status, verfügen wie im Englischen.

Verstanden mit Busch (2013, 18) als Phänomen „wie sich Menschen selbst und durch die Augen anderer als sprachlich Interagierende wahrnehmen", benennt die Studentin vor allem „Symptome von Unsicherheit" und „ausweichende Handlungen" als Identifikator für das Spracherleben der Schülerinnen und Schüler, was sich in der Körpersprache äußert. Dieses Erleben „ist nicht neutral, es ist mit emotionalen Erfahrungen verbunden, damit, ob man sich in einer Sprache bzw. im Sprechen wohlfühlt oder nicht" (ebd.). Dieses Unwohlsein tritt etwa dann auf, wenn die beobachteten Lernenden in der Vorbereitungsphase auf Französisch von den Studierenden angesprochen werden und „drei von vier angesprochenen Schülerinnen und Schülern nicht antworten". In der Durchführungsphase im Schülerlabor scheinen sie hingegen ihre Unsicherheiten nach und nach zu überwinden. Vor dem Hintergrund ihrer Ergebnisse benennt die Studentin zuletzt als Desiderat, dass es interessant wäre, „das Spracherleben der bilingualen SuS mit dem einer nicht-bilingual unterrichteten Gruppe zu vergleichen".

Durch solche Projekte durchlaufen die Studierenden somit das, was unter forschendem Lernen konkret verstanden wird (vgl. Huber 2018, o. S.), und zwar anhand eines vollständigen Forschungsprozesses: Sie suchen sich eine Fragestellung, entwerfen das Forschungsdesign, erheben eigene Daten und werten diese aus und halten ihre Ergebnisse in einem Forschungsbericht fest. Dabei kann angenommen werden, dass angehende Lehrpersonen in ihrem zukünftigen Berufsfeld durch die persönliche(re) Involviertheit einen Nutzen haben und deshalb auch empirische Herangehensweisen und Methoden favorisiert werden, die mit dem Unterrichtsalltag kompatibel erscheinen. Die kleinen Forschungsprojekte können hierbei neue Gedanken zu Unterrichtsvariationen mit sich bringen, die in der späteren (mehrsprachigkeitsorientierten) Praxis aufgegriffen werden können.

4. Fazit

Der vorliegende Beitrag hatte zum Ziel, eine Möglichkeit vorzustellen, wie angehende Fremdsprachenlehrkräfte im Rahmen ihrer Ausbildung Gelegenheiten erhalten können, das gesamte sprachliche Repertoire einer Lerngruppe in Lehr-Lern-Prozesse einzubinden und forschend zu begleiten. Das Projekt „Forschungskompetenzen Lehr-Lern-Labore" zeigt anhand der Methode der *simulation globale* und dem Prinzip des forschenden Lernens, dass handlungs- und forschungsbezogene Ansätze den Studierenden einen fruchtbaren Rahmen für mehrsprachigkeitsorientiertes Lehren und Lernen bieten können. Die Studierenden machen die Erfahrung, dass die Schülerinnen und Schüler viel Übungszeit brauchen und auch sie selbst für die Erprobung von Handlungsalternativen von ausgeweiteten Räumen profitieren, in denen Zeit zum Experimentieren und Reflektieren gegeben ist.

Letztlich ist in den bisherigen Projektdurchläufen deutlich geworden, dass ein solcher Lehr-Lernansatz auch über den Projektkontext hinaus Interesse für weitere Erprobungen weckt und Forschungsbedarf offenlegt, wie es beispielhaft die Studentin in ihrem Forschungsbericht zum Einfluss des bilingualen Fachunterrichts festhielt.

Literaturverzeichnis
ARENDT, Manfred. 1997. „Simulationen", in: *Der Fremdsprachliche Unterricht Englisch* 26, 4–10.
BENNIT, Nora. 2016. „'It's not as academic and impossible as it seems to be' – Aktionsforschung und berufliches Selbstvertrauen in der fremdsprachlichen Lehrerbildung", in: Legutke, Michael & Schart, Michael. edd. *Fremdsprachendidaktische Professionsforschung: Brennpunkt Lehrerbildung*. Tübingen: Narr, 269–290.
BLOCK, David. 2014. „Moving beyond ‚Lingualism': Multilingual Embodiment and Multimodality in SLA", in: May, Stephen. ed. *The Multilingual Turn: Implications for SLA, TESOL and Bilingual Education*. New York: Routledge, 54–77.
BUSCH, Brigitta. 2013. *Mehrsprachigkeit*. Wien: Facultas.
CANDELIER, Michel & CAMILLERI GRIMA, Antoinette & CASTELLOTTI, Véronique & DE PIETRO, Jean-François & LŐRINCZ, Ildikó & MEIßNER, Franz-Joseph & SCHRÖDER-SURA, Anna. ed. 2009. *RePA – Referenzrahmen für Plurale Ansätze zu Sprachen und Kulturen*. Europäisches Fremdsprachenzentrum Graz.
CASPARI, Daniela & SCHÄDLICH, Birgit. 2020. „Sprechförderung im Französischunterricht als Teil einer mehrsprachigkeitssensiblen Sprachbildung", in: Küster, Lutz. ed. *Prendre la parole. Reflexive und übende Zugänge zum Sprechen im Französischunterricht*. Hannover: Klett Kallmeyer, 37–45.
DE BOER, Heike & REH, Sabine. edd. 2012. *Beobachtung in der Schule – beobachten lernen*. Wiesbaden: Springer VS.
DEBYSER, Francis & YAICHE, Francis. 1996. *L'immeuble*. Paris: Hachette.
DIRIM, Inci. 2020. „Methoden der sprachlichen Inklusion im Zweitsprachen-Unterricht", in: Hallet, Wolfgang & Königs, Frank. G. & Martinez, Hélène. edd. *Handbuch Methoden im Fremdsprachenunterricht*. Hannover: Klett Kallmeyer, 391–396.
DUPUY, Béatrice. 2006. „*L'Immeuble*: French language and culture teaching and learning through projects in a global simulation", in: Hammadou-Sullivan, Joann. ed. *Project-based*

Learning in Second Language Education: Past, Present and Future, Research in Second Language Learning. Vol. 5. Greenwich (CT): Information Age Publishing, Inc, 195–214.

EUROPARAT. 2001. *Gemeinsamer Europäischer Referenzrahmen für Sprachen. Lernen, Lehren, Beurteilen*. Berlin: Langenscheidt.

FICHTEN, Wolfgang. 2013. „Über die Umsetzung und Gestaltung Forschenden Lernens im Lehramtsstudium". https://uol.de/fileadmin/user_upload/diz/download/Publikationen/Lehrerbildung_Online/Fichten_01_2013_Forschendes_Lernen.pdf, Zugriff: 20.02.2021.

FUNCK, Luise & GUTENBERG, Maite & HENZE, Hannah & SCHRÖTER, Laura-Joanna. (eingereicht). „Französisch lehren und lernen in einer virtuellen Globalen Simulation", in: *On. Lernen in der digitalen Welt*.

GARCÍA GARCÍA, Marta & PRINZ, Manfred & REIMANN, Daniel. edd. 2020. *Mehrsprachigkeit im Fremdsprachenunterricht. Neue Studien und Konzepte zur Vernetzung von Schulsprachen und Herkunftssprachen*. Tübingen: Narr.

GARCÍA, Ofelia & WEI, Li. 2015. „Translanguaging, Bilingualism, and Bilingual Education", in: Wright, Wayne & Boun, Sovicheth & García, Ofelia. edd. *The Handbook of bilingual and multilingual education*. Malden: Wiley-Blackwell, 223–240.

GOGOLIN, Ingrid. 2004. „Lebensweltliche Mehrsprachigkeit", in: Bausch, Karl-Richard. ed. *Mehrsprachigkeit im Fokus. Arbeitspapiere der 24. Frühjahrskonferenz zur Erforschung des Fremdsprachenunterrichts*. Tübingen: Narr, 55–61.

HU, Adelheid. 2004. „Mehrsprachigkeit als Voraussetzung und Ziel von Sprachunterricht in der Schule", in: Bausch, Karl-Richard & Königs, Frank G. & Krumm, Hans-Jürgen. edd. *Mehrsprachigkeit. Dokumentation der Frühjahrskonferenz zur Erforschung des Fremdsprachenlernens*. Tübingen: Narr, 69–76.

HU, Adelheid. 2019. „Sprachlichkeit, Identität und Kulturalität", in: Fäcke, Christiane & Meißner, Franz-Joseph. edd. *Handbuch Mehrsprachigkeits- und Mehrkulturalitätsdidaktik*. Tübingen: Narr, 17–24.

HUBER, Ludwig. 2009. „Warum Forschendes Lernen nötig und möglich ist", in: Huber, Ludwig & Hellmer, Julia & Schneider, Friederike. edd. *Forschendes Lernen im Studium: Aktuelle Konzepte und Erfahrungen*. Bielefeld: UVW, 9–35.

HUBER, Ludwig. 2013. „Die weitere Entwicklung des Forschenden Lernens. Interessante Versuche – dringliche Aufgaben", in: Huber, Ludwig & Kröger, Margot & Schelhowe, Heidi. edd. *Forschendes Lernen als Profilmerkmal einer Universität. Beispiele aus der Universität Bremen*. Bielefeld: UVW, 21–36.

HUBER, Ludwig. 2018. „Forschendes Lernen: Begriff, Begründungen und Herausforderung". https://dbs-lin.ruhr-uni-bochum.de/lehrela-den/lehrformate-methoden/forschendes-lernen/begriff-begruendungen-und-herausforderungen/, Zugriff: 10.01.2021.

KÜSTER, Lutz. 2010. „Simulation globale ‚Un camp de vacances international'", in: Leupold, Eynar. ed. *Französischunterricht als Ort interkulturellen Lernens*. Seelze: Kallmeyer, 90–94.

KRAMSCH, Claire. 1998. „The privilege of the intercultural speaker", in: Byram, Michael & Fleming, Michael. edd. *Language learning in intercultural perspective: approaches through drama and ethnography*. Cambridge: Cambridge University Press, 16–31.

KRAMSCH, Claire & ZHANG, Lihua. 2018. *The Multilingual Instructor. What foreign language teachers say about their experience and why it matters*. Oxford: Oxford University Press.

MERTENS, Jürgen. 2017. „Simulation Globale", in: Surkamp, Carola. ed. *Metzler Lexikon Fremdsprachendidaktik: Ansätze – Methoden – Grundbegriffe*. Stuttgart: Metzler, 304–305.

MICHELSON, Kristen & DUPUY, Béatrice. 2014. „Multi-Storied Lives: Global Simulation as an Approach to Developing Multiliteracies in an Intermediate French Course", in: *L2 Journal* 6/1, 21–49.

GEORG-AUGUST-UNIVERSITÄT GÖTTINGEN. 2020. *Modulverzeichnis zu der Prüfungs- und Studienordnung für den konsekutiven Studiengang „Master of Education"*. https://www.uni-goettingen.de/de/document/download/b44388b940681cbb456d8d9c18011db3.pdf/ModulVZ_MA_of%20Education_2020_2.pdf, Zugriff: 26.01.2021.

NIEDERSÄCHSISCHES KULTUSMINISTERIUM. ed. 2017. *Kerncurriculum für das Gymnasium. Schuljahrgänge 6–10. Französisch*. https://cuvo.nibis.de/cuvo.php?skey_lev0_0=Fach&svlue_lev0_0=Franz%C3%B6sisch&skey_lev0_1=Schulbereich&svalue_lev0_1=Sek+I&skey_lev0_2=Dokumentenart&svalue_lev0_2=Kerncurriculum&docid=1232&p=detail_view, Zugriff: 12.12.2020.

MAYRING, Philipp. 2000. „Qualitative Inhaltsanalyse", in: *Forum Qualitative Sozialforschung* 1/2. http://www.qualitative-research.net/index.php/fqs/article/view/1089/2383, Zugriff: 20.12.2020.

REIMANN, Daniel. 2016. „Aufgeklärte Mehrsprachigkeit – Sieben Forschungs- und Handlungsfelder zur (Re-)Modellierung der Mehrsprachigkeitsdidaktik", in: Rückl, Michaela. ed. *Sprachen & Kulturen vermitteln und vernetzen*. Münster: Waxmann, 15–33.

SCHÄDLICH, Birgit. 2020. „Mediatorisches Handeln in antinomischen Spannungsfeldern schulischen Fremdsprachenunterrichts", in: García García, Marta & Prinz, Manfred & Reimann, Daniel. edd. *Mehrsprachigkeit im Fremdsprachenunterricht. Neue Studien und Konzepte zur Vernetzung von Schulsprachen und Herkunftssprachen*. Tübingen: Narr, 31–56.

SCHRAMM, Karen & SCHWAB, Götz. 2016. „Beobachtung", in: Caspari, Daniela et al. edd. *Forschungsmethoden in der Fremdsprachendidaktik. Ein Handbuch*. Tübingen: Narr, 141–154.

SCHRÖTER, Laura-Joanna. (zur Publikation angenommen). „*Simulations globales* im Lehramtsstudium Französisch: Förderung von Mehrsprachigkeit und Mehrkulturalität", in: *Jahrbuch der Zeitschrift Die Neueren Sprachen* 10 (2020).

SIPPEL, Vera A. 2003. *Ganzheitliches Lernen im Rahmen der „simulation globale": Grundlagen – Erfahrungen – Anregungen*. Tübingen: Narr.

SPRENGER, Cathrin & SURKAMP, Carola. 2020. „Lehren, Lernen und Forschen im Schülerlabor. Zum Einsatz digitaler Medien im Rahmen einer von Studierenden durchgeführten Globalen Simulation im Fach Englisch", in: Elsner, Daniela & Niesen, Heike & Viebrock, Britta. edd. *Hochschullehre digital gestalten in der (fremd-)sprachlichen LehrerInnenbildung. Inhalte, Methoden und Aufgaben*. Tübingen: Narr, 37–54.

SURKAMP, Carola. 2008. „Simulationen", in: *Der Fremdsprachliche Unterricht Englisch* 42, 12–13.

Zur Entwicklung von Sprachbeschreibungen für den herkunftssprachensensiblen Französischunterricht
Christian Koch (Siegen)

1. Einleitung

Mehrsprachigkeitsdidaktik begreift sich als integrativer Ansatz des Sprachenlehrens und -lernens, was bedeutet, dass die Schulsprache Französisch nicht als isoliertes Additum zu den zuvor und parallel gelernten Fremdsprachen vermittelt werden kann, sondern in Abhängigkeit zu diesen, aber auch zu der Erstsprache bzw. den Erstsprachen der Schülerinnen und Schüler steht. Die Berücksichtigung der lebensweltlichen Mehrsprachigkeit im Fremdsprachenunterricht wurde bereits von Hu (2003) umfassend bearbeitet und auch in größeren Studien für den Französischunterricht thematisiert (vgl. z. B. Rück 2009; Volgger 2012; Hennig-Klein 2018; Méron-Minuth 2018). Im Fokus stehen teils die Lehrenden, teils die Lernenden, Einstellungen zur Berücksichtigung von Sprachen oder die praktische Gestaltung des Unterrichts.

An der Schnittstelle von Sprachwissenschaft und Didaktik skizziert dieser Beitrag Ansätze zur Sensibilisierung für Herkunftssprachen durch sprachstrukturelle Zugänge. Angesprochen werden sollen damit v. a. Lehramtsstudierende im Rahmen der grundständigen sprachwissenschaftlichen und sprachdidaktischen Ausbildung sowie schulische Lehrkräfte über Weiterbildungs- und Materialangebote. Insbesondere geht es um die Generierung von Sprachbeschreibungen, die ein grundlegendes Verständnis für die Beschaffenheit verschiedener Herkunftssprachen der Schülerinnen und Schüler vermitteln. Konkrete Handreichungen mit Herkunftssprachenprofilen, wie sie für den DaF/DaZ-Bereich existieren, fehlen bislang für das Schulfach Französisch sowie für den Fremdsprachenunterricht beinahe[1] vollständig. Es soll hier also darum gehen, wie solche Handreichungen auf die Spezifika des Französischunterrichts übertragen werden können, es geht

---

1 Für das Fach Spanisch kann im deutschsprachigen Raum auf Bermejo Muñoz (2019) verwiesen werden, die eine Handreichung für die Thematisierung von Mehrsprachigkeit insgesamt entworfen hat. Die Hinweise zu den vier häufigsten Herkunftssprachen Russisch, Polnisch, Türkisch und Arabisch gehen jedoch kaum in die Tiefe.

aber auch um die Weiterentwicklung der Ressourcen gerade im Hinblick auf digitale Elemente, die verbesserte Zugänge zu der immensen Komplexität dieses Arbeitsfeldes schaffen können. Verbesserungen gegenüber Handbüchern in Papierform betreffen etwa Optionen zur Multimedialität und Interaktivität.

Bevor die Gestaltung von Sprachbeschreibungen diskutiert wird, thematisiert Abschnitt 2 die generelle Relevanz von Wissen über sprachliche Strukturen der Herkunftssprachen. In Abschnitt 3 werden Elemente einer grundlegenden linguistischen Ausbildung für das Verständnis verschiedener Sprachen und sprachlicher Beziehungen zum Französischen vorgestellt. Anschließend werden in Abschnitt 4 Grundüberlegungen zur Entwicklung von Sprachbeschreibungen diskutiert.

2. Relevanz des Gegenstands

Bezüglich der Frage, warum Herkunftssprachen in der Schule im Allgemeinen und im Fremdsprachenunterricht im Besonderen eine Rolle spielen, können verschiedenste Argumente angeführt werden. Daneben soll aber auch erörtert werden, inwieweit tatsächliche Einblicke in sprachliche Strukturen dabei vonnöten sind, da hierbei weniger Konsens zu bestehen scheint.

2.1 Herkunftssprachen in der Schule

Große Einigkeit besteht darin, die Schule als Ort zu verstehen, an dem die Vielsprachigkeit[2] der Schülerschaft einen Mehrwert darstellt, der geachtet, genutzt und gefördert werden muss.[3] Argumente betreffen sowohl individuelle Faktoren

---

2 Der Terminus *Vielsprachigkeit* ist wiederholt für die soziale Ebene vorgeschlagen worden, um hiervon die *Mehrsprachigkeit* auf individueller Ebene abzugrenzen. Zur Problematik und Inkonsistenz der Abgrenzung vgl. ausführlich Koch (2020b, 27–35).

3 Zu diesem Dreischritt vgl. etwa den Sammelband *Mehrsprachigkeit in der Klasse wahrnehmen – aufgreifen – fördern*, herausgegeben von Oomen-Welke & Dirim (2013). Es geht in der ersten Stufe darum, migrationsbedingte Mehrsprachigkeit erst einmal zu benennen, dann in der zweiten Stufe, vorhandene Sprachkompetenzen sinnvoll einzusetzen, was z. B. im Sinne von *translanguaging* als Bereicherung des Diskurses verstanden werden kann. Die dritte Stufe beschreibt schließlich den Ausbau der Herkunftssprachenkompetenz, sei es durch dezidierten Herkunftssprachenunterricht oder durch Fokussierung der individuellen Kompetenzerweiterung im Rahmen einzelner Aktivitäten in möglichen Fächern und fächerübergreifenden Projekten.

wie die Identitätsbildung und die persönliche kognitive Entwicklung als auch gesellschaftliche Aspekte wie die Förderung sozialer Gerechtigkeit und wirtschaftliche Potenziale durch ein breites Sprachenrepertoire (vgl. Allemann-Ghionda 2013, 104–105). Untermauert wird die Hypothese der verbesserten Integration über die Pflege der Herkunftssprachen durch etliche – auch in anderen Ländern wie Schweden und den Niederlanden entstandene – Studien (vgl. Göbel & Buchwald 2017, 53). Rigorose Kritik an der Förderung von Vielsprachigkeit in der Schule ist v. a. in älteren Beiträgen zu finden, etwa zur Kosten-Nutzen-Abwägung bei Steinig (1992, 84–85), oder stützt sich auf in ihrer Validität diskutable Studien (vgl. Allemann-Ghionda 2013, 106–107). Natürlich lässt sich das Für und Wider der diversifizierten Sprachförderung immer auch als Ausdruck von politischem Willen verstehen, so dass wissenschaftliche Evidenz auch als Instrument für das intendierte Bekenntnis zu einer mehrkulturellen Gesellschaft und zur Förderung des transkulturellen Dialogs interpretiert wird. Umso wichtiger ist es, die Berücksichtigung lebensweltlicher Mehrsprachigkeit als „Transversalaufgabe des Bildungswesens" (Meißner 2019, 151) durch universitäre Forschung weiterhin empirisch zu bearbeiten und mit argumentativ starken methodischen Konzepten zu untermauern.

2.2 Herkunftssprachen im Fremdsprachenunterricht

Neben der Verortung der Thematik in der Pädagogik als Adressat für alle Fächer und im Feld von DaF/DaZ können Konzepte zur Förderung von Herkunftssprachen innerhalb der Fachdidaktiken der schulischen Fremdsprachen besonders fruchtbar sein, denn es kann auf Expertisen des Spracherwerbs auf der einen Seite und der Mehrsprachigkeitsdidaktik auf der anderen Seite aufgebaut werden.[4] Das mehrsprachigkeitsdidaktische Prinzip der Vernetzung, das sich in der Romania neben den vorgelernten Sprachen insbesondere auf Potenziale der Interkomprehension in weiteren romanischen Sprachen konzentriert, erfährt im Konzept der Aufgeklärten Mehrsprachigkeit (vgl. z. B. Reimann 2017a) mehrere Erweierun-

---

4 Eine mögliche Synthese aus Bilinguismus- und Mehrsprachigkeitsforschung sowie Mehrsprachigkeitsdidaktik zur Entwicklung einer Herkunftssprachendidaktik im Fremdsprachenunterricht beschreiben Fernández Ammann, Kropp und Müller-Lancé (2015, 11–12).

gen, die auch Herkunftssprachen umfassen. Eine bloße Übertragung des Interkomprehensionsansatzes stieße dabei jedoch schnell an Grenzen, da die typologische Nähe zu Sprachen wie Türkisch oder Arabisch nicht gleichermaßen gegeben ist. Dies betrifft jedoch nicht allein fehlende Kognaten, die das Erschließen erschweren würden, sondern zahlreiche Sprachen der Schülerinnen und Schüler scheinen für eine genauere Betrachtung aufgrund ihrer typologischen Andersartigkeit insgesamt unzugänglich.

2.3 Kenntnis von Herkunftssprachen

Gewissermaßen besteht eine Paradoxie zwischen positiven Einstellungen von Lehrkräften zur Einbindung von Herkunftssprachen in den Fremdsprachenunterricht und der Bereitschaft, dies tatsächlich umzusetzen, was immer wieder mit fehlender Sprachkenntnis begründet wird (vgl. Heyder & Schädlich 2014, 188; Ekinci & Güneşli 2016, 77–78; Méron-Minuth 2018, 291). Eine (Teil-)Lösung besteht darin, Lehrkräfte von dieser Aufgabe zu entlasten, indem entweder außersprachlich behandelbare Gegenstände wie die Mehrkulturalität (vgl. Abendroth-Timmer & Fäcke 2011, 32–44; Fäcke 2019), eine metasprachliche Auseinandersetzung mit Herkunftssprachen (vgl. Koch 2020a) und eine Abstrahierung auf sprachuniverselle Transferebenen (vgl. Hungerbühler 2009) in den Vordergrund gestellt werden, oder die Lernenden selbst werden zu Expertinnen und Experten ihrer Sprachen deklariert und bekommen Raum, um in zusätzlichen Wortschatzspalten und dergleichen Einträge zu vorhandenen Erstsprachen zu machen. Während die Erweiterung um außersprachliche Gegenstände vielseitige Annäherungen an die Herkunftssprachenthematik verspricht, birgt die Verlagerung des Sprachstrukturellen auf die Lernendenseite immer die Schwierigkeit, dass weder gezielte Impulse noch Feedback seitens der Lehrkraft erfolgen können, wenn sich diese aus der Generierung sprachkontrastiver Beobachtungen ganz heraushält.[5] Hierzu sei folgendes Statement einer Schülerin angeführt: „I once compared Kurdish with French and the pronuncation and so on is really similar" (Cutrim Schmid & Schmidt 2017, 44). In dem zitierten Beitrag wird das Statement nicht

---

5 Kropp (2017, 120–121) spricht in diesem Zusammenhang vom Problem der Asymmetrie des Sprachwissens auf Lehrenden- und Lernendenseite (vgl. auch Koch 2020a, 265).

weiter ergründet. Liegt die Ähnlichkeit der Aussprache im segmentalen Lautmaterial, in der finalen Wortbetonung (Oxytonie) oder – im Falle der Variante Kurmancî – in der Verwendung einiger Grapheme (*ê*, *ô*...)? Die herkunftssprachensible Lehrkraft könnte die Beobachtung der Schülerin als Anstoß nutzen, dies genauer zu hinterfragen und nach rudimentärer Recherche zum Kurdischen den Vergleich weiterer Merkmale anregen (aus dem Französischen entlehnter Wortschatz, Parallelitäten bei Tempus und Modus usw.). Hierfür benötigt die Lehrkraft jedoch ein grundlegendes Verständnis für sprachliche Zusammenhänge, auf das im nächsten Abschnitt näher eingegangen wird.

3. Linguistisches Grundlagenwissen im Französischstudium

Dem Dilemma der fehlenden Sprachkenntnisse könnte wohl am ehesten dadurch begegnet werden, dass angehenden Lehrkräften im Rahmen der sprachwissenschaftlichen Anteile des Studiums neben den Inhalten zur Zielsprache auch ein Grundverständnis von anderen Sprachen der Welt vermittelt würde. Die Intention hierbei besteht in der Sensibilisierung für die Verschiedenartigkeit von Sprachen und in der Verständniserleichterung bei der Lektüre der häufig durchaus anspruchsvollen Sprachbeschreibungen. Dieser Abschnitt fokussiert einige Aspekte des potenziell hilfreichen Grundlagenwissens und greift Lehnwortschatz als Beispiel auf, bevor in Abschnitt 4 eine Betrachtung der Sprachbeschreibungen erfolgt.

3.1 Linguistische Disziplinen der übereinzelsprachlichen Betrachtung

Zur linguistischen Grundausbildung gehört m. E. etwa Wissen über verschiedene Formen des Sprachbaus, über Sprachverwandtschaften (auch über die Romania hinaus) und über Sprachkontaktphänomene, d. h. Typologie und Genealogie von Sprachen sowie Areallinguistik. Grundlagen der Sprachtypologie können dabei helfen, das eurozentrische Konzept von Sprachbau zu relativieren, denn mehrheitlich kennen die Studierenden nur Sprachen Westeuropas und begreifen einige Merkmale wie z. B. die Konjugation von Verben, die Verwendung von Artikeln

u. v. m.[6] als Normalfall, obwohl einiges davon nur für eine Minderheit der Sprachen der Welt charakteristisch ist. Kenntnisse der Sprachgenealogie helfen etwa dabei, die östlicheren Sprachen der indoeuropäischen Familie differenzierend zu begreifen, also dass Kurdisch näher als Türkisch und Persisch näher als Arabisch zur Zielsprache Französisch steht. Gleichwohl spielen verschiedene Phänomene eine Rolle dabei, dass die Wahrnehmung auf der Oberfläche eine andere ist (z. B. die Verwendung der arabischen Schrift im Persischen).

Als weitere Disziplin kommt die kontrastive Linguistik hinzu, die an Methoden der Sprachtypologie anknüpft, aber fokussierter auf spezifische Sprachenpaare schaut und einzelne Parameter von Sprachen wie Laut- und Schriftlichkeit, Grammatik, Wortschatz und Pragmatik fokussiert. Die Besonderheit der kontrastiven Analyse im Kontext von Herkunfts- und Fremdsprache besteht darin, dass zumeist das Deutsche als Referenzsprache im Sinne eines triangulären Vergleichs mit zu berücksichtigen ist, wenn es um die Transferierbarkeit sprachlicher Merkmale geht. Denn es ist zumeist nicht naheliegend, dass auf Deutsch sozialisierte Schülerinnen und Schüler auf ihre Herkunftssprachen rekurrieren oder gar Interferenzen aufweisen. Besteht jedoch weniger Ähnlichkeit zwischen Deutsch und Französisch als zwischen einer Herkunftssprache und Französisch, so kann die Rekurrenz darauf besonders hilfreich sein.

3.2 Beispiel: Französische Lehnwörter in Herkunftssprachen

Von den verschiedenen Bereichen, die in der kontrastiven Analyse von Herkunftssprachen und Französisch zu betrachten sind, sei hier zunächst ein Zugang über die Lexik und im Besonderen über Lehnwörter in Herkunftssprachen beschrieben. Kürzere Beispiele zu lautlichem und grammatikalischem Transfer erfolgen in Abschnitt 4.2.

Für den Aufbau von Herkunftssprachensensibilität ist es von wesentlichem Interesse, das Französische als Kultur- und Kolonialsprache zu betrachten, was v. a. im Bereich der Lexik in Form von Lehnwörtern bemerkenswerte Spuren in zahlreichen Sprachen der Welt hinterlassen hat (vgl. Rettig 2006). Für das Französische als Zielsprache ist mehrfach das Türkische aufgegriffen worden, da dort

---

6 Es kann hier auf den Merkmalskatalog des sogenannten *Standard Average European* verwiesen werden, mit dem sich u. a. die Eurolinguistik beschäftigt (vgl. Hinrichs 2010).

mehrere 1.000, in markanter Schreibweise adaptierte Gallizismen zu verzeichnen sind (vgl. etwa Brüser & Wojatzke 2013; Thiele 2015), beispielsweise:

Türkisch[7]		Französisch	
avantaj	[avantʰaʒ]	*avantage*	[avɑ̃taʒ]
gişe	[giʃe]	*guichet*	[giʃɛ]
kuaför	[kʰuaɸør]	*coiffeur*	[kwafœʁ]
reaksiyon	[ɾeaksijo̞n]	*réaction*	[ʁeaksjɔ̃]
sükse	[sykse]	*succès*	[syksɛ]

Tabelle 1: Gallizismen im Türkischen

Das Wissen um die Präsenz eines umfassenden Lehnwortschatzes kann für die Lernenden mit entsprechendem herkunftssprachlichen Hintergrund eine Lernerleichterung im Sinne von Kognaten oder lexikalischen Transferbasen darstellen, und zwar potenziell in beide Sprachrichtungen, also auch für den Ausbau des Wortschatzes in der Herkunftssprache. Weiterhin trägt die Thematisierung des französischen Wortschatzes damit auch zur Bewusstmachung sprachhistorischer Zusammenhänge bei.

Das Türkische stellt einen besonders ausgeprägten Fall von sichtbarem Kontakt dar, aber auch viele andere Sprachen gerade in Osteuropa, einschließlich nichtindoeuropäische Sprachen wie Ungarisch oder Georgisch verzeichnen größere Mengen von Lexemen, die über Französisch als Kultursprache früherer Jahrhunderte importiert worden sind. In der Kolonialzeit hat die Sprache auch zahlreiche Spuren in diversen Sprachen Afrikas, Ozeaniens und Asiens hinterlassen. Zu letzterem Kontinent sei hier das Vietnamesische mit Beispielen erwähnt (vgl. Scholvin & Meinschaefer 2018; Koch & Tran 2021, 20):

---

7 Die phonetische Transkription des Türkischen nach IPA-Konventionen ist mithilfe der Website „Turkish IPA Translator" (http://www.ipaturkish.com, Zugriff: 17.05.2021) generiert worden. Solche einfach bedienbaren Tools existieren für zahlreiche Sprachen. Die Herausforderung besteht allerdings im Verstehen der Symbole jenseits des vielleicht bekannteren Inventars (hier: vorn artikulierte Laute [˖], stimmloser bilabialer Frikativ [ɸ], stimmhafter alveolarer Flap [ɾ]).

Vietnamesisch[8]		Französisch	
rô-bi-nê	[zobine]	robinet	[ʁɔbinɛ]
sô-cô-la	[sokola]	chocolat	[ʃɔkɔla]
sơ-mi	[səmi]	chemise	[ʃəmiz]
tách	[tăjk̟]	tasse	[tas]
tuốc-nơ-vít	[twŏknəvĭt]	tournevis	[tuʁnəvis]

Tabelle 2: Gallizismen im Vietnamesischen

Verzeichnisse von Gallizismen in Herkunftssprachen – ebenso wie Lehnwörter der jeweiligen Herkunftssprache im Französischen – können Teil der anvisierten Sprachbeschreibungen sein, zumal denkbar ist, Wortschatz nach Niveaustufen zu gliedern, um so den Fokus auf besonders relevante Wörter zu legen. Als generell vorhandenes Verzeichnis von Gallizismen in etlichen Sprachen der Welt sei die Kategorie „Terms derived from French" im *Wiktionary* erwähnt.[9] Dies kann etwa genutzt werden, um sich einen ersten Überblick über den Umfang von Lehnwortschätzen in verschiedenen Sprachen zu verschaffen. Gleichzeitig kann das *Wiktionary* als Tool für die Wortschatzarbeit im Unterricht und das Entdecken von Gallizismen weitergedacht werden.

3.3 Verortung im Studiencurriculum

Die Fachdidaktik hat als Säule des Französischstudiums in den letzten Jahren durch Einrichtung und Ausbau von Lehrstühlen und fachdidaktischen Abteilungen, Erhöhung der fachdidaktischen Module und schulpraktischen Phasen sowie durch Erweiterung didaktischer Forschungsoptionen erheblich an Gewicht gewonnen. Diese Entwicklung kann jedoch für die Fachwissenschaften als nachteilig empfunden werden (vgl. z. B. Ißler 2018, 21). Wenn nun wie hier ein Vor-

---

8 Abgebildet sind IPA-Transkription des Vietnamesischen im nördlichen Dialekt. Die Aussprache des Südvietnamesischen ist teilweise näher am Französischen ([robine], [ʂokola], [ʂəmi]).

9 https://en.wiktionary.org/wiki/Category:Terms_derived_from_French, Zugriff: 17.05.2021. Zwar ist die Seite auch in anderen Sprachen verfügbar, aber die englische Version liefert mit Abstand die meisten Einträge.
Aus sprachwissenschaftlicher Perspektive exakter, aber in der Verwendung auch anspruchsvoller ist die *World Loanword Database*: https://wold.clld.org/language/123, Zugriff: 17.05.2021. Da der Fokus dort eher auf weniger erforschten Sprachen liegt, ist es jedoch keine einschlägige Quelle zum Aufspüren von Gallizismen in Herkunftssprachen.

schlag für Inhalte des sprachwissenschaftlichen Studiums auf Grundlage fachdidaktischer Erwägungen erfolgt, so mag das den – durch Modularisierung ohnehin getrübten – Gedanken der Freiheit der Lehre noch weiter korrumpieren. Es sei jedoch angemerkt, dass das vorgeschlagene Themenfeld rund um die Typologie als „eine alte Paradedisziplin der Romanistik" (Wunderli 1989, 299) keinen grundlegend neuen Studiengegenstand darstellt, sondern an traditionsreiche Inhalte der romanischen Sprachwissenschaft anknüpft und sie durch den Anwendungsbezug auf die Beschäftigung mit Herkunftssprachen für das Lehramtsstudium möglicherweise sogar neu legitimiert.

Weiter aus dem Programm der romanischen Sprachwissenschaft herausführend würden auch grundlegende beschreibende und kontrastive Einführungen in häufige Herkunftssprachen wie Arabisch, Türkisch und slawische Sprachen sinnvoll erscheinen. Im Rahmen einer curricularen Einbettung wäre jedoch zu überprüfen, inwieweit ein basaler Teil der Herkunftssprachensensibilisierung Gegenstand von fächerübergreifenden Modulen in den pädagogischen Studien ist (etwa Module zu DaZ, Bildungssprache oder durchgängiger Sprachbildung). Diese können dann im fremdsprachlichen Fachstudium vertieft und bezüglich der Zielsprache spezifiziert werden.

4. Entwicklung von Herkunftssprachenbeschreibungen

In diesem Teil des Beitrags werden eingangs Handreichungen zu Sprachbeschreibungen vorgestellt (Abschnitt 4.1), um im Anschluss Potenziale für die Weiterentwicklung und Anwendung auf das Fach Französisch zu formulieren (Abschnitt 4.2). Abschnitt 4.3 geht schließlich auf Forschungsdesiderate ein, die für die Ausgestaltung der Inhalte von Sprachbeschreibungen weiterhin zu verfolgen sind.

4.1 Sprachbeschreibungen als Handreichungen

Wie in der Einleitung erwähnt, existieren im deutschsprachigen Raum eine Reihe von Handbüchern und Sammlungen mit Beschreibungen von Herkunftssprachen mit Fokus auf das Lernen von Deutsch als Fremd- und Zweitsprache. Zu nennen sind etwa folgende Titel in Printform:

(Kurz-)Titel	Referenz	Anzahl der Sprachen[10]
Ausländisch für Deutsche	Colombo-Scheffold (2008)	12
Deutsch als Fremd- und Zweitsprache	Krumm et al. (2010)	29
Deine Sprache – meine Sprache	Schader (2011)	14
Multikulturelles Deutschland im Sprachvergleich	Leontiy (2013)	13
Das mehrsprachige Klassenzimmer	Krifka et al. (2014)	26

Tabelle 3: DaF/DaZ-Handbücher mit Beschreibungen von Herkunftssprachen

Unter den Online-Publikationen in diese Richtung ist das an der Universität Duisburg-Essen angesiedelte Projekt *ProDaZ* zu nennen, in dem aktuell 23 Aufsätze vorliegen (Stand: Mai 2021).[11] Allen Sprachbeschreibungen ist gemein, dass es sich um umfangreichere Aufsätze von Autorinnen und Autoren handelt, die häufig selbst Herkunftssprecherinnen und -sprecher sind. Die Beiträge innerhalb einer Publikation sind teilweise homogen gestaltet (vgl. z. B. Schader 2011), z. T. stärker individualisiert (vgl. z. B. Colombo-Scheffold 2008). Inhaltlich geht es in den Beschreibungen im Wesentlichen um folgende Aspekte:

- *Sprachexterne Eckdaten*

  Dies sind etwa Angaben zu Sprechendenzahlen und zum Status der Sprache im Herkunftsgebiet als Amtssprache, Regionalsprache usw.

- *Informationen über gesellschaftliche Beziehungen*

  Wo erwähnenswert, wird thematisiert, welche Beziehungen zwischen Herkunftssprachenkulturen und dem deutschsprachigen Raum bestehen, sei es historisch oder aktuell. Auch die Ausprägung einer sprach- und nationsgebundenen Migrationskultur wird gelegentlich angesprochen.

- *Funktionsweise der Grammatik*

  Es erfolgen Auskünfte über den Sprachbau (flektierend, agglutinierend, isolierend, polysynthetisch), über die elementare Ordnung von Subjekt, Verb und Objekt sowie nennenswerte grammatikalische Besonderheiten (z. B. Ergativität, Zähleinheitswörter usw.).

---

10 Die Sprachen Bosnisch, Kroatisch, (Montenegrinisch) und Serbisch werden als eine Einheit gezählt, da sie in den Titeln jeweils in einer gemeinsamen Beschreibung zusammengefasst sind.

11 URL: https://www.uni-due.de/prodaz/sprachbeschreibung.php/, Zugriff: 17.05.2021.

- *Funktionsweise des Laut- und Schriftsystems*
Bei Sprachen, die lateinisch verschriftet werden, liefert die Sprachbeschreibung zumeist eine Übersicht von Graphem-Phonem-Korrespondenzen. Bei anderen Schriftsystemen werden diese in ihrer Funktionsweise erläutert bzw. bei überschaubaren Alphabeten als Liste eingeführt.
- *Varietätenvielfalt*
Je nach Sprache kann der Hinweis auf den Grad der dialektalen Variation für die Lehrkraft entscheidend sein, um abschätzen zu können, inwieweit die Sprache der Schülerin oder des Schülers durch die vorliegende Beschreibung abgebildet ist oder sich möglicherweise stark davon unterscheidet, was insbesondere bei plurizentrischen Sprachen wie Portugiesisch oder vereinfacht zusammengefassten Sprachen wie Chinesisch der Fall sein könnte.
- *Strukturelle Nähe zum Deutschen*
Besonders hervorzuheben sind sprachliche Affinitäten zwischen der Herkunftssprache und dem Deutschen. In Anlehnung an mehrsprachigkeitsdidaktische Ansätze sind dies insbesondere Transferbasen auf lautlicher, grammatikalischer und lexikalischer Ebene. Auch pragmatische Elemente wie die Verwendung von Höflichkeitsformen werden zuweilen angesprochen. Selbst wenn die Beobachtungen nur schwer systematisch gebündelt und gezielt eingesetzt werden können, kann so der eine oder andere Hinweis auf die Ähnlichkeit einer grammatischen Konstruktion o. ä. die Lernenden motivational stärken und zu weiteren Vergleichen anregen.
- *Besondere Schwierigkeiten beim Erlernen des Deutschen*
Ebenso wie der vorherige Aspekt zu Lernchancen, so begreift sich auch dies in einem auf Kontrastivität beruhenden Verständnis von Lernpotenzial. Hinweise darauf, wie das Deutsche der Logik der Herkunftssprache widerspricht, können der Lehrkraft dabei helfen, Fehler nachzuvollziehen und Erklärungen gezielter auf das abzustimmen, was für die Lernenden mehr oder weniger neuartig ist.
- *Grundständige Redemittel*
Zur Herstellung von Kontakt zu den Lernenden durch eine zwar vielleicht anekdotische, aber doch wertschätzende Elementarkompetenz, aber auch um

im Anfangsunterricht Unterstützungen durch punktuelle Übersetzungen zu liefern, werden in einigen Handreichungen einige gängige Sätze des Begrüßens, sich Vorstellens und anderer grundlegender Sprechakte aufgeführt.

4.2 Übertragung und Weiterentwicklung der Sprachbeschreibungen für den Französischunterricht

Handreichungen mit Sprachbeschreibungen sind im DaF/DaZ-Bereich u. a. dadurch legitimiert, dass es in Kursen ohne Vorkenntnisse mit einer sprachlich heterogenen Lerngruppe – abgesehen von Englisch in einigen Kontexten – keine gemeinsame Referenzsprache gibt. Im Französischunterricht und gerade im Sekundarschulwesen ist dagegen das Deutsche eine mehrheitlich sicher funktionierende Referenzsprache, so dass die Motivation für herkunftssprachensensiblen Französischunterricht weniger in der unmittelbaren Notwendigkeit als vielmehr in der qualitativen Verbesserung durch Wertschätzung, Kontextualisierung und – wo möglich – Nutzung der Herkunftssprache beim Französischlernen besteht.

Bei der Übertagung des Ansatzes von Sprachbeschreibungen auf den Französischunterricht sind primär Inhalte der Zielsprache und -kultur auszutauschen. Zudem sind auch der trianguläre Vergleich mit Bezugnahme zum Deutschen und im Sinne des Gesamtsprachencurriculums (vgl. z. B. Hufeisen 2019) die Einbindung des vorgelernten Englischen denkbar, sofern diese Sprachen eine direktere oder eine hilfreiche komplementäre Vergleichsebene darstellen. Wie in Abschnitt 3.2 beschrieben, hat das Französische weltweit viele lexikalische Spuren hinterlassen, für die es sprachexterne Gründe gibt, die näher beleuchtet werden können. Im Bereich des Lautlichen besteht beispielsweise die Möglichkeit, die Nasalphoneme in Relation zu Herkunftssprachen (z. B. Polnisch) zu setzen. Auf grammatikalischer Ebene können u. a. Erleichterungen bei der Verwendung der Vergangenheitstempora mithilfe von vergleichenden Betrachtungen erfolgen, etwa in der Kontrastierung von slawischem Aspekt gegenüber *passé composé* und *imparfait* (vgl. Eibensteiner 2021, 18–24). Aber auch besondere Schwierigkeiten können hervorgehoben werden, etwa im Kontrast zum Arabischen, wo Vergangenes immer abgeschlossen sein muss und noch nicht Abgeschlossenes nur Gegenwärtiges oder Zukünftiges sein kann.[12]

Auch wenn der Kontext von Französisch als Fremdsprache sich von *Français langue seconde* unterscheidet, stellt sich die Frage, ob nicht auch Materialien aus dem frankophonen Raum ein Stück weit die Lücke schließen können. Tatsächlich wird die Herkunftssprachen-Thematik in Frankreich intensiv behandelt (vgl. etwa das Kapitel „Le bilinguisme minoré en contexte scolaire" in Hélot & Erfurt 2016, 433–518). Unter zahlreichen Ansätzen[13] wie dem – im deutschsprachigen Raum in französischer Terminologie bekannten Begegnungssprachenkonzept – *Éveil-aux-langues*, ist im Hinblick auf die systematische Sprachbeschreibung insbesondere das durch die *Université Paris-8* getragene Projekt *Langues & Grammaires en (Île-de) France* zu nennen.[14] Dort enthalten sind 61 (!) Sprachen, darunter auch zahlreiche Kreolsprachen, die in Frankreich sehr viel häufiger als Herkunftssprachen vertreten sind, sowie afrikanische Sprachen, die im deutschen Herkunftssprachendiskurs zumeist eher als eine nicht weiter differenzierte Unbekannte betrachtet werden (vgl. z. B. Ekinci & Güneşli 2016, 37). Für jede dieser Sprachen wird ein vierseitiges *Fiche-langue* mit Grunddaten zur Sprache und kontrastiver Phonetik und Grammatik angeboten. Folglich handelt es sich im Vergleich zu den DaF/DaZ-Sprachbeschreibungen um eine sehr kondensierte Darstellungsform. Für einige Sprachen gibt es weitere Kategorien mit Informationen zu Grammatik, Lexik und Phonologie in sehr unterschiedlichem Umfang, die Rubrik „Interactions de base" mit grundständigen Redemitteln und die „Histoires de l'âne", wo eine kurze Geschichte mit Tonaufnahme und Interlinearübersetzung in derzeit 49 Sprachen betrachtet werden kann (Stand: Mai 2021). Schließlich werden auch weitere Sprachen angekündigt, zu denen in absehbarer Zeit Ressourcen verfügbar

---

12 Diese Konzeption von Tempus hat sich mutmaßlich auf die weitgehende Abwesenheit des *imparfait* im Maghreb-Französischen ausgewirkt (vgl. Morsly 2003, 937), ein weiterer Aspekt, der beim herkunftssprachensiblen Unterrichten von Kindern und Jugendlichen mit Migrationshintergrund aus diesem Gebiet berücksichtigt werden könnte.

13 Eine Übersicht – auch mit Einbezug der avancierteren Migrationspolitik in Québec – gibt die Rubrik „Plurilinguisme" auf der Website „Français Langue Seconde. Recherchers et Resscources": http://www.francaislangueseconde.fr/pistes-pour-lenseignement/poursuivre-sa-langue-premiere/, Zugriff: 17.05.2021.

14 URL: https://lgidf.cnrs.fr/, Zugriff: 17.05.2021.

gemacht werden sollen, was den dynamischen Charakter eines laufenden, aber bereits nutzbringenden Projekts hervorhebt.

Die Online-Formate *ProDaZ* und *Langues & Grammaires en (Île-de) France* haben folglich gegenüber den genannten Handbüchern den Vorteil der Erweiterbarkeit und Optimierung, was auch für eine Handreichung für den Französisch-Fremdsprachenunterricht von großer Bedeutung sein kann, da es schwierig erscheint, Expertinnen und Experten für viele Herkunftssprachen zu akquirieren, die sich gleichzeitig mit der Fremdsprachendidaktik des Französischen auskennen. Eine Online-Datenbank entzerrt das Vorhaben und ermöglicht zudem den Austausch weniger gelungener bzw. die Korrektur fehlerhafter Beschreibungen. Ein weiterer offenkundiger Vorteil liegt in der Möglichkeit der Multimedialität; so verfügen die *ProDaZ*-Sprachbeschreibungen über in den Text eingebettete Audio-Aufnahmen. Beide Plattformen integrieren außerdem sowohl empirische Studien als auch Materialien und Ressourcen für den Unterricht.

Die breite Nutzung von Ressourcen wie elektronischen Wörterbüchern und Übersetzungssoftware stellt gerade im Hinblick auf die Komplexität der lebensweltlichen Vielsprachigkeit eine Chance für Lehrende dar, auf der Basis eines möglichst soliden linguistischen Grundlagenwissens nicht vorhandenes sprachliches Wissen zu kompensieren und damit Herkunftssprachen im Fremdsprachenunterricht als wertvolles Vorwissen der Schülerinnen und Schüler (vgl. Kropp 2015) konstruktiv zu nutzen und die Bedeutsamkeit und das Interesse an der eigenen bzw. familiären sprachlich-kulturellen Identität zu fördern.

Ein weiterer Gedanke wäre eine 2.0-basierte, d. h. interaktive Plattform, auf der Schwierigkeiten und Potenziale direkt am zielsprachlichen Lehrmaterial multimedial verdeutlicht werden könnten, was sowohl Lehrende als auch Lernende ansprechen dürfte. Ein denkbarer Ansatz wäre, herkunftssensible Wortschatzarbeit so zu gestalten, dass gerade die Beschreibung von in Abschnitt 3.2 erwähnten Sprachen mit zahlreichen Lehnwörtern nicht in lange Wortlisten mündet, die zum genaueren Studium wenig reizvoll scheinen. Mithilfe korpuslinguistischer Methoden wie der Tokenisierung und Lemmatisierung können z. B. digital abrufbare Texte mit einer Datenbank abgeglichen werden, um dadurch herkunftssprachenähnliche Lexeme in kommunikativer Einbettung wahrzunehmen. Dabei können sowohl Kognaten als erkennbar ähnliche Wörter aufgeführt und mit Kategorien wie Internationalismen, Romanismen, indirekt und direkt importierte Gallizismen annotiert werden, um die Bewusstmachung sprachhistorischer Zusammenhänge zu schärfen. Dies sollte m. E. ein erklärtes Ziel des herkunftssprachensensiblen Fremdsprachenunterrichts sein. Für die Entwicklung einer interaktiven Plattform ist also neben informatischer Modellierung auch noch etwas lexikologische Grundlagenarbeit zu leisten. Darüber hinaus stellt die empirische Überprüfung der Funktionalität von Sprachbeschreibungen ein Desiderat dar, worum es im nächsten Abschnitt geht.

4.3 Forschungsdesiderate zur Weiterentwicklung

Der direkteste Weg zur Entwicklung von Sprachbeschreibungen führt über die Systematisierung des herkunftssprachlichen Materials und der kontrastiven Analyse. Allerdings müssen auch immer wieder durch Beobachtungen von Lernenden (vgl. z. B. Gabriel et al. 2015) die Plausibilität der theoretischen Kontrastierung empirisch validiert und neue Beobachtungen zum tatsächlichen Transfer generiert werden, um die Qualität der Sprachbeschreibungen auszubauen.[15] Somit kann die Lektüre vorhandener Sprachbeschreibungen nicht selten als Anregung für kleinere oder größere Studien dienen. Einen weiteren Anstoß mag auch die stärker auf Mikroelemente konzentrierte anglophone bzw. das Englische fokussierende Sprachlehrforschung geben (vgl. z. B. Siemund & Lechner 2015).

Neben der Frage, wie die Inhalte von Sprachbeschreibungen validiert werden können, ist auch zu untersuchen, wie Lehrende und Lernende mit den Beschreibungen umgehen (vgl. Bermejo Muñoz 2019). Neben der Befragung von Lehrenden und Lernenden, der Beobachtung von Unterricht und Erprobung durch Intervention verfügt die universitäre Didaktik schließlich noch über das Mittel der unterrichtspraktischen Entwürfe zur Konkretisierung des Umgangs mit einer Herkunftssprache im Fremdsprachenunterricht (vgl. z. B. Reimann 2017b für Griechisch im Spanischunterricht).

---

15 Zur Empirie in der kontrastiven Linguistik vgl. auch Koch (2020b, 272–273).

5. Fazit

Die hier skizzierten Entwicklungslinien für Sprachbeschreibungen verfolgen einen primär sprachstrukturellen Zugang zur Integration von Herkunftssprachen. Neben der Förderung des potenziellen Transfers aus der Herkunftssprache in die Zielsprache Französisch geht es dabei v. a. um Förderung von Bewusstheit über sprachliche Zusammenhänge. Da einiges von diesen Zusammenhängen historisch begründet ist, kann der hier weitgehend auf das sprachliche Material konzentrierte Ansatz auch als Impuls zur Beschäftigung mit kulturellen Inhalten in Teilen der Frankophonie weitergedacht werden, die ohne Bezugnahme auf die Schülerinnen und Schüler kaum thematisiert würden.

Die Vitalität, die der Gegenstand „Herkunftssprachen im Fremdsprachunterricht" aktuell erlebt, lädt dazu ein, diesen strukturbasierten Ansatz der sprachkontrastiven Analyse in Kombination mit außer-, meta- und übereinzelsprachlichen Konzepten, wie sie in Abschnitt 2.3 angesprochen worden sind, zu betrachten und miteinander zu verknüpfen. Für die Sichtung des vielfältigen sprachlichen Materials, die Durchführung empirischer Studien zu Transferleistungen bei Schülerinnen und Schülern mit Herkunftssprachen und der Entwicklung von Sprachbeschreibungen sei schließlich noch erwähnt, dass diese Aufgaben nur durch breite fachliche Vernetzung mit diversen Expertinnen und Experten für die einzelnen Herkunftssprachen zu bewältigen sind.

Literaturverzeichnis

ABENDROTH-TIMMER, Dagmar & FÄCKE, Christiane. 2011. „Migrationsbedingte Mehrsprachigkeit", in: Meißner, Franz-Joseph & Krämer, Ulrich. edd. *Spanischunterricht gestalten. Wege zu Mehrsprachigkeit und Mehrkulturalität.* Seelze: Klett/Kallmeyer, 16–48.

ALLEMANN-GHIONDA, Cristina. 2013. *Bildung für alle, Diversität und Inklusion. Internationale Perspektiven.* Paderborn: Schöningh.

BERMEJO MUÑOZ, Sandra. 2019. *Berücksichtigung schulischer und lebensweltlicher Mehrsprachigkeit im Spanischunterricht. Eine empirische Studie.* Trier: Wissenschaftlicher Verlag.

BRÜSER, Babett & WOJATZKE, Julia. 2013. „Das Türkische als ‚Brücke' zum Wortschatzerwerb im Französischen. Eine empirische Studie mit Berliner Schülerinnen und Schülern des Jahrgangs 10", in: *Fremdsprachen Lehren und Lernen* 42/1, 121–130.

COLOMBO-SCHEFFOLD, Simona. ed. 2008. *Ausländisch für Deutsche. Sprachen der Kinder, Sprachen im Klassenzimmer.* Freiburg im Breisgau: Fillibach.

CUTRIM SCHMID, Euline & SCHMIDT, Torben. 2017. „Migration-based multilingualism in the English as a foreign language classroom: Learners' and teachers' perspectives", in: *Zeitschrift für Fremdsprachenforschung* 28/1, 29–52.

EIBENSTEINER, Lukas. 2021. *Transfer im schulischen Drittspracherwerb des Spanischen. Wie L2-Kenntnisse des englischen, Französischen und Lateinischen den L3-Erwerb von perfektivem und imperfektivem Aspekt im Spanischen beeinflussen.* Tübingen: Narr Francke Attempto.

EKINCI, Yüksel & GÜNEŞLI, Habib. 2016. *Mehrsprachigkeit im Alltag von Schule und Unterricht in Deutschland. Eine empirische Studie.* Frankfurt am Main: Lang.

FÄCKE, Christiane. 2019. „Mehrkulturalitätsdidaktik", in: Fäcke, Christiane & Meißner, Franz-Joseph. edd. *Handbuch Mehrsprachigkeits- und Mehrkulturalitätsdidaktik.* Tübingen: Narr Francke Attempto, 52–56.

FERNÁNDEZ AMMANN, Eva Maria & KROPP, Amina & MÜLLER-LANCÉ, Johannes. 2015. „Herkunftsbedingte Mehrsprachigkeit im Unterricht der romanischen Sprachen: Herausforderungen und Chancen", in: Fernández Ammann, Eva Maria & Kropp, Amina & Müller-Lancé, Johannes. edd. *Herkunftsbedingte Mehrsprachigkeit im Unterricht der romanischen Sprachen.* Berlin: Frank & Timme, 9–22.

GABRIEL, Christoph & Stahnke, Johanna & Thulke, Jeanette & Topal, Sevda. 2015. „Positiver Transfer aus der Herkunftssprache? Zum Erwerb des französischen und englischen Sprachrhythmus durch mehrsprachige deutsch-chinesische und deutsch-türkische Lerner", in: Fernández Ammann, Eva Maria & Kropp, Amina & Müller-Lancé, Johannes. edd. *Herkunftsbedingte Mehrsprachigkeit im Unterricht der romanischen Sprachen.* Berlin: Frank & Timme, 69–92.

GÖBEL, Kerstin & BUCHWALD, Petra. 2017. *Interkulturalität und Schule. Migration – Heterogenität – Bildung.* Paderborn/Stuttgart: Schöningh.

HÉLOT, Christine & ERFURT, Jürgen. edd. 2016. *L'éducation bilingue en France. Politiques linguistiques, modèles et pratiques.* Limoges: Lambert-Lucas.

HENNIG-KLEIN, Eva-Maria. 2018. *Identität und plurale Bildung in mehrsprachigen Französischlerngruppen. Konzeptmodellierung und empirische Studie.* Frankfurt am Main: Lang.

HEYDER, Karoline & SCHÄDLICH, Birgit. 2014. „Mehrsprachigkeit und Mehrkulturalität – eine Umfrage unter Fremdsprachenlehrkräften in Niedersachsen", in: *Zeitschrift für Interkulturellen Fremdsprachenunterricht* 19/1, 183–201.

HINRICHS, Uwe. ed. 2010. *Handbuch der Eurolinguistik.* Wiesbaden: Harrassowitz.

HU, Adelheid. 2003. *Schulischer Fremdsprachenunterricht und migrationsbedingte Mehrsprachigkeit.* Tübingen: Narr.

HUFEISEN, Britta. 2019. „Gesamtsprachencurriculum", in: Fäcke, Christiane & Meißner, Franz-Joseph. edd. *Handbuch Mehrsprachigkeits- und Mehrkulturalitätsdidaktik.* Tübingen: Narr Francke Attempto, 84–87.

HUNGERBÜHLER, Eva. 2009. „Albanisch nützt uns nichts – eine romanische Sprache sollte man sprechen!? Wahrnehmung persönlicher mehrsprachiger Ressourcen von Jugendlichen im schulischen Alltag einer Sekundarklasse", in: *Babylonia* 19/1, 76–80.

IẞLER, Roland Alexander. 2018. „Universitäre Lehrerbildung im Fach Französisch: Aufgaben, Struktur und Entwicklung. Mit Anmerkungen zum fremdsprachendidaktischen Potenzial der diachronen Sprachwissenschaft", in: Bedijs, Kristina & Heyder, Karoline. edd. *Linguistische Kompetenzen zukünftiger Französischlehrerinnen und -lehrer. Perspektiven für die Hochschuldidaktik.* Saarbrücken: htw saar, 15–54.

KOCH, Christian. 2020a. „Die *Educación Intercultural Bilingüe* in den Andenländern als Unterrichtsgegenstand zur Thematisierung herkunftsbedingter Mehrsprachigkeit im Spanischunterricht", in: García García, Marta & Prinz, Manfred & Reimann, Daniel. edd. *Mehrsprachigkeit im Unterricht der romanischen Sprachen. Neue Konzepte und Studien zu Schulsprachen und Herkunftssprachen in der Migrationsgesellschaft*. Tübingen: Narr Francke Attempto, 261–280.

KOCH, Christian. 2020b. *Viele romanische Sprachen sprechen. Individueller Polyglottismus als Paradigma der Mehrsprachigkeitsforschung*. Berlin: Lang.

KOCH, Christian & TRAN, H. P. Cuong. 2021. „Sprachbeschreibung Vietnamesisch", in: Gürsoy, Erkan & Roll, Heike & Guckelsberger, Susanne. edd. *ProDaZ-Sprachbeschreibungen*, https://www.uni-due.de/imperia/md/content/prodaz/sprachbeschreibung_vietnamesisch.pdf, Zugriff: 17.05.2021.

KRIFKA, Manfred & BŁASZCZAK, Joanna & LEẞMÖLLMANN, Annette & MEINUNGER, André & STIEBELS, Barbara & TRACY, Rosemarie & TRUCKENBRODT, Hubert. edd. 2014. *Das mehrsprachige Klassenzimmer. Über die Muttersprachen unserer Schüler*. Berlin/Heidelberg: Springer VS.

KROPP, Amina. 2015. „Vorsprung durch Vorwissen: Das Potenzial von Transferleistungen für die Nutzung herkunftsbedingter Mehrsprachigkeit im schulischen Fremdsprachenunterricht", in: Witzigmann, Stéfanie & Rymarczyk, Jutta. edd. *Mehrsprachigkeit als Chance. Herausforderungen und Potentiale individueller und gesellschaftlicher Mehrsprachigkeit*. Frankfurt am Main: Lang, 165–183.

KROPP, Amina. 2017. „(Herkunftsbedingte) Mehrsprachigkeit als Ressource? Ressourcenorientierung und -management im schulischen FSU", in: Ambrosch-Baroua, Tina & Kropp, Amina & Müller-Lancé, Johannes. edd. *Mehrsprachigkeit und Ökonomie*. München: Open Publishing LMU, 107–129.

KRUMM, Hans-Jürgen & FANDRYCH, Christian & HUFEISEN, Britta & RIEMER, Claudia. edd. 2010. *Deutsch als Fremd- und Zweitsprache. Ein internationales Handbuch. 1. Halbband*. Berlin/New York: De Gruyter.

LEONTIY, Halyna. ed. 2013. *Multikulturelles Deutschland im Sprachvergleich. Das Deutsche im Fokus der meist verbreiteten Migrantensprachen. Ein Handbuch für DaF-Lehrende und Studierende, für Pädagogen/-innen und Erzieher/-innen*. Münster: LIT.

MEIẞNER, Franz-Joseph. 2019. „Mehrsprachigkeitsdidaktik als Gegenstand der Lehrerbildung", in: Fäcke, Christiane & Meißner, Franz-Joseph. edd. *Handbuch Mehrsprachigkeits- und Mehrkulturalitätsdidaktik*. Tübingen: Narr Francke Attempto, 147–153.

MÉRON-MINUTH, Sylvie. 2018. *Mehrsprachigkeit im Fremdsprachenunterricht. Eine qualitativ-empirische Studie zu Einstellungen von Fremdsprachenlehrerinnen und -lehrern*. Tübingen: Narr Francke Attempto.

MORSLY, Dalila. 2003. „Histoire externe du français au Maghreb", in: Ernst, Gerhard & Gleßgen, Martin-Dietrich & Schmitt, Christian & Schweickard, Wolfgang. edd. *Romanische Sprachgeschichte. Ein internationales Handbuch zur Geschichte der romanischen Sprachen. 1. Teilband*. Berlin: De Gruyter, 929–939.

OOMEN-WELKE, Ingelore & DIRIM, İnci. edd. 2013. *Mehrsprachigkeit in der Klasse wahrnehmen – aufgreifen – fördern*. Stuttgart: Fillibach bei Klett.

REIMANN, Daniel. 2017a. „‚Aufgeklärte Mehrsprachigkeit' Ein neues Modell für die Mehrsprachigkeitsdidaktik", in: Reimann, Daniel. *Transkulturelle kommunikative Kompetenz in den romanischen Sprachen. Theorie und Praxis eines neokommunikativen und kulturell bildenden Französisch-, Spanisch-, Italienisch- und Portugiesischunterrichts*. Stuttgart: ibidem, 97–110.

REIMANN, Daniel. 2017b. „Multilinguale Sprachmittlung: Herkunftssprachen in den Spanischunterricht integrieren (Beispiel: Griechisch)", in: *Hispanorama* 158, 30–36.

RETTIG, Wolfgang. 2006. „Romanismen in nichtromanischen Sprachen: Gallizismen", in: Ernst, Gerhard & Gleßgen, Martin-Dietrich & Schmitt, Christian & Schweickard, Wolfgang. edd. *Romanische Sprachgeschichte. Ein Internationales Handbuch zur Geschichte der romanischen Sprachen. 2. Teilband*. Berlin: De Gruyter, 1806–1821.

RÜCK, Nicola. 2009. *Auffassungen vom Fremdsprachenlernen monolingualer und plurilingualer Schülerinnen und Schüler*. Kassel: Kassel University Press.

SCHADER, Basil. ed. 2011. *Deine Sprache – meine Sprache. Handbuch zu 14 Migrationssprachen und zu Deutsch: für Lehrpersonen an mehrsprachigen Klassen und für den DaZ-Unterricht*. Zürich: Lehrmittelverlag.

SCHOLVIN, Vera & MEINSCHAEFER, Judith. 2018. „The integration of French loanwords into Vietnamese: A corpus-based analysis of tonal, syllabic and segmental aspects", in: Ring, Hiriam & Rau, Felix. edd. *Papers from the Seventh International Conference on Austroasiatic Linguistics*. Honolulu: University of Hawai'i Press, 157–173.

SIEMUND, Peter & LECHNER, Simone. 2015. „Transfer effects in the acquisition of English as an additional language by children in Germany", in: Peukert, Hagen. ed. *Transfer Effects in Multilingual Language Development*. Amsterdam et al.: Benjamins, 147–160.

STEINIG, Wolfgang. 1992. „Voraussetzungen und Möglichkeiten für einen Sprachunterricht mit zweisprachigen Minderheiten", in: Eichheim, Hubert. ed. *Fremdsprachenunterricht Verstehensunterricht. Wege und Ziele*. München: Goethe-Institut, 75–94.

THIELE, Sylvia. 2015. „Was ist französisch an türkisch *duş*? – Allochthone Mehrsprachigkeit im Fremdsprachenunterricht nutzen", in: Fernández Ammann, Eva Maria & Kropp, Amina & Müller-Lancé, Johannes. edd. *Herkunftsbedingte Mehrsprachigkeit im Unterricht der romanischen Sprachen*. Berlin: Frank & Timme, 137–157.

VOLGGER, Marie-Luise. 2012. *Das multilinguale Selbst im Fremdsprachenunterricht. Zur Mehrsprachigkeitsbewusstheit lebensweltlich mehrsprachiger Französischlerner(innen)*. Stuttgart: ibidem.

WUNDERLI, Peter. 1989. „Typologie – nichts als Probleme?", in: Klenk, Ursula & Körner, Karl-Hermann & Thümmel, Wolf. edd. *Variatio linguarum. Beiträge zu Sprachvergleich und Sprachentwicklung. Festschrift zum 60. Geburtstag von Gustav Ineichen*. Wiesbaden: Steiner, 299–317.

Internetquellen (Zugriff: 17.05.2021):

Français Langue Seconde: Plurilinguisme: http://www.francaislangueseconde.fr/pistes-pour-lenseignement/poursuivre-sa-langue-premiere/.
Langues & Grammaires en (Île-de) France: https://lgidf.cnrs.fr/.
ProDaZ-Sprachbeschreibungen: https://www.uni-due.de/prodaz/sprachbeschreibung.php/.
Turkish IPA Translator: http://www.ipaturkish.com/.
Wiktionary: Terms derived from French: https://en.wiktionary.org/wiki/Category:Terms_derived_from_French.
World Loanword Database (WOLD): https://wold.clld.org/.

Postface
Penser l'éducation plurilingue et interculturelle en termes de continuités : L'apport des *Approches plurielles* et du *Cadre de référence pour les approches plurielles des langues et des cultures*
Michel Candelier (Le Mans)

Je remercie les coordinatrices du présent recueil de m'avoir fait l'honneur de m'inviter à écrire cette postface.

En lisant les contributions précédentes, l'envie m'est souvent venue de ‹ prendre langue › avec celles et ceux qui s'y sont exprimé.e.s. Il faut dire que parmi les thèmes abordés, qui se situent pour la plupart au cœur d'orientations didactiques que je cherche à promouvoir depuis de très nombreuses années, plusieurs rejoignent des questions que je me pose aujourd'hui, en observant les développements de la didactique du plurilinguisme dans ses diverses orientations et dans divers contextes. J'y retrouve souvent un écho à mes propres convictions concernant les domaines de réflexion et d'intervention dans lesquels il convient de s'investir pour que cette didactique contribue mieux encore à l'éducation plurilingue et interculturelle[1] dont l'école et la société ont besoin.

Mais une postface n'est pas le lieu où un dialogue peut s'établir avec une diversité d'auteur.e.s, et aborder la diversité des thèmes à propos desquels je souhaiterais de réagir conduirait à un patchwork peu lisible et finalement peu efficace. J'ai donc choisi de ne référer que ponctuellement à certaines des contributions précédentes, en fonction des besoins d'un thème unique. Il s'agit d'un de mes sujets de réflexion les plus constants et à la fois les plus actuels : celui de la continuité (des continuités) dans l'éducation plurilingue et interculturelle et des atouts

---

1 Le concept d'« éducation plurilingue et interculturelle » relève du plan des politiques éducatives et des finalités qu'elles se fixent (Candelier 2019a). Je fais mienne la conception de l'« éducation plurilingue et interculturelle » promue depuis le tournant du siècle par le Conseil de l'Europe. Ses orientations seront présentées plus en détail au chapitre 1.2. La « didactique du plurilinguisme » et les « approches plurielles » relèvent du plan des orientations didactiques et constituent des outils au service de l'éducation plurilingue et interculturelle.

que constituent, pour assurer cette continuité dans la pensée et l'action didactiques, les « Approches plurielles des langues et des cultures » (désormais « AP ») et le *Cadre de référence pour les approches plurielles des langues et des cultures* (Candelier et al. 2012) (désormais CARAP).

De cette continuité, je dirai d'emblée deux choses : elle est la garante des synergies entre disciplines que la didactique du plurilinguisme présente communément comme un de ses bénéfices majeurs pour les enseignements. Et c'est aussi sur elle que l'on peut s'appuyer pour montrer que chaque langue – et donc le français langue étrangère – apporte sa pierre à un édifice commun qu'est le développement de la compétence plurilingue et interculturelle des apprenant.e.s,[2] que ce soit comme appui au développement de compétences dans d'autres langues ou comme occasion de développer des stratégies transversales valables pour toutes les langues (stratégies de lecture, d'apprentissage linguistique), ou encore comme lieu de construction de savoir-être relevant d'aspects plus larges de l'éducation plurilingue et interculturelle (comme l'intérêt pour la diversité et l'acceptation de la différence).

1. Quelles continuités dans l'éducation plurilingue et interculturelle ?

1.1 Premiers pas : à propos de la *Mehrsprachigkeitsdidaktik* en Allemagne

« Penser l'éducation plurilingue et interculturelle en termes de continuités », c'est poser que les éléments qui y sont rassemblés, qu'on les recense en tant que disciplines impliquées ou compétences visées, sont à ce point inter-reliés que l'on a tout à gagner à les mettre en lien dans l'enseignement et les apprentissages.

J'ai tenu récemment ce discours dans quelques contributions en référant plus particulièrement à la situation de la *Mehrsprachigkeitsdidaktik* (didactique du plurilinguisme) en Allemagne[3] (cf. Candelier 2018, 342–346 ; Candelier 2019b, 44–51 ; Candelier 2021) :

---

2 Ce qui, comme l'indique Schröder-Sura (2018, 27), contribue à consolider la place de toute langue dans le curriculum.
3 C'est bien de l'Allemagne qu'il s'agit. La situation est différente dans d'autres pays germanophones (cf. Candelier et al. à paraitre 2021b).

Le constat global est que la didactique du plurilinguisme en Allemagne se présente comme un ensemble éclaté. Ce constat est partagé par plusieurs voix allemandes, qui déplorent que « de nombreuses orientations visant à engager sur la voie du plurilinguisme se trouvent actuellement plutôt juxtaposées les unes aux autres ou se limitent à des mesures isolées »[4], et plus précisément, à propos de la réception et des développements des propositions d'Eric Hawkins que « les approches relevant de la didactique des langues étrangères se situent essentiellement à côté de celles qui relèvent de l'allemand, sans qu'il soit procédé à la mise en relation des deux domaines qui était requise à l'origine ».[5]

Une analyse plus poussée des publications existantes conduit à y déceler l'existence d'un « monde partagé » constitué d'un côté des langues étrangères, et de l'autre de l'allemand et des langues d'origine (cf. Candelier 2019b, 47).[6]

Globalement, les contributions rassemblées dans le présent volume ne restent pas prisonnières d'une telle bipartition. On y trouve même, sous la plume de Christian Koch l'expression *Herkunftssprachensibler Französischunterricht*, qui invite à transgresser les frontières en faisant de l'enseignement du français (langue étrangère) un enseignement « sensible aux langues d'origine », cependant que Mirjam Egli constate que l'idée d'établir des liens entre langue de l'école et langues étrangères, quoiqu'elle ait été postulée dès les années quatre-vingts du siècle dernier, ne progresse que lentement (p. 96).

---

4 « [...] viele Ansätze zur Anbahnung von Mehrsprachigkeit [stehen] derzeit noch eher unverbunden nebeneinander [...] bzw. [beschränken] sich auf Einzelmaßnahmen » (Jakisch 2015, 3). Les traductions entre l'allemand et le français ont été effectuées par l'auteur du présent article.

5 « [...] die fremdsprachendidaktischen Ansätze im Wesentlichen neben den deutschdidaktischen, ohne die ursprünglich geforderte Verknüpfung beider Sprachbereiche vorzunehmen » (Luchtenberg 2017, 153). Hawkins (1984) a promu en Grande-Bretagne, dès les années quatre-vingts, un rapprochement entre les disciplines linguistiques dans le cadre du mouvement « Language awareness » qui constitue une des sources de la didactique du plurilinguisme.

6 La situation est différente en France, où une culture pluridisciplinaire plus large s'est imposée dès le début de ce qui allait se concrétiser par la didactique du plurilinguisme, en particulier sous l'influence, largement accueillie des travaux de Hawkins (1984). Cette culture, largement partagée dans le monde francophone et romanophone, s'est maintenue lors de la mise en place des concepts qui sous-tendent les approches plurielles. Pour la présentation de ces développements, cf. Candelier 2019b, Candelier & Schröder-Sura 2020, Candelier à paraître 2021..

Les domaines de l'éducation plurilingue et interculturelle concernés par les remarques précédentes, effectuées à propos de la continuité – ou plutôt d'absences de continuité – dans la didactique du plurilinguisme en Allemagne, impliquaient des disciplines visant à l'enseignement/apprentissage des langues (dans ses dimensions linguistiques et culturelles), quel que soit leur statut. C'est pourquoi j'avais pu, à l'origine de mes analyses (cf. Candelier 2018, 343–346), proposer comme base de référence une vue d'ensemble de ces disciplines dont les trois critères de systématisation étaient une qualification de la langue « à apprendre ». Il s'agissait, respectivement, de prendre en compte

1) son lien avec l'individu apprenant ;
2) son lien avec l'environnement social/scolaire ;
3) sa fonction dans les apprentissages (langue en tant que matière à apprendre ou langue comme vecteur d'autres apprentissages).[7]

Ce dernier critère permettait de ‹ couvrir › les enseignements « bilingues » (ou les enseignements de CLIL) et la question, qui lui est apparentée, de l'enseignement de la langue académique dans toutes les matières (cf. les domaines du *Sprachsensibler Fachunterricht*, « enseignement des disciplines sensible à la dimension linguistique de la matière enseignée » – voir par exemple Beacco et al. 2016b ; Thürmann et al. 2010 ; Candelier 2020).

Cependant, l'enseignement/apprentissage des langues, dans ses dimensions linguistiques et culturelles, ne couvre pas l'ensemble de l'éducation plurilingue et interculturelle que les didacticien.ne.s engagé.e.s dans la didactique du plurilinguisme cherchent à promouvoir.

---

7 Voici la formulation exacte des trois critères : « 1) La/une des langues premières de l'apprenant est/n'est pas une variété de la langue enseignée ; 2) La langue enseignée est/n'est pas une langue quotidienne d'interaction sociale/éducative de l'environnement dans lequel se trouve l'apprenant et auquel il doit s'intégrer ; 3) La langue enseignée est dispensée comme matière ou comme vecteur d'une autre matière » (Candelier 2018, 344). Le jeu de ces critères relativement précis permet de retrouver, avec des définitions plus strictes, des domaines de l'éducation plurilingue et interculturelle pour lesquels les catégories approximatives « langue maternelle », « langue seconde » et « langue étrangère » ont été proposés au cours de l'histoire de la didactique.

1.2 Par-delà le domaine des apprentissages linguistiques, d'autres continuités

Dans la description qu'il fournit de l'éducation plurilingue et interculturelle, le *Guide pour le développement et la mise en œuvre de curriculums pour l'éducation plurilingue et interculturelle* publié en 2016 par le Conseil de l'Europe précise :

> L'éducation plurilingue et interculturelle a une double finalité. D'une part, elle favorise l'acquisition des capacités langagières et interculturelles : il s'agit de prendre appui, avec une économie de moyens, sur les ressources langagières et culturelles constituant les répertoires individuels et de les enrichir. [...]
> D'autre part, elle vise la formation de la personne par l'épanouissement de son potentiel individuel : il s'agit d'encourager les individus au respect et à l'ouverture face à la diversité des langues et des cultures dans une société multilingue et multiculturelle, et de favoriser leur prise de conscience de l'étendue de leurs compétences propres et de leur développement potentiel (Beacco et al. 2016a, 15).

On constate sans peine que les continuités, absentes ou proposées, énoncées au chapitre 1.1 ci-dessus relèvent du premier volet du ‹ diptyque › présenté dans cette citation.

C'est du second volet qu'il s'agira dans le présent sous-chapitre. La version de 2003 du *Guide pour l'élaboration des politiques linguistiques éducatives en Europe* (Beacco & Byram) présentait déjà deux volets bien distincts, à propos de « l'éducation au plurilinguisme » (qui ne cible pas aussi explicitement le culturel que le concept d'éducation plurilingue et interculturelle), tout en se situant clairement au plan des politiques éducatives (cf. note 1 ci-dessus) :

> Les politiques et les idéologies linguistiques seront donc appréhendées relativement à la manière dont elles prennent en charge le plurilinguisme en ce qui concerne :
> - la **formation plurilingue**,[8] qui consiste à valoriser[9] et à développer les répertoires linguistiques individuels des locuteurs, dès les premiers apprentissages et tout au long de la vie. Par *formation(s) plurilingue(s)*, on se référera désormais aux enseignements de langues (nationale, « étrangère », régionale) dont la finalité est le développement du plurilinguisme comme compétence ;

---

8 Les mises en valeur sont dans le texte d'origine.
9 Le terme « valoriser » est à prendre ici non pas au sens plus courant en éducation de « estimer, présenter comme ayant de la valeur » mais au sens de « traiter afin d'enrichir » (comme on valorise un minerai). Le terme correspondant dans la version anglaise de ce document est « enhancing ». On reste donc bien dans le volet des apprentissages linguistiques, et non des représentations de la diversité.

- l'**éducation au plurilinguisme**, qui constitue l'une des conditions du maintien de la diversité linguistique. Par *éducation au plurilinguisme*, on se référera aux enseignements, non nécessairement de langues, destinés à éduquer à la tolérance[10] linguistique, à sensibiliser à la diversité des langues, et à former à la citoyenneté démocratique.

L'**éducation plurilingue** comprend à la fois les formations plurilingues et l'éducation au plurilinguisme, telles qu'elles viennent d'être spécifiées (Beacco & Byram 2003, 16).

Une lecture de détail montre bien que le contenu des deux seconds volets ne se recouvre que partiellement. Mais l'essentiel est ici de constater qu'il y a aussi ‹ quelque chose de plus › que les enseignements/apprentissages de langues, mais que les auteurs désirent mettre sous un même chapeau.

On retrouve fréquemment des diptyques analogues lorsqu'il s'agit d'expliciter ce que l'on entend par « didactique du plurilinguisme », même si, ici également, le contenu du deuxième volet reste variable.

Ces diptyques apparaissent à plusieurs reprises dans le présent volume, par exemple lorsque Svenja Haberland reprend (p. 147) la définition souvent citée de Wiater (2006, 60) dans laquelle ce dernier indique que la *Mehrsprachigkeitsdidaktik* est la discipline qui met en œuvre « un enseignement et un apprentissage combinés et coordonnés » de langues[11], en ajoutant qu'elle a également pour but « « l'expérience de la richesse des langues et des cultures »[12].

Marine Totozani (p. 109), pour sa part, réfère à Gajo (2006, 63) et à la distinction qu'il établit, à l'intérieur de la « didactique du plurilinguisme », entre une didactique du plurilinguisme « au sens fort » et ce pour quoi « on parlera le plus souvent de pédagogie interculturelle ». Notons que Gajo, du moins dans le passage auquel il est référé, inverse l'ordre des volets du diptyque : « La didactique du plurilinguisme peut s'intéresser prioritairement au développement des représentations sociales ou alors à celui des compétences linguistique et communicative en tant que telles » (ibid.). Pour son second volet, il parle de « méthodologies relevant d'approches comparatives (didactique des langues voisines, didactique

---

10 Le terme « tolérance » a été depuis fortement contesté dans la littérature didactique. Le CARAP parle d'« acceptation positive » (Candelier et al. 2012, 38).
11 « kombiniertes und koordiniertes Unterrichten und Lernen ».
12 « die Erfahrung des Reichtums der Sprachen und Kulturen ».

intégrée, certains aspects de l'éveil aux langues) et de l'enseignement bi-plurilingue » (ibid.).

Dans sa contribution au présent volume, Giuseppe Manno indique (p. 132) que les auteur.e.s d'une des études auxquelles il se réfère (celle de Barras et al. 2019) signalent l'existence, chez les enseignant.e.s, d'une compréhension non uniforme de la didactique du plurilinguisme. Les termes de cette compréhension non uniforme se situent également à l'intérieur de chacun des deux volets du diptyque : certaines personnes pensent à la valorisation des langues premières des élèves plurilingues, d'autres à la construction de stratégies d'apprentissage et d'utilisation des langues.

On peut ajouter d'autres diptyques. Dans un ouvrage consacré à la didactique de l'intercompréhension, Meissner et al. (2004, 15) précisent qu'elle vise non seulement « à l'exploitation systématique des pré-acquis des apprenants », mais aussi « à leur sensibilisation aux langues et aux cultures ». Dans la partie « Construire la didactique du plurilinguisme » qui conclut l'ouvrage que Moore consacre en 2006 à « Plurilinguismes et école » (242–243), on trouve également des éléments relevant des deux volets. D'une part des références à l'apprentissage des langues, qui doit être conçu selon une « représentation plurilingue » dans laquelle les « contacts de langues » et les « [contacts] de cultures » constituent « des ressources dont on peut exploiter le potentiel d'apprentissage ». Et d'autre part, l'affirmation suivante :

> La didactique du plurilinguisme se donne [...] comme enjeu la promotion des langues et l'ouverture aux cultures. [...] En ce sens, la didactique du plurilinguisme remplit des fonctions idéologiques et sociales [...] en proposant une vision sociale du monde appuyée sur des pratiques éducatives idoines [...] (ibid., 243).[13]

Quiconque connaît les approches plurielles sait qu'elles comprennent une approche dont l'objectif n'est explicitement pas l'apprentissage des langues. Il s'agit de l'éveil aux langues, défini de la façon suivante : « Il y a éveil aux langues lorsqu'une part des activités portent sur des langues que l'école n'a pas l'ambition d'enseigner » (Candelier et al. 2012, 2). Ce rappel suffirait en soi à affirmer que les approches plurielles, comme la didactique du plurilinguisme, traitent des deux

---

13 Pour cette partie consacrée à l'examen de l'ouvrage de Moore (2006), cf. également Candelier et al. 2021a.

volets du diptyque dont nous avons montré qu'il caractérise l'éducation plurilingue et interculturelle.

On arrive à la même conclusion si on considère que « approches plurielles » et « didactique du plurilinguisme » constituent « deux appellations pour couvrir un même domaine » (Candelier et al. à paraitre 2021a). Ce qui vaut pour l'une, vaut pour l'autre.[14]

Ce chapitre 1 a permis de décrire deux aspects différents et complémentaires de la question de la continuité à l'intérieur du champ de l'éducation plurilingue et interculturelle. Le premier aspect, explicité au chapitre 1.1, est celui des liens entre les divers enseignements/apprentissages de langues. Le second aspect concerne l'articulation entre ces mêmes enseignements/apprentissages de langues, qui constituent ce qu'on a appelé le « premier volet » au chapitre 1.2, et d'autres éléments, pour lesquels on a parlé de « second volet » dans ce chapitre 1.2, et dont la nature est partiellement variable selon les auteurs. Le schéma abstrait suivant résume cette analyse :

---

14 Les correspondances entre ces deux orientations didactiques avaient déjà été soulignées de façon détaillée dans Candelier (2008), et leur équivalence de principe affirmée dans Candelier & Castellotti (2013), article dans lequel l'argumentation avait tendance à trop privilégier des arguments relevant du volet 1 de l'analyse proposée ici. Dans Candelier et al. à paraitre 2021a, on fait référence à d'autres auteurs qui établissent des liens explicites entre didactique du plurilinguisme et approches plurielles, et on s'appuie sur le fait que les diverses facettes de la didactique du plurilinguisme « requièrent régulièrement, pour leur mise en œuvre concrète, un travail qui implique 'plusieurs variétés linguistiques et culturelles' », ce qui correspond à la définition même des approches plurielles (sur ce dernier point, cf. Candelier et al. 2012, 6). Autrement dit, « par-delà les vicissitudes de l'histoire de ces approches didactiques, [didactique du plurilinguisme et approches plurielles] recouvrent les mêmes types de démarches » (Candelier à paraitre 2021).

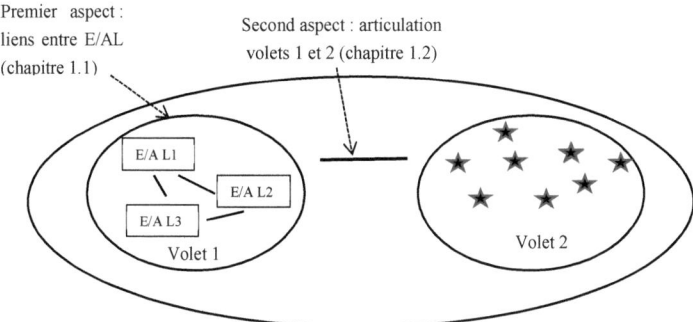

E/A L = enseignement/apprentissage d'une langue

Les étoiles représentent les « éléments de nature variable » dont il vient d'être question.

Figure 1 : Les continuités au sein de l'éducation plurilingue et interculturelle

En ce qui concerne les approches plurielles, le premier aspect de la continuité est pris en charge didactiquement à la fois par la didactique intégrée des langues, la didactique de l'intercompréhension et, pour les aspects culturels, par certaines dimensions de l'éducation interculturelle. Il s'agit d'approches dont les fondements – sinon la pratique – sont aujourd'hui bien établis.[15]

Au chapitre suivant, on s'interrogera sur le traitement didactique du second aspect de la continuité. Les exemples qui seront fournis permettront d'illustrer la nature des éléments contenus dans le second volet. Mais on renonce, dans le cadre du présent travail, à fournir une présentation exhaustive de ces éléments et d'analyser leur variété en fonction des auteur.e.s.

---

15 Pour la didactique intégrée, cf. par exemple Roulet 1980, Hufeisen & Neuner 2003 et Wokusch 2005, ainsi que Candelier et al. à paraitre 2021a. On renonce à donner ici plus de détails sur ces approches.

2. Pour un traitement didactique de l'articulation entre les enseignements/apprentissages de langues et les autres aspects de l'éducation plurilingue et interculturelle – la question des référentiels.

Dans sa contribution au présent volume, Mirjam Egli (p. 95–96) se réfère à quelques cadres de référence proposés par le Conseil de l'Europe (le CECR, le Volume complémentaire du CECR et le CARAP)[16] et constate à juste titre :

> Les instruments et textes de référence constituent une base importante pour l'établissement d'une cohérence entre les processus d'apprentissage dans les langues étrangères, et potentiellement également entre la langue de scolarisation et les langues étrangères.

Une telle mise en cohérence s'inscrit dans le premier aspect des continuités dont il a été question ci-dessus. On cherchera ici à montrer en quoi le CARAP peut, tout particulièrement, jouer ce rôle pour le second aspect.

Pour cela, il est bon de dire quelques mots de la genèse de la notion d'approches plurielles. Les approches plurielles ne se situent pas à l'origine des quatre approches qu'elles ont cherché à rassembler au début des années 2000 (« éveil aux langues », « didactique intégrée des langues », « intercompréhension entre les langues parentes » et « approche interculturelle »). Elles sont présentées comme le résultat des « évolutions de la didactique des langues pendant les trente dernières années » (Candelier et al. 2012, 6–7). Elles ont été rassemblées en fonction d'une caractéristique qui leur est commune :

> Nous appelons *Approches plurielles des langues et des cultures* des approches didactiques qui mettent en œuvre des activités d'enseignement-apprentissage qui impliquent à la fois **plusieurs** (= plus d'une) variétés linguistiques et culturelles.

On aura remarqué que cette définition ne spécifie pas qu'il s'agit d'activités d'enseignement/apprentissage *de langues*. Cela aurait été en contradiction, on l'a vu plus haut, avec la définition même de l'éveil aux langues.

De plus, en élaborant le CARAP, on n'a pas cherché à séparer les descripteurs qu'il contient en fonction des quatre approches plurielles, dont on avait eu l'occasion de constater les convergences dans les buts poursuivis. Le bien-fondé de cette décision a été confirmé lors de l'élaboration du référentiel. En formulant les descripteurs qui le composent – de façon inductive, à partir de documents qui concernaient les quatre approches (cf. Candelier & De Pietro 2008) – on a constaté

---

16 Pour les deux premiers, cf. Conseil de l'Europe 2001, 2018 et 2020.

que souvent, un même descripteur était élaboré à partir de documents qui concernaient non pas une seule approche plurielle, mais plusieurs. Vouloir séparer les descripteurs en fonction de l'approche plurielle dont ils peuvent constituer les objectifs aurait conduit à de nombreuses répétitions.

Le CARAP se présente donc comme un instrument unique, rassemblant des descripteurs qui relèvent à la fois des deux volets de l'éducation plurilingue et interculturel : le volet 1, celui des enseignements/apprentissages de langues, et un volet 2, qui rassemble tous les éléments de l'éducation plurilingue et interculturelle que différents auteurs souhaitent y placer en plus de ces enseignements-apprentissages de langues.

Avant de fournir quelques exemples de descripteurs susceptibles d'illustrer la présence de ces deux volets dans le CARAP, il faut rappeler que celui-ci n'a pas vocation à expliciter l'ensemble des compétences, savoirs, savoir-être et savoir-faire que l'on cherche à développer dans le cadre d'une éducation plurilingue et interculturelle, mais uniquement ceux que les approches plurielles contribuent à développer.[17] Plus précisément, cela signifie, pour les listes de savoirs, savoir-être et savoir-faire dont on va tirer des exemples, qu'il s'agira de « ressources »[18] pour le développement desquelles « l'apport des approches plurielles est nécessaire », « important » ou suffisamment « utile » pour que cela soit mentionné dans un référentiel consacré à ces approches. On n'y trouvera donc pas une vue d'ensemble des objectifs de l'enseignement/apprentissage des langues, telle que la propose, par exemple, le CECR.

On commencera par deux descripteurs qui constituent, sans conteste, des objectifs visés par les enseignements/apprentissage des langues et relèvent du volet 1 :

    S-1. Savoir interagir en situation de contacts de langues / de cultures[19]
    S-6.4.1 Savoir rendre compte dans une langue d'informations traitées dans une ou plusieurs autres

---

17 Y compris ceux que les approches plurielles permettent de développer dans le domaine de la compétence à apprendre des langues (cf. Martinez & Schröder-Sura 2011), et qui devraient en toute logique se retrouver au sein du volet 1.

18 Dans le cadre du modèle de la compétence adopté, les savoirs, savoir-être et savoir-faire constituent des « ressources internes » auxquelles les compétences font appel. Pour plus de détails, cf. Candelier et al. 2012, 11.

19 K est mis pour « savoirs » (dans la version anglaise du CARAP : *knowledge*), A pour « savoir-être » (*attitude*) et S pour « savoir-faire » (*skill*).

Parmi les descripteurs du CARAP qui relèvent de l'enseignement/apprentissage des langues, on trouve aussi ceux qui concernent la mise en relation, par les approches plurielles, entre les enseignements/apprentissage de langues (le « premier aspect » de la continuité, cf. la figure 1). En voici quelques exemples :

> S-5 Savoir utiliser les connaissances et compétences dont on dispose dans une langue pour des activités °de compréhension / de production° dans une autre langue
> S-7.3.2 Savoir utiliser les connaissances et compétences acquises dans une langue pour apprendre une autre langue

Les descripteurs qui suivent sont, en revanche, caractéristiques de savoirs, savoir-être ou savoir-faire qui relèvent du volet 2 :

> K-2.1.3 Connaitre des catégories de langues relatives à leur statut (langue officielle, langue régionale, « argot » ...)
> K-4.1 Savoir que les langues sont liées entre elles par des relations dites « de parenté » / savoir qu'il existe des « familles » de langues
> K-13.1.1 Savoir qu'un même comportement peut avoir une signification / une valeur / une fonction différentes selon les cultures
> A-1.12 Considérer / appréhender des phénomènes langagiers / culturels comme un objet d'observation / de réflexion
> A-5.3 Ouverture aux langues / cultures
> A-8.5 Désir de découvrir d'autres langues / d'autres cultures / d'autres peuples
> A-14.3.1 Avoir confiance en ses propres capacités face aux langues (à leur analyse, à leur utilisation)
> S-1.2.1 Savoir écouter attentivement / de manière ciblée des productions dans différentes langues
> S-2.8.2 Savoir identifier (repérer) ses propres spécificités / références / appartenances culturelles
> S-3.1.1 Savoir établir des mises en relation de ressemblance et de différence entre les langues / les cultures à partir de l'observation / l'analyse / l'identification / le repérage de certains de leurs éléments

Ces derniers descripteurs sont caractéristiques des savoirs, savoir-être et savoir-faire que l'on cherche à développer dans des activités d'éveil aux langues. On ne peut, dans le cadre restreint de cet article, montrer comment, dans le détail, ils correspondent à diverses dimensions de ce que les auteurs référés au chapitre 1.2 entendent placer dans ce que nous avons appelé un « second volet » – ni comment ils pourraient sans doute aider à structurer le contenu d'un tel volet. On peut cependant affirmer que ces quelques exemples illustrent des domaines tels que « sensibiliser à la diversité des langues », « sensibilisation aux langues et aux cultures », « promotion des langues et ouverture aux cultures », « valorisation des langues » « représentations sociales », que l'on peut aller glaner dans les citations empruntées à ces auteurs.

On ne peut pas non plus ici expliciter comment, en même temps, chacun de ces exemples participe, de diverse manière, à la fonction de préparation ou d'accompagnement des enseignements/apprentissages de langues qu'exerce l'éveil aux langues (cf. Candelier 2003, 23). Mais, à nouveau, ils illustrent bien ce sur quoi peut reposer une telle fonction, qui se situe au cœur du second aspect de la continuité dont on a représenté graphiquement le point d'insertion entre le volet 1 et le volet 2 de l'éducation plurilingue et interculturelle dans la figure 1.

C'est ‹ ici › – dans ce ‹ lieu conceptuel › – que peut et doit se penser l'articulation entre, par exemple, un désir ‹ général › de découvrir d'autres langues / d'autres cultures et le désir de découvrir la ou les langues en cours d'apprentissage, qui en retour devrait permettre aussi d'accroitre ce désir.[20] Chacun.e constatera que cela vaut pour – avec une évidence plus ou moins spontanée – pour l'ensemble des exemples de descripteurs qui viennent d'être cités.

Encore faut-il pour cela qu'un référentiel permette de formuler des descripteurs relevant du volet 2 de l'éducation plurilingue et interculturelle. C'est à cette condition qu'il peut – pour reprendre les termes de la constatation de Mirjam Egli citée au début du présent chapitre 2 à propos des liens entre enseignements de langues (que nous situons dans le volet 1) – « constituer une base importante pour l'établissement d'une cohérence », cette fois entre les volets 1 et 2 de l'éducation plurilingue et interculturelle, à travers l'ensemble des dimensions de cette éducation. C'est le cas du CARAP.

---

20 Dans une analyse plus poussée des articulations dont nous donnons ici un exemple, il convient de ne pas oublier ce « en retour », qui tient compte de la nature de la maitrise de savoirs, savoir-être et savoir-faire, qui ne s'exprime pas en termes de ‹ présence/absence ›, mais en termes de construction sur la durée, avec, par exemple, des va-et-vient entre interventions relevant de l'éveil aux langues et d'apprentissages linguistiques particuliers.

Il serait intéressant d'analyser dans cette perspective, de façon systématique, les descripteurs du *Volume complémentaire* du CECR (Conseil de l'Europe 2018 et 2020).[21]

3. Pour conclure

Cette contribution s'était donné pour but d'élaborer une vision didactique du champ concerné par l'éducation plurilingue et interculturelle et de la place que les outils proposés en lien avec les approches plurielles peuvent y tenir.[22] Il s'agit d'une étape dans une réflexion entamée de longue date, marquée par la recherche de la continuité dans les apprentissages et de l'articulation entre des sous-domaines disciplinaires que les structures scolaires imposent, ou négligent encore de prévoir.

La notion même d'approches plurielles et l'élaboration collective du CARAP en sont des étapes déterminantes, tout comme les réflexions contrastives sur la situation des approches plurielles dans différents pays qu'on a rappelées plus haut. Les considérations liées à la représentation graphique à laquelle aboutit le chapitre 1 en constituent la dernière étape actuelle, étape encore hypothétique qui a permis de s'interroger au chapitre 2 sur le rôle que le CARAP peut jouer pour assurer des continuités plus larges que celles projetées jusqu'alors.

Pour poursuivre sur ce chemin, il conviendra sans doute de continuer à s'interroger sur le contenu de ce qui a été rassemblé dans un volet 2, et d'en élaborer une vision plus structurée.

---

21 Un travail de mise en relation entre les descripteurs du CARAP et les descripteurs des parties consacrées par le *Volume complémentaire* à la compétence plurilingue et pluriculturelle et à la médiation a été entamé par J.-F. de Pietro, I. Lőrincz, A. Schröder-Sura et M. Candelier. Parmi les descripteurs de ces sections du Volume complémentaire, qui expriment majoritairement une compétence à communiquer (résultant de l'enseignement/apprentissage des langues, cf. le premier volet proposé ici), on trouve quelques descripteurs qui pourraient trouver leur place dans le second volet (en particulier dans la grille « Exploiter le répertoire pluriculturel ») et quelques descripteurs dans lesquels une formulation explicite relevant du second volet est insérée dans une formulation relevant de la compétence à communiquer (par exemple : « Can identify and reflect on similarities and differences in culturally determined behavioural patterns [...] and discuss their significance in order to negotiate mutual understanding », on a souligné ici la partie relevant du second volet). Pour ce type de descripteurs « intégratifs » cf. Bärenfänger et al. 2019, 10 et Burwitz-Melzer 2019, 190.
22 L'auteur regrette que l'ampleur de l'objet l'ait conduit à négliger des approfondissements qui auraient été sans doute bienvenus pour les lectrices et lecteurs.

Bibliographie

BÄRENFÄNGER, Olaf & HARSCH, Claudia & TESCH, Bernd & VOGT, Karin. 2019. « Reform, Remake, Retusche? Diskussionspapier der Deutschen Gesellschaft für Fremdsprachenforschung zum *Companion to the CEFR* (2018) », dans : *Zeitschrift für Fremdsprachenforschung* 30/1, 7–13.

BARRAS, Malgorzata & PEYER, Elisabeth & LÜTHI, Gabriela. 2019. « Mehrsprachigkeitsdidaktik im schulischen Fremdsprachenunterricht: Die Sicht der Lehrpersonen », dans : *Zeitschrift für Interkulturellen Fremdsprachenunterricht* 24/2, 377–403.

BEACCO, Jean-Claude & BYRAM, Michael. 2003. *Guide pour l'élaboration des politiques linguistiques éducatives en Europe – De la diversité linguistique à l'éducation plurilingue*. Strasbourg : Conseil de l'Europe.

BEACCO, Jean-Claude & BYRAM, Michael & CAVALLI, Marisa & COSTE, Daniel & EGLI CUENAT, Mirjam & GOULLIER, Francis & PANTHIER, Johanna. 2016a. *Guide pour le développement et la mise en œuvre de curriculums pour l'éducation plurilingue et interculturelle*. Strasbourg : Conseil de l'Europe. https://www.coe.int/fr/web/platform-plurilingual-intercultural-language-education/curricula-and-evaluation, consultation : 10.08.2021.

BEACCO, Jean-Claude & FLEMING, Mike & GOULLIER, Francis & THÜRMANN, Eike & VOLLMER, Helmut (avec des contributions de Joseph SHEILS). 2016b. *Guide pour l'élaboration des curriculums et pour la formation des enseignants – Les dimensions linguistiques de toutes les matières scolaires*. Strasbourg : Conseil de l'Europe. https://rm.coe.int/les-dimensions-linguistiques-de-toutes-les-mati7resscolaires/168074cc77, consultation : 09.08.2021.

BURWITZ-MELZER, Eva. 2019. « Konzepte und Skalen zu Plurikulturalität und Plurilingualität im Companion Volume (2018) », dans : *Zeitschrift für Fremdsprachenforschung* 30/2, 181–198.

CANDELIER, Michel. éd. 2003. *Evlang – l'éveil aux langues à l'école primaire – Bilan d'une innovation européenne*. Bruxelles : De Boek-Duculot.

CANDELIER, Michel. 2008. « Approches plurielles, didactiques du plurilinguisme : le même et l'autre », dans : *Cahiers de l'ACEDLE* 5, 65–90. https://journals.openedition.org/rdlc/6289, consultation : 11.08.2021.

CANDELIER, Michel. 2018. « Nachwort: Plurale Ansätze zu Sprachen und Kulturen als fächerübergreifender Begegnungsort im Curriculum – Zur Relevanz im deutschen Bildungskontext », dans : Melo-Pfeifer, Silvia & Reimann, Daniel. édd. *Plurale Ansätze zu Sprachen und Kulturen in Deutschland: State of the Art und Perspektive*. Tübingen : Gunter Narr Verlag, 341–354.

CANDELIER, Michel. 2019a. « Éducation plurilingue et interculturelle », dans : Newby, David & Heyworth, Frank & Cavalli, Marisa. édd. *Contextes changeants, compétences en évolution : inspirer l'innovation dans l'éducation aux langues depuis 25 ans*. Strasbourg : Conseil de l'Europe, 53–60. https://www.ecml.at/Portals/1/documents/ECML-resources/CELV-contextes-changeants-competences-en-evolution-FR_23012020_120951.pdf?ver=2020-01-23-120952-083, consultation : 09.08.2021.

CANDELIER, Michel. 2019b. « Plurale Ansätze zu Sprachen und Kulturen – Zur Nützlichkeit eines Begriffs und eines Referenzrahmens für die Sprachendidaktiken in Deutschland », dans : Falkenhagen, Charlotte & Funk, Hermann & Reinfried, Marcus & Volkmann, Laurenz. édd. *Sprachen lernen integriert – global, regional, lokal*. Baltmannsweiler : Schneider Verlag Hohengehren, 43–60.

CANDELIER, Michel. 2020. « Überlegungen zur Erweiterung des Referenzrahmens für plurale Ansätze zu Sprachen und Kulturen um die Dimension des sprachsensiblen Fachunterrichts », dans : Morkötter, Steffi & Schmidt, Katja & Schröder-Sura, Anna. édd. *Sprachen- und - sprachfamilienübergreifendes Lernen – lebensweltliche und schulische Mehrsprachigkeit*. Tübingen : Narr Verlag, 257–275.

CANDELIER, Michel. A paraitre, 2021. « Les approches plurielles en Allemagne – La didactique de l'allemand langue seconde à l'école », dans : Audras, Isabelle. éd. *Patrimoines culturels des élèves : démarches et enjeux pour des sociétés plurielles et inclusives*. Rennes : PUR.

CANDELIER, Michel & DE PIETRO, Jean-François. 2008. « Eveil aux langues et argumentations curriculaires : choix européens et fondements empiriques) », dans : Audigier, François & Tutiaux-Guillon, Nicole. édd. *Compétences et contenus – Les curriculums en question*. Bruxelles : De Boeck Université, 147–162.

CANDELIER, Michel & CAMILLERI-GRIMA, Antoinette & CASTELLOTTI, Véronique & DE PIETRO, Jean-François & LORINCZ, Ildikó & MEIßNER, Franz-Joseph & SCHRÖDER-SURA, Anna & NOGUEROL, Artur & MOLINIE, Muriel. 2012. *Le CARAP – Un Cadre de Référence pour les Approches plurielles des langues et des cultures – Compétences et ressources*. Strasbourg : Conseil de l'Europe. https://www.ecml.at/Resources/ECMLresources/tabid/277/ID/20/language/fr-FR/Default.aspx, consultation : 11.08.2021

CANDELIER, Michel & CASTELLOTTI, Véronique. 2013. « Didactique(s) du (des) plurilinguisme(s) », dans : Simonin, Jacky & Wharton, Sylvie. édd. *Sociolinguistique du contact. Dictionnaires des termes et concepts*. Lyon : ENS Éditions, 179–223.

CANDELIER, Michel & SCHRÖDER-SURA, Anna. 2020. « Didactique du plurilinguisme et enseignement des langues vivantes étrangères en Allemagne et en France », dans : *Les langues modernes* 1, 40–53.

CANDELIER, Michel & ESCUDÉ, Pierre & MANNO, Giuseppe. A paraitre, 2021a. *La didactique intégrée des langues – Apprendre une langue avec d'autres langues ?* Association pour le développement de l'enseignement bi/plurilingue. http://www.adeb-asso.org/, consultation : 09.08.2021.

CANDELIER, Michel & SCHRÖDER-SURA, Anna & VETTER, Eva. A paraitre 2021b. « Communauté de langue et diversité didactique – Regards sur les approches plurielles et la didactique du plurilinguisme dans quelques pays germanophones », dans : *Actes du 8ᵉ Congrès de l'association EDiLiC*. Lisbonne : Universidade de Lisboa.

CONSEIL DE L'EUROPE. 2001. *Cadre européen commun de référence pour les langues : apprendre, enseigner, évaluer*. Strasbourg : Conseil de l'Europe. https://www.coe.int/fr/web/language-policy/home, consultation : 11.08.2021.

CONSEIL DE L'EUROPE. 2018. *Cadre européen commun de référence pour les langues : apprendre, enseigner, évaluer. Volume complémentaire avec de nouveaux descripteurs*. Strasbourg : Conseil de l'Europe. https://rm.coe.int/cecr-volume-complementaire-avec-de-nouveauxdescripteurs/16807875d5, consultation : 11.08.2021.

CONSEIL DE L'EUROPE. 2020. *Common European Framework of Reference for Languages: Learning, teaching, assessment – Companion volume*. Strasbourg : Conseil de l'Europe. www.coe.int/lang-cefr, consultation : 14.08.2021.

GAJO, Laurent. 2006. « D'une société à une éducation plurilingue : constat et défi pour l'enseignement et la formation des enseignants », dans : *Synergies Monde* 1, 62–66.

HAWKINS, Eric. 1984. *Awareness of language. An Introduction*. Cambridge : Cambridge University Press.

HUFEISEN, Britta & NEUNER, Gerhard. édd. 2003. *Le concept de plurilinguisme : apprentissage d'une langue tertiaire – L'allemand après l'anglais*. Strasbourg : Conseil de l'Europe. http://archive.ecml.at/documents/pub112f2004hufeisenneuner.pdf, consultation : 11.08.2021.

JAKISCH, Jenny. 2015. « Zur Einführung in den Themenschwerpunkt », dans : *FLuL* 44/2, 2–6.

LUCHTENBERG, Sigrid. 2017. « Language awareness », dans : Ahrenholz, Bernt & Oomen-Welke, Ingelore. édd. *Deutsch als Zweitsprache*. Baltmannsweiler : Schneider Verlag Hohengehren, 150–162.

MARTINEZ, Hélène & SCHRÖDER-SURA, Anna. 2011. « Der Referenzrahmen für plurale Ansätze zu Sprachen und Kulturen: Ein Instrument zur Förderung mehrsprachiger Aneignungskompetenz », dans : *Die Neueren Sprachen* 2, 66–81.

MEISSNER, Franz-Joseph & MEISSNER, Claude & KLEIN, Horst G. & STEGMANN, Tilbert D. 2004. *EuroComRom. Les sept tamis. Lire les langues romanes dès le début*. Aachen : Shaker-Verlag.

MOORE, Danièle. 2006. *Plurilinguismes et école*. Paris : Didier.

ROULET, Eddy. 1980. *Langue maternelle et langues secondes : vers une pédagogie intégrée*. Paris : Crédif & Hatier.

SCHRÖDER-SURA, Anna. 2018. « Französisch heute – mehrsprachigkeitsdidaktisch durch ‚plurale Ansätze' », dans : *französisch heute* 4, 23–28.

THÜRMANN, Eike & VOLLMER, Helmut & PIEPER, Irene. 2010. *Language(s) of Schooling: Focusing on vulnerable learners*. Strasbourg : Conseil de l'Europe. https://rm.coe.int/16805a1caf, consultation : 15.08.2021.

WIATER, Werner. 2006. « Didaktik der Mehrsprachigkeit », dans : Wiater, Werner. *Didaktik der Mehrsprachigkeit. Theoriegrundlagen und Praxismodelle*. München : Vögel, 57–72.

WOKUSCH, Susanne. 2005. „Didactique intégrée : vers une définition », dans : *Babylonia* 4, 14–16.

Verzeichnis der Autorinnen und Autoren

Dr. Michel Candelier est Professeur émérite à Le Mans-Université. Parallèlement à des études de germanistique, il a enseigné l'allemand dans le secondaire. Il s'est intéressé à la linguistique et à la didactique et est entré dans l'enseignement supérieur, où il s'est consacré à des tâches d'enseignement et de recherche en didactique du FLE, puis du plurilinguisme. Il a occupé diverses responsabilités au sein d'associations professionnelles aux niveaux français et international (enseignants de langues vivantes, chercheurs en didactique) et a coordonné plusieurs projets européens relatifs à l'éveil aux langues et aux approches plurielles, en particulier au CELV de Graz pour lequel il est encore actif.

Dr. Mirjam Egli Cuenat lehrt, forscht und entwickelt auf dem Gebiet der Fremdsprachendidaktik und der angewandten Sprachwissenschaft an der Pädagogischen Hochschule der Fachhochschule Nordwestschweiz. Ihre Interessensgebiete sind Mehrsprachenerwerb und Fremdsprachenunterricht, Austausch und Mobilität, interkulturelles Lernen, berufsspezifische Sprachkompetenz sowie Curriculumsentwicklung. Sie ist als Expertin für den Europarat in Straßburg sowie das Europäische Fremdsprachenzentrum des Europarates (EFSZ) in Graz tätig.

Svenja Haberland ist wissenschaftliche Mitarbeiterin und Doktorandin am Lehrstuhl für Romanistische Fachdidaktik an der Westfälischen Wilhelms-Universität Münster. In ihrem Lehramtsstudium des Englischen und Spanischen an der Justus-Liebig-Universität Gießen absolvierte sie zwei *Research Fellowships* sowie eine Projektmitarbeit am Europäischen Fremdsprachenzentrum des Europarats in Graz. Es folgte eine wissenschaftliche Mitarbeit am Zentrum für Lehrerbildung der Universität Gießen. Neben ihrer aktuellen Stelle in Münster gibt sie Lehraufträge an den Universitäten Hannover und Regensburg sowie an der Pädagogischen Hochschule Steiermark unter Fokussierung ihrer Forschungsschwerpunkte Mehrsprachigkeit(-sdidaktik) und Lehrkräfteprofessionalisierung.

Dr. Christian Koch ist wissenschaftlicher Mitarbeiter für Angewandte Sprachwissenschaft und Didaktik der romanischen Sprachen an der Universität Siegen, wo er in romanischer Sprachwissenschaft mit einer Dissertation zu individuellem Polyglottismus promoviert wurde. Nach dem Lehramtsstudium mit den Fächern Französisch, Spanisch und Italienisch in Kiel absolvierte er das Referendariat. Frühere Stationen der universitären Forschung und Lehre waren Kiel, Quito und Duisburg-Essen. Forschungsschwerpunkte sind Mehrsprachigkeitsdidaktik, insbesondere Herkunftssprachensensibilität und mehrsprachige Erziehung in Lateinamerika, Sprachen der Andenländer sowie Lernersprachenanalyse.

Dr. Corinna Koch ist Professorin für Romanistische Fachdidaktik an der Westfälischen Wilhelms-Universität Münster. Nach ihrem Lehramtsstudium (Englisch, Französisch, Spanisch), ihrer fremdsprachendidaktischen Promotion sowie der Vertretung einer W1-Professur für romanistische Sprachdidaktik an der Ruhr-Universität Bochum absolvierte sie vor ihrer Juniorprofessur für die Didaktik des Französischen und Spanischen an der Universität Paderborn das Referendariat. Ihre Forschungsschwerpunkte beinhalten derzeit Comics/Seh-Lese-Verstehen, Mehrsprachigkeit, (Jugend-)Literatureinsatz, strategiebasiertes Leseverstehen sowie die kommunikationsorientierte Vermittlung sprachlicher Mittel.

Dr. Radosław Kucharczyk, spécialiste en didactique des langues étrangères, est enseignant-chercheur à l'Institut d'études romanes de l'Université de Varsovie (Pologne). Ses travaux de recherches portent sur l'implémentation de la politique linguistique du Conseil de l'Europe dans les systèmes éducatifs, surtout dans le système éducatif polonais. Il s'intéresse particulièrement à la question du rôle de la compétence plurilingue dans le processus de l'enseignement/apprentissage du français en tant que deuxième langue étrangère (langue tertiaire). Dernièrement, il a essayé d'opérationnaliser la notion de compétence plurilingue afin qu'elle soit consciemment et stratégiquement développée en classe de langue étrangère.

Dr. Giuseppe Manno ist Leiter der Professur Didaktik der romanischen Sprachen und ihre Disziplinen auf der Sekundarstufe I/II an der Pädagogischen Hochschule der Fachhochschule Nordwestschweiz und Mitglied des Instituts für Bildungswissenschaft der Universität Basel. Er ist habilitierter Linguist und hat eine langjährige Lehrerfahrung am Gymnasium. Er ist Lehrmittelautor (*envol*, Französisch als Fremdsprache), hat *Brücken* mitkonzipiert (Förderung von Synergien zwischen Französisch- und Englischlehrmitteln) und das Projekt *Gute Praxis im Sprachenunterricht in der obligatorischen Schule* begleitet. Zu seinen Forschungsschwerpunkten gehören der schulische Mehrsprachenerwerb und die Mehrsprachigkeitsdidaktik. Er bereitet aktuell mit M. Candelier und P. Escudé *La didactique intégrée dans l'enseignement des langues (ADEB, 3)* vor.

Dr. Steffi Morkötter ist Professorin für Fremdsprachendidaktik mit den Schwerpunkten Englisch und Französisch an der Universität Rostock. Nach ihrem Lehramtsstudium der Fächer Englisch, Französisch und Italienisch, ihrer Promotion und Unterrichtstätigkeit habilitierte sie sich zum Thema einer Förderung von Sprachlernkompetenz zu Beginn der Sekundarstufe durch Interkomprehension. Ihre Forschungsschwerpunkte und Interessen sind neben Interkomprehensions- und weiteren Ansätzen der Mehrsprachigkeitsdidaktik u. a. die Entwicklung von kompetenzorientierten Lernaufgaben und bilingualer Sachfachunterricht (*Content and Language Integrated Learning/Enseignement d'une Matière Intégrant une Langue Etrangère*).

Dr. Christiane Neveling ist Professorin für Didaktik der romanischen Sprachen an der Universität Leipzig. Nach ihrem Lehramtsstudium in Französisch und Spanisch in Göttingen, Madrid, Buenos Aires und Pau absolvierte sie das Referendariat in Berlin und arbeitete einige Jahre im Berliner Schuldienst. Sie wurde an der Freien Universität Berlin mit einer Arbeit im Bereich der lexikalischen Strategien promoviert und arbeitet seit 2007 an der Universität Leipzig. Ihre Forschungsschwerpunkte beinhalten derzeit u. a. Mehrsprachigkeit und Gendersensiblen Französischunterricht.

Dr. Christian Ollivier est professeur des universités en sciences du langage / didactique des langues à l'université de La Réunion où il dirige également le laboratoire Icare (Institut coopératif austral de recherche en éducation). Ses domaines de spécialisation sont les approches en didactique des langues, les utilisations du numérique dans l'enseignement et l'apprentissage des langues et les didactiques du plurilinguisme avec un intérêt tout particulier pour l'intercompréhension. Il coordonne / a coordonné, sur ces thématiques, divers projets européens et au Centre européen pour les langues vivantes du Conseil de l'Europe. Site professionell : http://www.christianollivier.eu.

Dr. Michaela Rückl ist assoziierte Professorin für Didaktik der romanischen Sprachen an der Universität Salzburg. Nach ihrem Lehramtsstudium promovierte sie berufsbegleitend in anglistischer und romanistischer Sprachwissenschaft und war langjährig als Lehrerin und Trainerin in der Lehrerfortbildung tätig. Es folgte eine fachdidaktische Habilitation. Aktuell befasst sie sich schwerpunktmäßig mit Fremdsprachenerwerb im Kontext von Mehrsprachigkeit und Mehrkulturalität, mit Mentoring in der Lehrerbildung sowie mit unterrichtsbezogener Erforschung und Entwicklung von Lehr-/Lernmedien, wobei der Fokus auf interlingualen Ansätzen, Fachsprachen und Aspekten digitaler Transformation liegt.

Laura-Joanna Schröter ist seit 2019 wissenschaftliche Mitarbeiterin im Schlözer-Programm-Lehrerbildung im Handlungsbereich B „Lehrerkompetenzen entwickeln" sowie in der Fachdidaktik Französisch am Seminar für Romanische Philologie an der Georg-August-Universität Göttingen. Zuvor absolvierte sie das Studium der Fächer Französisch und Werte & Normen für das Lehramt an Gymnasien. Ihre Arbeitsschwerpunkte liegen derzeit in den Bereichen Forschendes Lernen, Mehrsprachigkeit und Dramapädagogik.

Dr. Marine Totozani est maitresse de conférences en sociolinguistique et en didactique des langues à l'Université Jean Monnet de Saint-Etienne. Elle est membre de l'unité de recherche ECLLA (Études du contemporain en Littératures, Langues, Arts). Ses recherches portent particulièrement sur la diversité linguistique et culturelle, les langues et l'enseignement des langues en contexte migratoire, la formation des enseignants, les gestes professionnels et les postures de l'enseignant de langue.

ibidem.eu